U0035366

裴毅然——著

紅色史褶裡的真相（二）

「解放」紅塵・「反右」紅飆

自序

　　本集專述「激情燃燒」的1950年代，史褶滴血，疤痂未合。以事為證，以史為憑，多列證據，少發或不發議論。不過，這麼一段血腥肅殺的瘋狂歲月，實在做不到某些香港學者要求的「純客觀」。述史敘事不可能沒有一點傾向性，只能儘量「莎士比亞化」——史論出自史實本身。

　　1950年代，中共暴力推進共產，用刺刀與漫畫鋪展「最新最美」的紅色圖紙，強塞大陸於馬列之鞋，吾華進入有史以來最黑暗的「偉大毛時代」，腥風血雨、肅殺猙獰，長夜難熬。僅舉一例——

　　1950年，西南師院外語系19歲女生郭輝霞，其父「逃亡地主」走投無路，兩天未食，投江前見女兒最後一面。女兒領至寢室：「你躺一會兒，我去給你買兩碗麵條吃。」女兒沒去買麵條，而是叫來公安，一起將父押送回鄉。女兒參加鬥爭會。結果，先打「逃亡地主」，接著揪打地主女兒，「打她的騷勾子（屁股醜稱）！」郭輝霞被扒下褲子打得皮開肉綻。西南師院吳宓教授認為太傷風化，專門找了中共西南局第一書記鄧小平。[1]

　　土改、鎮反、肅反，至少殺了200餘萬「階級敵人」；三大改造（農業、手工業、工商業公有化）、大躍進、人民公社，1959～61年至少餓死四千萬「階級兄弟」；反右、反右傾、四清、文革，寰內士民瑟縮捱命於「無產階級專政」。恐怖越來越濃，日子越過越窮，苦難越來越重，還須時時念叨「黨的恩情」、天天得跪謝中共，必須高唱「天大地大不如黨的恩情大，爹親娘親不如毛主席親」！

　　若無1950年代的「激情燃燒」，沒有思想改造運動（六旬教授都

---

[1]　張紫葛：《心香淚酒祭吳宓》，廣州出版社1997年版，頁159～161。

得扭秧歌）[2]，就不可能有反右、反右傾、大饑荒、文革、六四。沒有馬列主義的引導，就不可能有走入地獄的公社化；沒有焚燒理性的1950年代「激情」，就不可能有公然失信天下的「反右」、不可能再演兔死狗烹的「文革」、不可能有坦克碾街的「六四」。

文革後，血腥「鎮反」（鎮壓百萬「反革命」）、人禍「公社化」不便再提了，禍國深重的反右，明令「淡化」。但土改還是「大仁政」（窮人翻身），抗美援朝還是雄赳赳氣昂昂的「保家衛國」，大陸人民仍須繼續磕頭謝恩，無限懷念「共產黨來了苦變甜」，否則就是違反「四項基本原則」，就是「破壞安定團結」，就是「妨礙國家安全」……

英國阿克頓勳爵（1843～1902）早有警言——

歷史不僅是一個發現的航程，也是一個與敵人鬥爭的過程。敵人就是早已實權在握的人，這些人強烈希望隱藏真相。[3]

穢史者自穢，謗書者自謗。「偉大毛時代」真相漸露，天安門毛像搖搖將墜。但出於「合法性」，中共仍在精心裝飾1950年代，似乎那是一段與民更始、百廢俱興的「美好時光」，大陸人民「意氣奮發走在社會主義大道上」……中共之所以還在維護老毛形象，還在修補這段千瘡百孔的災難歲月，當然是「司馬昭之心」。「紅燈」仍閃，意識形態未拆違清障。「階級本能」使中共敢做不敢書，動用一切手段遮抹血印，以推捱「歷史審判」。只是他們無論如何都無法遮掩那隻馬腳——政治利益。還原1950年代真相，凸現這段被竭力「淡化」的史實，當然是正義的「填補空白」。

如今，中共已完全背叛馬列原教旨、背叛「毛思想」，資本主義全面復辟，以「三大改造」為標誌的中國共運澈底失敗，「西風」終於壓倒「東風」。中共希望用「後三十年」走資本主義道路的改革

---

[2]　張紫葛：《心香淚酒祭吳宓》，廣州出版社1997年版，頁152～153。

[3]　（英）達爾伯格·阿克頓：《自由與權力》，侯健、范亞峰譯，譯林出版社（南京）2011年版，頁334。

開放，解釋「前三十年」走社會主義道路的歷史合法性，南轅北轍，驢唇馬嘴，當然是永遠無法完成的「歷史任務」。

筆者生在新社會、長在紅旗下，久伏「鐵屋」，50歲才在香港驚悉「大饑荒」，研究方向發生「戰略大轉移」——從浪漫文學轉向實沉史學，由於不合中共「主旋律」，在大陸完全邊緣化，分贓式的各級課題一律與我無緣（無論我怎麼申請）。從結果看，非常感謝見棄於「黨和政府」，反而成就我研究的「價值最大化」，將我旋送至解析赤潮禍華這一大課題。出身大興安嶺的築路小工，能參與國家意識形態重大轉型，以這樣的方式「報國」，深感榮幸與焉。

官史無真，逢惡必諱，利益壓倒是非。尤其當代史，鉤掛諸多政治利益，阻力自必重重。不過，中共幹都幹得，豈有評說不得？親感親受，親歷親述，勢必「主觀」，雖帶好惡，但原始鮮活。後世學者純粹依靠資料研史，缺乏現場感，多多隔膜，也有相當局限。

筆者從小嗜史，50歲由文入史，也算葉落歸根。文學研究者不少中年轉史，一些作家（如馮驥才）也從虛構轉向紀實，大概也是「價值昇級」。二十世紀國史如此苦難深重，文學畢竟高蹈輕淺，難羈我步。青年愛文，中年研史，晚年思哲，實在也是學人的「必由之路」。浪漫空靈的文學，難以承載歷史之重。1980年代解凍初期那陣「文學熱」，寒蟬仍噤，送走「兩個凡是」，來了「四個凡是」（四項基本原則），框定思想，不許揭露文革傷痕，不准指說毛共罪惡，只能用文學曲筆「彎著說」，文學因承擔史學功能而顯赫一時。隨著反思深入，明晰直接的史學自然百倍給力於形象思維的文學。

1990年代，「六四」後去職的《深圳特區報》副總編韓寅之女大學畢業，得自謀職業，向父親抱怨。父親乃1960屆復旦新聞系畢業生，開導曰：「自找單位是難點，但較之我們當年的計劃分配，硬『拉郎配』，任掌權者擺佈，家破人亡，撕心裂肺，口含黃蓮還不敢呻吟一聲，今天的自由擇業要強得多。」1960年該父畢業，父癱、母瞎、妹肺穿孔，他打報告要求留滬照顧家庭。系總支書訓斥：「你

是革命第一，還是家庭第一？」他只能嚥著眼淚咽著苦水，為53.5元工資赴贛。是年冬，其父見背，1964年老母去世。[4]筆者1982年大學畢業，系總支書教導我：「資本主義國家大學畢業哪像我們100%就業。」明明剝奪自由，卻被說成「社會主義優越性」。這樣的歪歪理難道不需要撑過來麽？

2013年，一位青年責問老年「右派」——

你們當時為什麼不站出來反抗他們？

這位老「右派」極為擔憂——

不去譴責專制者反而去譴責受難者，這真叫人有點擔憂。前兩年，我不再擔心中國再會發生「文革」的可能，現在不了，樣板戲又唱起來了，毛主席又被尊為神了，《金光大道》的作者也要「討個公道」了……當歷史的曲直不分，就有返回來重演一遍的可能。[5]

我們這代赤禍親歷者（尤其人文學子）負有不容推卸的歷史責任：將赤禍釘上史柱——「千萬不要忘記」！

2016年2月

4　韓寅：〈漏船載酒泛中流〉，載張大芝等主編：《陰晴雨雪旦復旦》，香港華泰出版社2008年版，頁131～132。韓寅分配江西公安廳，改革開放後任《深圳特區報》副總編，「六・四」去職。

5　馮驥才：《一百個人的十年》，文化藝術出版社（北京）2014年版，頁237。

目次 | CONTENTS

第三輯

「解放」紅塵

被革命吃掉的紅岩兒女（一）：
一位地下黨員的悲劇人生

　　趙宏才（1923～2003），河南洛陽人，1945年考入中央大學，該校中共祕密組織「新民主主義青年社」骨幹。1947年6月（南京學運高潮）入黨，中央大學地下黨總支委員。1949年南京易手前，兩次被捕，險些丟命，越獄逃脫。

　　1948年底，趙宏才受命赴江北赤區，專跑交通，負責將南京地下黨員及左翼人士送往「解放區」。多次遇險，受刑，吊打、壓槓、上捈、「灌洋酒」（鼻孔灌水）、假槍斃，手下兩名交通員被處決。趙宏才一夜吊打，懸繩三斷，冬泅冰河，冒死逃脫，回到「黨的懷抱」。不過，他的忠誠不但沒增加「革命資本」，反遭審查，長達一年（擱置黨籍），結論「沒有問題」，區黨委書記曹荻秋（後任上海市長）批准恢復黨籍。這段被捕經歷，成為他一生苦難的開始。

　　這位革命者真正的苦難始於出生入死迎來的「解放後」。1957年劃「右」，文革再陷囹圄，兩次越獄，21年非人生活，八年乞討打工，掙扎於死亡線，直至老毛伸腿才得回家。此時，鬢毛摧枯，渾身是病。

五七「劃右」

　　1957年，趙宏才供職北京中蘇友協，「整風」辦公室負責人。機關二把手林朗命他寫壁報文章，將毛澤東鼓動「鳴放」的話用他自己的話再說一遍，動員全機關「鳴放」——助黨整風。於是，趙宏才寫了三篇〈閒話〉——

提倡說心裡話

黨群之間有牆有溝，要拆牆填溝

過去勵志改革的志士仁人，為了改革連殺頭都不怕，我們為幫助黨整風，提點意見還怕報復嗎？

6月8日風向一逆，他頓時成為單位「右派」頭目——鼓動「右派」大鳴大放向黨進攻！儘管三篇〈閒話〉全來自毛澤東三次講話，沒一句是他自己的，且為奉命作文。此時，二把手林朗如此轉彎子——

毛主席是站在左派立場上講的，而右派分子對毛的講話是站在右派立場「各取所需」，是反黨反社會主義的。

這裡的「各取所需」，亦非來自林朗，原始出處也是毛澤東。

既已劃「右」，出路只有一條——真誠認罪，否則「覺悟太低」，怎麼能與黨不保持一致呢？黨都劃你「右派」了，還不認帳麼？難道黨會錯麼？趙宏才自居「真正黨員」，自況為黨背負十字架，為維護「黨的威信」忍痛糟蹋自己，像上刑場一樣承擔反黨罪責。他的劃「右」結論，層層拔高後才獲上峰批准，若按初始結論，本不「達標」。

中蘇友協一把手乃1926年入黨的印尼歸僑廖經天（1913～1998），北伐後流亡海外，堅持「鬧紅」，抗戰爆發後赴延安，林朗多年老戰友。「反右」開始後，上峰指示林朗揪出廖經天，林朗下不了手，「棄車保帥」推出辦公室主任趙宏才。廖經天不明就裡，黨組會上為趙宏才辯護，說趙是十分忠誠的黨員。最後，不僅趙、廖劃「右」，林朗也被劃了「右」，罪名「包庇大右派」！林朗那套批判「右派」的分析哲學，對他自己也適用了。

反右運動正酣，林朗被查出癌症（晚期），忍著肉體精神雙重痛苦，接受批判、檢舉他人，以示對黨忠誠。不久，林朗去世。

一、二把手先後倒下，三把手李某扶正，他做趙宏才的思想工作——

比你問題嚴重的人多的是，可是你已經劃作右派了，就不好再改。你不要不服，要一切從黨的影響來考慮。

趙宏才晚年說，這位三把手誘導「心服」的話，他記了一輩子，每個字都像火紅冒煙的烙鐵哧啦啦燙著他的心尖。為了「黨的影響」，再冤枉也得認也得服。廖經天不服，1962年後多次從流放地貴州銅梁返京鬧翻案，一再碰釘子。

漫漫煉獄

趙妻年紀比丈夫小，黨齡卻比他長。為免株連，趙宏才提出離婚，趙妻不耐煩了——

你要是真有一點點罪，我早就甩了你。現在這個時候，我不能撇下你不管。

性格倔強的趙妻，此前三天兩頭與丈夫吵架，這會兒特溫柔，不再吵了。因不肯揭發丈夫反動言行，她被單位斥為與「老虎」（壞分子貶稱）睡覺。他們被趕出機關宿舍，塞到東單菜場附近一間小平房，大冷天睡在陰冷潮濕的地上。嚴冬季節，趙宏才發配渤海灘唐山柏各莊勞改農場。下放該場的中宣部系統「右派」：廖經天、蕭乾、陳企霞、鍾惦棐、藍翎，以及曾在白洋澱戰鬥過的《人民日報》攝影記者高糧、新四軍記者季音，還有一位部長（抗戰前泰共華僑）。這些人「為了一個共同的目標，走到一起來了」，心甘情願被罵「喪家之犬，沒人要的野狗」。

他們有一共同疑惑——

同樣是這些知識分子和共產黨人，同樣用脅迫勸誘的手段，同樣要你低頭認罪，為什麼國民黨在絕大多數情況下失敗了，共產黨卻辦到了？

南京某大學一位郭「右派」，批鬥大會上低頭認罪，私下與組織談話則堅不認罪。許多「右派」陸續摘帽分配工作，他仍戴著

「右」帽拉板車。一位黨員同情他,要他低個頭認罪算了,少吃苦頭。郭「右派」凜然回答:「氣節」!而之所以曾當眾認罪,那是「維護黨的影響」!

一位農村工匠與趙宏才告別時說:「大兄弟,你是個大好人啊,遭了這麼大的難。共產黨實在太尕古。」(方言:古怪)趙立即堵住他:「不,大哥,是我罪有應得,不能怪共產黨!」之所以說違心話,乃是不希望工匠對黨有看法。直到晚年,這位出身中央大學的知識分子才意識到當年的愚昧。

柏各莊勞改農場,趙宏才與鍾惦棐鄰床,關係極熟,兩人躺著聊起鍾那篇賈禍名文──〈電影的鑼鼓〉,鍾惦棐嘿嘿一笑:「那是周揚和我交換意見以後,他叫我執筆寫成文章發表的。」啊,原來如此!次日,農場領導問趙:「鍾惦棐跟你講了周揚部長什麼?」趙宏才極其驚訝小報告打得如此靈快,只好如實相告。領導聽後說──

這就對了。昨天鍾惦棐急著找我,趕在你前面說了此事,怕你歪曲他的話,添油加醋,咬他一口。

那麼親密的老鍾,如此設防,人際之間呵!也是這位趙宏才,看到別人揭批蕭乾「掙了表現」,為摘「右」帽得分,──

我也蠢蠢欲動,只是因為找不出老蕭的錯誤作為攻擊他的材料,只好聽別人揭發。

1959年河北省委下文,趙宏才摘帽,回原單位聽候分配,他的反應──

啊哈,終於有幸領到一張妓女合格證!可以有出賣自己人格的自由了。

他被分配淮南徽州農校副校長。清華大學黨委書記俞時模,「右派」摘帽後,發配歙縣安徽師校副校長,這位「大革命」黨員,文革時被活活整死於黑牢。

文革乞討

文革初期，徽州派系鬥爭激烈，趙宏才四處逃躲，有家歸不得。徽州農校成立革委會，他以為局面安定下來，回到學校。不料，兩派頭頭因「大聯合」分享權位，合力搞階級鬥爭，專門「黑五類」。他被關入樓梯下小黑房，一便盆供泄溺，老鼠日夜猖獗，每晚審訊，踢打逼供。俞時模就是此時關在農場黑牢，慘遭刑訊批鬥。俞曾越獄，失敗後死於非命，死前，俞耳朵已被耗子咬爛。趙宏才不甘如此就死，再次越獄，逃出囚禁，不敢回家，流浪皖北巢湖一帶乞討，夜宿廢棄瓦窯，偶而扛活自養。

一位地主成分的農村小學教師，受不了批鬥自殺。造反派念著毛語錄將屍體抬上台，兩個戴口罩的「革命群眾」將死屍豎立台前，一批人揮著小紅書「屍鬥」，台下一片寂聲，趙宏才連忙轉身離去。

八年乞討、扛活，他得了傷寒，差點死在「旅途」。後見報紙上說「不得私設公堂私自關押」，他回到徽州農校。這次不再打罵關押，但經地委批准，大會宣佈他是叛徒，監督勞改。他每月向地區革委會遞交申訴，要求平反。不久，來了兩位專案人員，宣佈定他叛徒沒錯，但可不以叛徒處理，解除勞改。趙宏才斷然回答：「我根本不是叛徒，我不要寬大處理，我要求你們改正！」於是繼續當叛徒、繼續勞改。

劫後餘聲

多年勞改、流浪、乞討，這位革命者頭髮花白，百病纏身，正不知所以，「忽傳佳音，毛澤東去世，四人幫倒台，文革終止。」新任地委書記正是1949年審查趙宏才越獄的那位老兄。遞上一紙申訴，冤案迎刃而解，解除勞改，恢復自由。中宣部也來函，要他申請「右派」復審，「右派」問題也改正了──「俱往矣」。

　　復得自由，赴寧見妻，相擁涕泣，回憶錄戛然而止。2003年12月7日，這位紅色革命者因肺癌走完人生，留下一本最後六年拼力完成的回憶錄《劫後餘聲》（20萬字）。臨終前，說心裡長出一塊「癌腫」，非要說出來——

　　馬恩一些哲學觀點根本就是錯誤的，毛遵循馬恩哲學摧殘了我的一生，也摧殘了無數無辜。

　　密友穆廣仁（1925～，新華社副總編）評價——

　　那是一個共產黨員從流著鮮血的心發出的良知的呼喊，是一個革命知識分子屢遭劫難的生命的悲歌，是對一黨專政、個人獨裁體制的血淚控訴，是對甘作或被迫當「馴服工具」的弱者的心靈剖析。[1]

　　趙宏才的回憶錄超越了肉體摧殘、人格侮辱的控訴層面，剖析了政治迫害中的人性異化，努力挖找赤災成因，追溯赤禍源頭至馬恩理論，相當不易。

重大局限

　　紅色信徒的個人命運，當然只能與國際共運「同呼吸共命運」，誰陷入赤色漩渦誰倒楣，既受騙幫著數錢，還得「心甘情願」為黨吃冤枉。受時代與文化的制約，延安一代、解放一代中許多「兩頭真」真正的悲劇：最後還在堅持赤說，仍以「馬列信徒」自榮，為回不到「黨的懷抱」傷心痛苦，還認為馬列「經是好經，只是和尚（史達林、毛澤東）念歪了」。他們意識不到一生悲劇的最大肇因正是這則共產赤說，正是這一似乎絕對神聖的紅色目標，才將俄中東歐等赤國一步步拽離理性之軌，舉著民主自由的大旗，一步步走入相反的獨裁專權。很簡單，若無這面指向天堂的赤旗，國際共運如何發動？赤潮如何湧起？中共又怎會集體認同老毛公然違反一系列人文原

---

[1]　燕凌等編著：《紅岩兒女・一生都在波濤中》，中國文化出版社（香港）2008年版，上冊，頁128～138。

則？反右、大饑荒、文革、六四，怎麼一步步「符合邏輯」地走來？

　　止步控訴、無力追源，只批手段，不觸目標，乃是絕大多數延安一代、解放一代「兩頭真」的宿命，無法掙脫的歷史局限。他們一方面擔心被指「馬列叛徒」，一方面也確實無力辨析赤說之謬。究其根本，價值體系單一、思想偏窄狹隘，延安一代、解放一代拿什麼去質疑「光芒萬丈」的馬列主義？不握持真正的現代人文理念，又如何對抗「最先進」的共產赤說？

　　思想必須以思想去對抗，邏輯亦須邏輯去駁斥。這批「兩頭真」最終只能「打著紅旗反紅旗」──用馬列的這一部分駁詰馬列的那一部分。他們一生的悲劇凸顯一條粗長的赤潮根鬚──文化的貧困。

初稿：2010年12月23～25日；補充：2013年7月17日

原載：《開放》（香港）2013年8月號

被革命吃掉的紅岩兒女（二）：
紅色川妹子的淒苦人生

　　賈唯英（1920～1994），火辣辣的川妹子，不願步姐姐包辦婚姻後塵，14歲隨七哥遠走上海，考入愛國女中。1935年下半年，參加中共地下黨操控的「社聯」[1]，後轉抗日救國青年團。「一二‧九」大遊行，她扛旗走在最前面，因太紅，上海呆不住，轉學北平。1937年5月加入中共，北平淪陷後輾轉赴延安，入陝北公學，結業後分配晉西南，1940年回川治療眼疾。皖南事變後，南方局說服她留下參加四川學運。1941年在成都女青年會與南川教書。1942年考入成都華西大學，學業優異，「民主青年協會」主要發起人，主要任務「意在沛公」——鼓動「學運」，貫徹周恩來的「三勤」（勤業、勤學、勤交友），滲透教會舉辦的「查經班」、「冬令營」。

　　1944年9月，賈唯英與燕京劉克林共同發起「未名」基督教團契，許多契友很快成為「民協」成員。1946年5月，中共川康特委青年小組成員賈唯英嫁給組長王宇光。1947年8月，丈夫任川南工委書記，妻子任委員。不久，國民黨特工追蹤而至，幸虧有瀘州專員陳離掩護，國民黨特工內部又有祕密內線黎強牽制，夫婦免遭逮捕。1949年1月，川康特委書記浦華輔被捕反水，夫婦轉移至赤區，1950年1月隨「一野」衣錦還鄉，回到成都。

　　1950～53年，賈唯英繼續從事青年團工作，1954年《重慶日報》副總編，1957年劃「右」，發配長壽湖農場勞改。1979年春改正，1994年患癌逝世。

---

[1]　中國社會科學家聯盟，1930年5月20日中共在滬成立的文化團體，專事譯介傳播馬克思主義理論，簡稱「社聯」。1935年大部分成員參加各界救國會，「社聯」停止活動。

劃「右」祕因

1957年3月，賈唯英參加全國宣傳工作會議，回渝後積極貫徹毛澤東的「鳴放」。毛在會上說：「只能放，不能收」。但重慶市委出於「階級本能」不願聽批評意見，對「鳴放」漫不經心，不積極。賈唯英擔心重慶落後，善意催促市委書記：重慶「放」得太慢。為此，正式「反右」前，市委已將她劃「右」，罪名「煽風點火」、「配合右派向黨進攻」……她在報社怎麼檢討都過不了關。

1958年4月，賈唯英別夫拋雛，押赴渝東長壽湖農場監督勞動。「大躍進」每天勞動10小時、12小時，甚至18小時，只能睡三四小時，經常半夜起來，打著火把施肥、除草、挖地……疲累中有人鋤到腳趾，有的鋤掉禾苗；只要手一停，站在那裡就睡著了。後來每天能睡五小時，感覺鬆快不少。

重慶市委派來慰問團，團長乃市委書記處書記。為保證首長安全，將農場「右派」支開，派到採石場幹活，不讓見書記，怕行刺。一次，賈唯英就《人民日報》國際新聞發了一點議論，毫無不規之言，立挨批鬥，罪名「翹尾巴了，竟然議論起國際大事來！你知道自己的身分嗎？！」積極批判她的一名女工當了副隊長，每天找她的碴，沒錯挑錯，活像惡婆婆。1959～60年城市供應日益困難，農場來了幾批升不了學的女初中生，這些小女生「階級鬥爭」觀念更強，總要找岔罵她幾句才高興。賈唯英只能躲在被窩裡暗暗飲泣。

饑荒年代

大饑荒年代，最初定糧24斤／月，後減至18斤／月，得幹重活，還要「夜戰」，結結實實嘗到饑餓滋味。最羨慕的工種是養豬──可偷吃豬食。某人被發現偷吃餵豬的小紅薯，大會批鬥，又被揭發挖吃埋了的死小豬，一頓毒打。許多壯勞力渾身無力，卻忽然一個個發

「胖」——集體浮腫。

農村辦大食堂，沒收農民家裡一切炊具，鍋碗瓢盆、刀鏟叉勺統統上繳，誰家冒煙就挨處分。農民怨氣沖天，又莫可奈何，勞動時常常擺談村裡千古奇事。《重慶日報》社有人私下議論——

公社體制不能改，隨便怎樣也調動不起來社員的生產積極性。

一位種菜老農再三歎氣——

這樣下去，怎麼得了？！老百姓每天每人只有三兩口糧。大人孩子都餓得嗷嗷叫，餓呀餓呀！這日子啥子時候才到頭啊！

賈唯英體重僅30公斤，靠著農場儲備的一批南瓜，加上後來恢復定糧24斤／月，才熬過「地獄邊上」的三年。她的勞改很有成果——能嗅出糞便發酵後特有的糞香。

第三批「右派」摘帽仍沒她。1960年底，農場黨委才找她談話：「你勞動得不錯，現在宣佈摘掉右派帽子。」不過，摘帽與戴帽的唯一區別僅僅為不再「監督勞動」。她經常被警告：「不要忘了右派身分」。1961年4月，分配重慶大學圖書館管理員。

殃及後代

1964年，女兒小學畢業，成績優異的三好學生，但不能升入公立中學，只能讀民辦初中。班主任非常同情，但幫不上忙。此時，丈夫王宇光也犯了「右傾錯誤」，但他卻是真正的「左左派」，認為妻子不滿女兒上民辦初中，乃是階級鬥爭在家裡的反映，夫妻大吵一場。事後，丈夫真誠道歉，賈唯英大哭不止。

文革武鬥，分配她看守屍體。軍宣隊、工宣隊進校後，將她隔離起來，強迫她承認「打入共產黨內部的國民黨特務」，反復折騰她四五年。她常常嘮叨：「這怎麼得了？這怎麼得了？」

最後遺詩——

親愛的黨……你可記得三十年前的諾言，把民主自由的旗幟重

新高舉？

為什麼全國一解放，你就變了樣？為什麼人民的領袖變成了神明，高高在上？

為什麼要把祖國最需要的千千萬萬知識分子當成敵人？

為什麼總不顧民生，抓什麼「階級鬥爭為綱」？

為什麼？為什麼？為什麼？回答我啊，母親，親愛的黨。[2]

紅色川女臨終這一串「為什麼」，何等蒼白，「親愛的黨」如何回答？回答得了麼？賈唯英這樣的「紅岩一代」，絕大多數「反毛不反共」，甚至連「毛」都不反，帶著「堅定的紅色信仰」去見了馬克思。

1994年，「民主青年協會」五十周年紀念會在成都華西醫大舉行，許多老會員對賈唯英的坎坷人生惋惜不已。但這位紅色女性至死都不明白，一生做了無用功，拼死迎來的「無產階級專政」正是禍因。既沒有「解放」自己，更沒有「解放」人民，反而使國家遭受幾十年「赤禍」，鎮反、肅反、反右、反右傾、四清、文革、六四……

2010年12月27日於滬

原載：《開放》（香港）2014年9月號

附記：

對中共失望者千千萬。1920年代張發奎機要秘書華岳高，其弟娶張發奎妹妹。1949年已赴港，張發奎勸他莫回廣東，為他在港謀職。但華岳高聽了兩位老同事（均為中共地下黨員）慫恿，回到廣東。兩位老同事：中共華南分局統戰部副部長左洪濤、廣東省法院代院長吳仲禧。鎮反時，華岳高仍被清算，左、吳都保護不了。押回原籍始興途中，華岳高從疾馳車中躍下自殺（未遂），後在始興獄中撞牆而死。[3]

2　燕凌等編著：《紅岩兒女・一生都在波濤中》，中國文化出版社（香港）2008年版，上冊，頁139～156。

3　《張發奎口述自傳》，夏蓮瑛記錄，胡志偉譯注，當代中國出版社（北京）2012年版，頁409。

被革命吃掉的紅岩兒女（三）：
革命少爺的革命人生

　　郭海長（1916～1992），出身豫北名門，父親郭仲隗乃河南民主革命先驅，早年加入同盟會，清廷判處「永遠監禁」；辛亥後獲釋，中英合辦焦作煤礦公司董事長、國民黨開封市黨部主委、安陽新鄉兩區專員，抗戰時國民參政員、豫魯監察使。他有保留地支持兒子參與中共活動，蔣介石大會不點名斥責「縱子為匪，不以為恥」。

左傾學生

　　郭海長從小受父親影響，正直敢言，同情弱者。小學畢業考上開封初中，獨自從新鄉乘火車赴學，車上就打了一場抱不平。1931年夏，15歲的郭海長初中畢業，帶著200塊光洋求學北平。「九‧一八」後參加救亡，加入「反帝大同盟」，擔任交通，經常貼傳單、遊行。1934年夏入輔仁附中，1935年轉匯文中學，「一二‧九」積極分子，1936年加入「民先」，任匯文分隊長、東城區隊長。

　　1937年10月，中共豫北特委書記王心波找他談話，吸收入黨，由八路軍駐第一戰區聯絡處主任朱瑞領導。朱瑞兼北方局軍委書記，郭海長的主要任務是「統戰」其父，搜集豫北軍政情報。郭海長兼任「民先」豫北總隊長，發展各縣「民先」。因日寇進攻，他緊急撤離新鄉，與朱瑞失去聯繫。

　　1939年秋，郭海長考入疏散至豫西嵩縣的河南大學歷史系，由於表現左傾，1940年10月中共河南省委負責人郭曉親至河南大學，吸收他重新入黨。皖南事變後，國統區中共基層組織停止活動，郭海長再次失去組織聯繫。1941年暑假，郭海長被河南大學「勸退」。他赴渝

轉入復旦大學史地系，該系十分「紅」，每旬舉行座談會——「十日談」。郭以「一二‧九」唯一參加者身分，成爲主要發言人並主持「十日談」。院系大規模集會，他也是一門大炮。爲方便活動，他加入國民黨，既不辦理入黨手續也不參加任何活動，只要一張「護身符」——國民黨證。

省參議員

日本投降後，他隨父回豫，辦《中國時報》，發行量五千份，創開封新聞界紀錄。《中國時報》明顯親共，蔣介石震怒，電令河南省府主席劉茂恩：「查《中國時報》立場反動，言論荒謬，應發動群眾運動予以制裁。」

此時，郭海長失去組織聯繫。1946年4月，中共冀魯豫區委城工部派老同學李鐵林來聯繫，爲經濟困難的《中國時報》拎來一箱鈔票（劉鄧首長特批），郭海長再次入黨。城工部長王幼平指示：「郭海長在國民黨政壇上爬得越高，就越能發揮較大作用」。於是，郭海長弄來一個省參議會員。如此這般，《中國時報》居然辦到1948年6月22日開封易手。同年十月，開封再次易手，中共組建特別市府，郭海長任文教局副局長。

「解放」了，郭海長卻無法立即由舊變新，「舊社會頭面人物」一變爲「新社會上層人物」，引起一些「新社會主人」的不滿。偏偏這位「革命少爺」渾不自知，還以爲和老區同志一樣，都是「新社會的主人」，仍豪爽直率，有啥說啥，我行我素，不拘小節。他特討厭官場習氣，對某些機關「規矩」不以爲意，從未意識到必須改變自身以適應「新社會」。新華社開封分社負責人致函開封市委，反映許多老區同志對郭海長仍是開封「上層人士」很有意見，郭乃「解放前」開封四大少爺，現當上共產黨，共產黨原來也是這麼一批人，云云。

一門三「右」

「反胡風」時，郭海長就已「說不清」，重點審查對象。過去所有的優越性全成了可疑點，各種複雜關係越說越複雜，歷史交代一遍又一遍，還是「不老實」、「企圖隱瞞」、「政治立場不穩」、「階級觀點模糊」……接著「肅反」，以前引以為豪的一批朋友與鼎力相助的戰友，竟被懷疑「非組織活動」，日常友聚成了「小集團」，一條條一句句交代。烙來烙去，最後宣佈結論：「他們中間還沒有發現政治上有組織地進行不利於黨的活動」，但他們議論統戰部領導與分工，都是「不應有的錯誤」。如此這般，郭海長怨氣漸積。

「鳴放」一起，號召「向黨提意見」，一貫有話直說的郭海長，不再沉默，認為黨內提意見不用轉彎抹角。他不僅尖銳批評「肅反」的粗暴胡鬧，還指出省委、統戰部缺少自我批評，對運動中的打人死人、打擊面過寬等未做一點檢查。他還保護河南上層民主人士。如此這般，河南統戰部幹部郭海長被劃「極右」，《河南日報》整版整版猛烈批判。

老父郭仲隗一生不畏權勢不怕坐牢殺頭，兩次拒絕蔣介石送來的飛台機票，這會兒也難逃「右網」。郭妻韓公超，河南大學教育系畢業生，時任中學校長，也劃了「右」。一門三「右派」，四個幼孫如何長大？剛強的老父絕望了，很快中風，含冤而逝。

郭海長遣送農村勞改，大饑荒時靠刨挖紅薯充饑。他最痛苦的是：如此為中共出力，卻以「反革命」獻身。之所以沒自殺，完全是顧及四個孩子不能都丟給妻子。

文革爆發，郭海長當然是逃不掉的「死老虎」。起初在省政治學校「挨」鋪天蓋地的大字報，形勢似乎很緊張。大概「油水」榨盡，居然只打雷未下雨，突然調至省參事室（研究員），不斷寫外調材料，當時外調人員「滿天飛」，他寫了四百多份證明，對象有部長、將軍，也有普通幹部，多數是同學同事、朋友戰友，包括宿怨。

但保存下來的四百多份材料，經得起時間與道德的檢驗，可以對歷史負責。

文革後，郭海長終於恢復黨籍，「民革」省委祕書長、副主委、主委、中央委員，省政協委員、全國政協委員，但一生最美好的歲月、最充沛的精力，都耗在被自己人啃咬的痛苦中。[1]

2010年12月28日於滬
原載：《開放》（香港）2015年1月號

---

[1] 燕凌等編著：《紅岩兒女‧一生都在波濤中》，中國文化出版社（香港）2008年版，上冊，頁157～184。

被革命吃掉的紅岩兒女（四）：
投江紅湘女

　　廖意林（1915～1968），出身湖南寧鄉望族，田產百畝。父親留日，同盟會早期會員，辛亥後廣東汕頭、博羅兩縣知事、湖南省參議員，參加反袁，後退鄉著述。母親為寧鄉婦女職校校長，北伐時由謝覺哉介紹加入中共，寧鄉第一任婦女部長。1929年春，廖意林考入長沙含光初中，畢業後考入女子高中師範部（免收學膳費），1935年畢業，當了小學教師。「一二‧九」後，與祕密讀書會的成員建立「民先」，創辦《湘流》（三日刊）。抗戰爆發後，廖意林走進八路軍駐湘辦事處，要求赴延，與許多伙伴輾轉赴延。先入安吳堡青訓班，再入陝公、馬列學院，1938年夏入黨。

紅岩歲月

　　1939年9月，南方局從延安調來二十多名青年，內有廖意林、蘇辛濤。廖意林被分配到重慶百里以外的合川古聖寺，輔助陶行知辦育才學校，任該校地下黨支書。

　　抗戰勝利後，育才學校遷至重慶紅岩村，生源主要為戰時保育院收容的難童，不少後來上了華鎣山打游擊。廖意林極受全校師生喜愛，昵稱「意姐」。1943年，蘇辛濤也來育才任教。1946～47年，南方局、四川省委相繼離渝，他倆失去組織關係，堅持祕密鬥爭，感情日近，但怕懷孕妨礙工作，一直沒敢結婚。此時，江姐（竹筠）下華鎣山找廖意林聯繫，聽了廖的彙報，驚曰：「你哪裡僅僅是一個學校的黨支部書記！好些黨委的聯繫對象也不比你多。」

　　組織決定廖意林離開育才，完全轉入地下。單身女性容易引起

注意，1947年7月1日，她與蘇辛濤「擅自」結婚，住到蘇辛濤主筆的《新民報》宿舍。此時，南方局組織部長錢瑛在滬指示建立重慶新市委，囑聯繫蘇廖夫婦。重慶新市委決定印行祕密刊物《反攻》，廖任社長，刊物祕密發行川黔各地。九月，索要《反攻》的地區越來越多，市委決定把原先油印的《挺進報》與《反攻》改為市委機關報。

1948年3月初，錢瑛調蘇廖夫婦赴滬，正準備東下，廖意林勞累早產，遲滯行程。此時，重慶市委遭偵破，三名常委先後被捕，書記劉國定反水，供出蘇廖夫婦。4月，他們離渝赴湘。1949年2月初，輾轉到達西柏坡。但他們「未經組織批准」的結婚，作為「原則問題」受到批評，寫了檢討。

五七之難

1952年，廖意林出任《新湖南報》副總編，分管農村和群眾生活。1953年秋，統購統銷過度徵糧，農民不夠吃，意見很大。她如實向省委第一書記周小舟彙報，得到讚賞。1954年秋，廖意林調任省委宣傳部宣傳處長。1957年，廖意林升任副部長，剛剛下達任命，突然取消，因為丈夫倒台。《新湖南報》副總編蘇辛濤被劃「極右」，且為「黨內右派集團頭子」，監督勞動，每月只發生活費19元。

丈夫再三要辦離婚，以減少對她及子女的拖累，她斷然拒絕。省委書記周小舟也勸她不要離婚，說是等蘇摘帽後，介紹他重新入黨，再為人民工作，孩子也不會打入另冊。但日子畢竟難過，她悲痛自吟：「小樓坐聽潮頭歌，心事如荼又如火」。1959年反右傾，連最後瞭解並欣賞她的周小舟也成了「彭黃張周反黨集團分子」。

公報私仇

1959年廬山會議後，周小舟倒台，湖南省委三把手周惠積極反右傾，狂曰——

我和周小舟鬥了好幾年。他學得烏龜法，在常委會上慢慢地伸出頭來，我就敲他一下，他馬上縮回去；再慢慢伸出頭來，我又敲他一下。現在好了，從高處跌下來，連烏龜殼都打碎了。哈哈！

1980年代初，周惠出任內蒙第一書記。

1959年，廖意林戴帽「右傾機會主義分子」、「階級異己分子」，放逐湘陰屈原農場勞改。她想一死了之：「對我們來說，生命難道不就是為人民服務的同義語？！為黨為人民工作的權利已經被剝奪了，活著還有什麼意思？」都已經脫鞋下河了，最後關頭顧及必須接濟丈夫與孩子尚幼，才上岸穿鞋。1963年後，她被塞入新華書店當勤雜工。

熬度文革

文革之初，紅衛兵見《新湖南報》編輯部近半「右派」，再看看劃「右」根據——爭論辦報方針，認為可能是省裡「走資派」製造的一起冤案，支持翻案。蘇辛濤等被冤右派認為「機會來了」。可1967年冬報社造反派追捕蘇辛濤，想要借批鬥「右派集團頭子」大造聲勢，壓倒另一派。為逃避追捕，也為了「同案」的囑託，蘇辛濤赴京申訴。蘇離開長沙前，廖意林送行，鼓勵他以「不到長城非好漢」的精神爭取勝利。

1967年底，湘雲突變，支持《新湖南報》翻案的紅衛兵失勢，定為「反革命大雜燴」，申訴翻案的老「右」均遭批鬥。蘇辛濤於回湘半途被捕，定為「右派翻案急先鋒」，打得死去活來。

1968年4月14日，長沙夜雨瀟瀟，廖意林留條子女——

海林、海南：我出去了，再也不會回來。希望你們聽毛主席的話，痛恨你們罪惡的爸爸和媽媽。

失蹤約半月，瀏陽河邊發現一具模糊腫脹面目難辨的女屍，衣著與廖意林出走時相同，附近還找到她的雨傘。造反派為推卸逼死人的責任，「認定」不是廖意林，不予收屍。隨後，河水上漲，屍體漂走。丈夫蘇辛濤五個月後才偶然得知愛妻已死，判斷她是在瀏陽河與湘江匯合處投水。

廖意林之所以走絕路，因為被劃「階級異己分子」——進了棺材還得戴著鐵帽，沒有翻身的機會了。促使她下最後決心的是：4月16日新華書店造反派要開她的批鬥大會，除了「右傾機會主義分子」、「階級異己分子」，另加「叛徒」、「支持愛人翻案」。此前，她看到蘇辛濤被打得頭破血流、掛牌遊街，還有三個死有餘辜的罪名——「特務」、「叛徒」、「國民黨殘渣餘孽」。他們夫婦成為人民的「兇惡敵人」，不僅永遠喪失為黨為人民的工作機會，也無權再做子女的父母。

人生尾聲

1974年，其女蘇海林26歲，沒工作，不能升學。省幹校負責人每年給姐弟插隊所在公社黨委發函，希望給以照顧，但一政審，什麼事情都完完。招工、上學、參軍、提幹，什麼好事都沒份。

文革後，蘇廖夫婦冤案澈底平反。1938年千山萬水去延安「朝聖」的湘女廖意林，歡欣鼓舞迎「解放」的紅岩兒女，聽不到了。2002年2月，丈夫蘇辛濤辭世，戰友歎曰：「建設民主富強幸福的現代化國家的理想，至今還遠遠未實現」。[1]

2010年12月28日於滬

原載：《開放》（香港）2015年1月號

---

[1] 燕凌等編著：《紅岩兒女・一生都在波濤中》，中國文化出版社（香港）2008年版，下冊，頁472～486。

前後「十六字方針」
——中共地下黨的宿命

前「十六字方針」

　　抗戰初期，延安對國統區地下黨發出十六字方針——「隱蔽精幹、長期埋伏、積蓄力量、以待時機」，是為「前十六字方針」。[1]這一白區工作方針抗戰前已具雛型。1936年3月，北方局書記劉少奇就向部屬發佈這十六字。[2]1937年3月，閩西游擊區領導人方方赴延安彙報工作，毛澤東也面喻此十六字，作為白區工作原則。[3]1940年5月5日，中共書記處電令各地省委：為隱蔽身分，加入國民黨不必事先通過組織。其時，地下黨乃中共不可或缺的「第五縱隊」——搞情報、策兵運、擴組織、輸物資、播赤化、發動學運工運折騰國民黨、爭取國統區民心、影響國際輿論……中共奪權儘管以武裝鬥爭為主，畢竟還需要城市地下黨的「第二條戰線」，既需要白區幫著搞錢，也需要白區媒體的輿論配合，更需要白區知青「入伙」……1943年春，毛澤東對薄一波說：中國革命有兩個方面軍，蘇區是一個方面軍，白區是一個方面軍，少奇同志就是白區的代表。[4]

1　穆廣仁：〈有關地下黨的另一個十六字方針〉，載燕凌等編著：《紅岩兒女》（第三部・下），真相出版社（香港）2012年8月新版，頁709。

2　張友漁：〈在少奇同志領導下工作〉，載《革命回憶錄》第2輯，人民出版社（北京）1980年版，頁15。

3　方方：〈三年游擊戰爭〉，載《紅旗飄飄》第18集，中國青年出版社（北京）1979年版，頁137。

4　薄一波：〈崇敬和懷念——獻給黨誕生六十周年〉，載《人民日報》（北京）1981年7月3日。參見山西省社科所編：《山西革命回憶錄》第一輯，山西人民出版社1983年版，頁5。

　　白區地下黨員行走在監獄與刑場邊緣。第二次國共合作後，中共黨內流傳兩句話：「二萬五千里，三千六百日」。二萬五千里指長征，蘇區武裝鬥爭；三千六百日，指白區地下黨，兇險十年。[5]

　　1938年3月入黨的馬識途（1915～），中央大學工學院二年級生，1941年初鄂西特委副書記，因叛徒出賣，特委書記何功偉、祕書劉惠馨（馬識途妻）被捕，馬識途遭追緝，上級錢瑛指示「遠走高飛」，馬識途考入西南聯大外文系，隱蔽潛伏。西南聯大百餘名黨員及「紅」出來的學生全撤離，黨支部也沒了。[6]1942年，南方工委組織部長郭潛（1909～1984，即郭華倫），被捕後叛變，致三十餘名地下黨員被捕（包括廖承志），周恩來在南方局重申「十六字」。閩西南大部分黨員避入深山開荒，劉永生（1949年後福建省軍區司令）等在永定老吳子深山墾植，糧食自給，還招待來往同志。[7]

後「十六字方針」

　　1949年5月，接管南京的「二野」請示中共中央：如何對待原地下黨？中央回電：「降級安排，控制使用，就地消化，逐步淘汰」，是為「後十六字方針」。地下黨系統從此遭整肅、受壓制。由於明顯過河拆橋，「後十六字方針」絕對機密，僅傳達至大區負責人一級。[8]1949年後，地下黨系統的幹部一直感覺不對勁，冷風颼颼，頻遭南下軍幹擠兌，整體吃癟，但不明白「為什麼」？他們萬萬想不到「母親呵──黨」竟會有這麼一條「後十六字方針」。

---

[5] 楊超：〈在西南四省區黨史資料徵集工作會議閉幕式上的講話〉，載《四川黨史研究資料》1983年第1期，頁42。

[6] 馬識途：《風雨人生》，載《馬識途文集》第九集（下），四川文藝出版社2005年版，頁364～365。

[7] 謝畢真：〈戰鬥在閩粵贛邊的劉永生〉，載《革命回憶錄》第16輯，人民出版社（北京）1985年版，頁118～119。

[8] 穆廣仁：〈有關地下黨的另一個十六字方針〉，載燕凌等編著：《紅岩兒女》（第三部・下），真相出版社（香港）2012年版，頁709～710。

1998年7月2日，馬識途慨曰──

在中國革命過程中，知識分子雖然不是主力，卻是先驅，起了號召、組織、發酵的作用。解放以前黨的許多文件，都提出要重視知識分子，也的確吸收了大量的知識分子。新政權建立以後，原先滿腔熱情參加革命的知識分子卻往往被認為是資產階級知識分子，成為改造對象。對他們的估計發生了根本性的變化。「打天下」的時候，這些人英勇地對反動勢力作鬥爭，盡了很大力量。「治天下」的時候，更需要他們貢獻自己的知識的時候，偏偏不讓他們發揮應有的作用。在各種政治運動中，這些人基本上是挨整的。……這究竟是為什麼？我一直沒有想通。[9]

隨著政治運動遞次展開，地下黨逐漸公開淪為黨內「異類」，一直受審查，沒完沒了，幾無「漏網之魚」。文革甚至傳出：凡沒成仁成烈的地下黨，不是叛徒就是潛特。1978年底十一屆三中全會後，江蘇省委、南京市委登報為南京地下黨平反。若非冤屈太深，影響太大，這種「家醜」，中共豈願「廣而告之」？

共軍渡江，接收「爛攤子」，百廢待興，幹部缺口百餘萬。1949年，中共黨員300萬，70%來自農村，僅11%受過教育；這11%中，僅1%大學生。[10]國民黨時期官吏總數200萬，中共此時僅72萬合格人員，缺口2/3。[11]偏偏棄用熟悉城市的地下黨知識幹部，或控而用之。1949年4月28日，毛澤東親自點將的宋任窮（「二野」政治部主任）帶著200名幹部及南京軍管會名單來寧，37席職位，僅5名原地下黨，

---

9 馬識途：〈有感於四十年代民主運動中的一代知識分子〉，載燕凌等編著：《紅岩兒女》（第三部・下），真相出版社（香港）2012年版，頁701。

10 韓素音：《周恩來與他的世紀》，王弄笙等譯，中央文獻出版社（北京）1992年版，頁327。

11 （美）費正清（John King Fairbank）、（英）麥克法誇爾（Roderick MacFarquhar）主編：《劍橋中華人民共和國史（1949～1965）》，王建朗等譯，上海人民出版社1990年版，頁76。

且多為副職。[12]攻佔上海後，毛澤東明確接收城市的領導班子「以南
下幹部為主」，確保嫡系對各地的絕對掌控。[13]

　　整肅地下黨的公開理由是大批新黨員乃國民黨大勢已去時加
入，「動機不純，成分複雜」，混入不少國民黨「第五縱隊」。另一
不便說出口的理由：我們共產黨不就這麼幹的──「鑽到牛魔王的肚
子裡」，不是有著名的前後「龍潭三傑」？[14]1946年夏，西安地下黨
的電台甚至設在國民黨的「剿共」司令部。[15]

鄧小平報告

　　1949年9月17日，南京四千人大會，黨支書及排以上黨員幹部出
席，「二野」政委兼華東局第一書記鄧小平長篇報告〈論《忠誠與老
實》〉，意在解決南下軍幹與南京地下黨日益顯豁的矛盾衝突。鄧報
告打壓地下黨，明確要求地下黨必須服從南下軍幹，為全面整頓南京
地下黨造勢。

　　1946年恢復南京市委前，中共南京地下黨員僅二百餘，1949年4
月渡江戰役前發展至近兩千，「重大業績」這會兒成了大錯誤。鄧政
委報告中：「南京是否兩千多黨員，一個應該清洗的也沒有呢？」鄧
還將柯慶施散播的謠傳拈出爆料──

　　過去地下黨同志有一個口號叫做「保管好工廠，就當廠長」……
這樣說你保管好總統府，將來豈不是要請你當當總統嗎？[16]

[12] 唐寶林：〈南京解放前後的陳修良〉，載《炎黃春秋》（北京）2012年
第8期，頁75。

[13] 陳修良撰述、唐寶林編著：《拒絕奴性──中共祕密市委書記陳修良
傳》，香港中和出版公司2012年版，頁279。

[14] 抗戰前的「前三傑」──錢壯飛、李克家、胡底。抗戰後的「後三傑」
──熊向暉、陳忠經、申健。

[15] 龐智：〈古城門「胡騎」──西安地下鬥爭片斷回憶〉，載《紅旗飄
飄》第16集，中國青年出版社（北京）1961年版，頁217、240。

[16] 鄧小平：〈論《忠誠與老實》〉，載南京市委編印：《南京通訊》第四

陳修良氣極,遞條上台反駁。[17]鄧接閱後立即揶揄——

我們在座的同志,一定有很多人聽了不舒服,那麼,讓他不舒服好了,將來等到他變成真正的共產黨員就舒服了。[18]

老資格上海地下黨領導人劉曉(1908～1988,後任外交部副部長),不久告知陳修良:鄧小平對她「印象極為惡劣」。後來,劉曉又通過沙文漢(陳修良丈夫)提醒她,「在鄧小平、饒漱石面前說話當心點」。[19]

鄧在報告中警告新黨員:「黨有嚴格的紀律,如果別的都可以,就是『自由』這一點我還要,那可以不必入黨。」鄧著重分析了毛澤東所說的三種黨員:「一條心」——一心一意跟黨走的忠誠者。「半條心」——組織入黨而思想不入黨,求官或要求黨「給生活」;入黨後還想保持言行自由、傳佈反黨言論。「兩條心」——鑽進黨內的破壞者(潛特)。鄧特別指出:「南京黨內兩條心是有的,誰要是不承認這一點,誰就要使自己解除武裝喪失警惕!」鄧還說「半條心」是「兩條心」的掩護者,舉了兩則失實事例。[20]有關幾條心的說法,延安搶救運動就已出現。

陳修良聽完鄧政委的報告,「氣得發抖,但沒有辦法能夠向這樣一個『大人物』進行辯論,澄清真相,討回公道。」她既震驚,又莫大痛苦,這麼一位戰功卓著的中央級領導,竟會根據幾條謠言公開

期,1949年10月,頁17～19、9。參見陳修良撰述、唐寶林編著:《拒絕奴性——中共祕密市委書記陳修良傳》,香港中和出版公司2012年版,頁267～268。

[17] 2014年1月11日,陳修良之女沙尚之函復筆者:其母親此時向主席台遞條子。

[18] 鄧小平:〈論《忠誠與老實》〉,載南京市委編印:《南京通訊》第四期,1949年10月,頁11。

[19] 陳修良遺稿:〈關於鄧小平問題〉,未刊稿。載陳修良撰述、唐寶林編著:《拒絕奴性——中共祕密市委書記陳修良傳》,香港中和出版公司2012年版,頁277。

[20] 鄧小平:〈論《忠誠與老實》〉,載南京市委編印:《南京通訊》第四期,1949年10月,頁8～10。

惡評整個南京地下黨。會場走光人了，她還呆呆坐在那裡。[21]她萬萬沒想到「勝利會師」，竟會遭遇自己人如此「誤解」。

鄧報告中還稱部隊軍幹、南下幹部為「大兒子」，南方游擊隊、地下黨為「小兒子」——

毛主席把人民解放軍，北方來的黨叫做主力，在南方的黨和部隊叫游擊隊，會師就是主力和游擊隊的會師。你說毛主席偏心嗎？不是的，一個是大兒子，一個是小兒子，這就叫「老老實實」。

幹部配備是以什麼為主呢？應該以解放軍來的、解放區來的幹部為主，不僅南京、上海、杭州這樣，將來到西南也必須這樣。

鄧特意談到攻佔南京的功勞：第一是毛主席；第二是解放軍；第三是南京地下黨；地下黨只是起了「適當的作用」。鄧嚴厲批評地下黨對軍隊幹部的不服氣情緒。[22]

鄧報告1.8萬字，鄧氏篇幅最長的文章。1988年出版《鄧選》，中央文獻研究室原擬收入這篇〈論《忠誠與老實》〉，南京黨史辦徵求陳修良意見，陳逐條批駁錯誤，明確反對收入。歷史最終證明南京地下黨未混入一個「兩條心」，這篇最長鄧文未入《鄧選》。[23]此時，「總設計師」健在，完全有能力「掌控局面」。

南京整黨

城市地下黨有文化有經驗，熟悉城市，但不像軍幹及根據地工農幹部那樣聽話。陳修良偌大場合遞條上台，也只有深具平等意識的

---

[21] 陳修良撰述、唐寶林編著：《拒絕奴性——中共祕密市委書記陳修良傳》，香港中和出版公司2012年版，頁273。

[22] 鄧小平：〈論《忠誠與老實》〉，載南京市委編印：《南京通訊》第四期，1949年10月，頁18～19。

[23] 陳修良致南京黨史辦公室的信（1988年2月24日），載陳修良撰述、唐寶林編著：《拒絕奴性——中共祕密市委書記陳修良傳》，香港中和出版公司2012年版，頁268、271。

知識分子才做得出。估計鄧小平很少遇到這樣的下屬，因而對陳「印象極差」。

上有毛澤東的「後十六字方針」，下有工農軍幹龐大基層力量，華東局順勢打壓地下黨，便是時代大氣壓下的「歷史必然」。南京地下黨市委書記陳修良，南京一「解放」，立即「降級安排」，降任市委組織部長。鄧報告後，陳修良又在與軍幹關係上挨批評，1950年初調離南京。反右時，時任浙江省委宣傳部代部長的陳修良與丈夫沙文漢（浙江省長）一起劃右，陳修良還是「極右」。陳修良1926年入團，次年轉黨，向警予祕書，她劃「極右」須經中央審批，得經過總書記鄧小平。

1949年9月～1950年，南京整黨未查出一名反革命，但仍「戰果輝煌」，除隨「二野」赴西南走了約500名黨員，1400餘名南京地下黨員，466人受處理，其中205名開除黨籍。[24]其他處理等級：取消候補資格、勸退、停止黨籍待審。此後歷次政治運動，南京地下黨幹部幾乎一網打盡，少數「漏網之魚」，或明或暗「控制使用」。

隨「二野」西征或南下的南京地下黨幹部亦未倖免。1998年2月19日《雲南日報》，雲南省委撰文紀念西南服務團，該團以南京地下黨及紅青為骨幹。該文複述鄧小平1949年南京講話將參加西南服務團的青年劃分六類——革命團、吃飯團、戀愛團、回鄉團、遊山玩水團，升官發財團，引起原西南服務團老同志強烈抗議。雲南剿匪中，西南服務團犧牲九十多人，倖存者不少仍淪為「右派」，發配窮鄉僻壤苦役，有些人無聲無息死在遠方。[25]

這次南京整黨，公安局發現一名地下黨員曾為蔣介石接過電

---

024 南京市委黨史編寫領導小組吳文熙1985年6月24日給陳修良的信，載陳修良撰述、唐寶林編著：《拒絕奴性——中共祕密市委書記陳修良傳》，香港中和出版公司2012年版，頁278。

[24] 南京市委黨史編寫領導小組吳文熙1985年6月24日給陳修良的信，載陳修良撰述、唐寶林編著：《拒絕奴性——中共祕密市委書記陳修良傳》，香港中和出版公司2012年版，頁278。

[25] 穆廣仁：〈有關地下黨的另一個十六字方針〉，載燕凌等編著：《紅岩兒女》（第三部‧下），真相出版社（香港）2012年8月新版，頁713。

話，便認定「特務」而逮捕，文革後才洗清冤情，從流放地回南京，人生主要時間都消耗於監獄。另一名工作出色的地下黨員，南京「解放」後任公安局郵政科長，同單位一名南下軍幹不服氣，千方百計找他的茬。一次吵架，科長將手槍往桌上拍了一下，被指「地下黨員要槍斃共產黨員」，科長被當成「反革命」抓起來。陳修良調查此事，確認誤會謠傳，不是「反革命」，但鄧小平仍在「四千人大會」上拎出，舉為地下黨不服南下軍幹的例子。整黨運動中，這位地下黨出身的科長被整得死去活來，自殺了。[26]

全國情況

南京市委組織部有人聽傳達：中央點名四個地區地下黨組織嚴重不純——南京、福建、廣西、雲南。其他未被點名地區的地下黨亦難逃劫數。

1949年7月，湖南省委組織部下發文件，判定本省地下黨品質不高，80%一年以內新黨員，預備黨員占60%，發展過快，明顯「拉伕」，個別地方偽縣長、民社黨、自首分子都進來了，組織性差、階級立場不穩，必須嚴格政審與組織清理；[27]對地下黨員的任用，儘量利用他們熟悉當地情況與群眾關係多的長項，一般不宜留機關，有能力者一般也只應配置副職，確實德才兼備且工作上不可缺少者，「應視作特殊情況，經過黨委研究提交上級批准後，可以分配負責工作。」[28]

---

26 唐寶林：〈南京解放前後的陳修良〉，載《炎黃春秋》（北京）2012年第8期，頁76。

27 湖南省委組織部：〈關於我們進入湖南與地下黨會師的幾個問題〉（1949年7月30日），載中共湖南省委黨研究室、湖南省中共黨史聯絡組編：〈南下入湘幹部資料選編〉第二卷，2006年9月，頁34～36。
    轉引楊奎松：《中華人民共和國建國史》（一），江西人民出版社2009年版，頁401。

28 湖南省委：〈關於與地下黨會師問題的幾點補充指示〉（1949年9月12日），載〈南下入湘幹部資料選編〉第二卷，2006年9月，頁39～40。

　　抗戰後成立的滇桂黔邊區縱隊（簡稱「邊縱」），以知青為骨幹，最後發展成五萬餘人，縣區民兵十萬餘，十二塊游擊區，攻佔91座縣城。[29]1949年後，整黨、反地方主義、反右、文革等運動，雲南地下黨與「邊縱」一直是重點審查對象，定性「思想不純、組織不純、作風不純」，122名省管幹部「劃右」。文革時歷屆地下黨工委委員、邊區委員、「邊縱」地委、支隊領導「都屬叛徒、特嫌」，大批長期關押，不少迫害致死。「代表人物」省紀委書記鄭伯克（1909～2008），1929年入團，1935年入黨，雲南地下黨省工委書記、「邊縱」副政委，1954年遭主持滇政的謝富治整肅，幾乎開除黨籍。連堅持實事求是、不肯無中生有「揭發」的南下幹部、省委組織部長王鏡如，也被打為「鄭王反黨集團首要分子」。1982～92年，雲南複查地下黨及「邊縱」2.9萬餘人次，改正80%。[30]

　　1978年，閩中地下黨負責人仍被當作叛徒、特務、內奸，開除黨籍、逮捕入獄。福建地下黨冤案涉及千餘地下黨員，大多為廈門大學、集美等學生。四川地下黨員約1.2萬名，次次運動挨整，1980年代初只剩下2000餘人。江青說：四川地下黨都是叛徒。文革中，一位軍區司令公然說：「地下黨沒有一個好人！」廣東、海南的地下黨也遭「反地方主義」整肅。廣西抗戰期間的「學生軍」冤案、西北大學的地下黨冤案，都是1980年代才得昭雪。[31]

　　文革前，地下黨因熬刑、犧牲頗能體現紅色意志與革命艱難，《紅岩》三年印行400多萬冊。[32]馬識途以鄂西地下黨為背景的長篇

[29] 燕凌等編著：《紅岩兒女》（第二部・下），真相出版社（香港）2012年8月新版，頁736。

[30] 〈雲南地下黨和「邊縱」冤案紀略〉，載燕凌等編著：《紅岩兒女》（第三部・上），真相出版社（香港）2012年版，頁80～81。

[31] 穆廣仁：〈有關地下黨的另一個十六字方針〉，載燕凌等編著：《紅岩兒女》（第三部・下），真相出版社（香港）2012年版，頁712～714。

[32] 曠晨、潘良編著：《我們的1950年代》，中國友誼出版公司（北京）2006年第二版，頁311。

小說《清江壯歌》，1960年人民文學出版社開印20萬冊，《成都晚報》、《武漢晚報》連載，中央及幾個地方電台連播。文革開始後，《清江壯歌》與《紅岩》一起淪為大毒草，地下黨題材作品與地下黨政治脈跳「同呼吸共命運」。[33]

1982～84年，筆者供職浙江省政協，一批新四軍「三五支隊」浙江地方幹部，深怨前省委書記江華對他們長年壓制。浙江四大「右派」沙楊彭孫——省長沙文漢、副省長楊思一、省檢察長彭瑞林、財貿部長孫章錄，除彭瑞林，均為地下黨出身。

熬過毛時代的地下黨倖存者，文革後才有機會嶄露頭角，如西南聯大學生黨員出身的王漢斌（副委員長）、何東昌（教育部長）、清華生章文晉（外交部副部長）。

求證坐實

受了三十年冤屈的地下黨員聞知「後十六字方針」，當然很有「興趣」知曉其詳。2004年秋，穆廣仁先生從友人通信中與聞「後十六字方針」，便和幾位南方局地下黨出身的老幹部開始「求證」。

穆廣仁（1925～），1947年入黨，南方局地下黨員、新華社前副總編。因檔案封閉，穆廣仁等只能尋證知情人。陳修良之女打電話諮詢消息來源的老H，老H告知資訊來自昆明M。昆明M再告知穆老，「情報」來自一位見過「後十六字」文件的西南局老同志。一位1950年代安全部門的老同志也說聞知「後十六字」。一位搞黨史的南京老同志告訴穆廣仁，1990年代江蘇省安全廳負責人C查閱檔案時，發現南京易手不久一份電報，中央某領導向毛請示對全國地下黨的處置方針，毛批下這十六字，限達大區負責人。

李普應穆廣仁之請，諮詢1950年代初中南局祕書長杜潤生

---

[33] 馬識途：《風雨人生》，載《馬識途文集》第九集（上），四川文藝出版社2005年版，頁288、327～328。

（1913〜2015），杜老回答親見「後十六字方針」文件。2006年2月，杜潤生向李普確認親見此件。李普（1918〜2010，新華社副社長）：從「後十六字方針」文風、氣勢看，與毛澤東行文習慣一致，只能是他的手筆；從內容上，他人沒有資格與膽略敢發佈這樣的指示。再根據毛對知識分子一貫偏見與1949年後歷次運動矛頭，前後銜接，邏輯一致。李慎之認為「後十六字方針」並非僅僅針對南京地下黨，而是針對全國地下黨。[34]

大陸史家楊奎松《中華人民共和國建國史研究》（一），收入「後十六字方針」，附長篇確認性論述。[35]根據大陸「國情」，中宣部對黨史審讀極嚴，「放」出如此重大情節，表明官方認可。

綜上，「後十六字方針」基本坐實。檔案一旦解密，當能查到電報原件。

悲憤出集

忠誠的地下黨員晚年得知「偉大領袖」早就準備淘汰他們，開國之初就規劃如此這般對待革命搖籃的地下黨，將他們第一批送上「無產階級專政」祭壇，文革則是「淘汰」的最後一章[36]，那份錐心之痛……當年出生入死、捨身為黨的壯烈價值，全都漂起來了。

何燕凌、童式一、穆廣仁、宋琤等地下黨出身老幹部歷經二十年努力，2005年後陸續出版「晚霞工程」——《紅岩兒女》（六卷本）。這套傳記叢書，大陸只給出1949年前「英勇奮鬥」的前四卷（中國青年出版社2005年），不給出1949年後「含冤蒙難」的後兩

---

[34] 穆廣仁集納：〈有關地下黨的另一個十六字方針〉，載燕凌等編著：《紅岩兒女》（第三部·下），真相出版社（香港）2012年版，頁709〜710。

[35] 楊奎松：《中華人民共和國建國史研究》（一），江西人民出版社2009年版，頁400〜404。

[36] 穆廣仁：〈有關地下黨的另一個十六字方針〉，載燕凌等編著：《紅岩兒女》（第三部·下），真相出版社（香港）2012年版，頁714。

卷。「偉大母親」只承認他們的前半生，卻「回避」時間更長、更有「價值」的後半生。第三部《紅岩兒女的罪與罰——中共地下黨人之厄運》，2008年只能出版於香港。

紅色女傑陳修良（1907～1998），1926年春入團，1927年4月向警予介紹轉黨並任向祕書，留蘇生；1994年5月5日、1998年10月8日，江澤民兩次前往上海華東醫院榻前探望。[37]其自傳《拒絕奴性》亦不能出在「鶯歌燕舞」的大陸，2012年只能露臉於「資本主義淵藪」的香港。大陸官家至今害怕自己的歷史，不便「見公婆」之處太多。

深層原因

李慎之、李普、燕凌、穆廣仁等「兩頭真」晚年認識到「後十六字方針」的根子在於毛澤東對知識分子根深蒂固的不信任。毛從實踐中認識到工農幹部聽話、麻煩少、沒威脅。起於深山草莽的中共，主要依賴農民與軍隊「說話」。利用歷史形成的多數工農幹部去整肅少數不聽話的知識分子幹部，亦合1949年後中共人事上的既成態勢。1955年上海「潘揚事件」，也是這一背景下的「歷史產物」——起於不信任的大冤案。

1980年代，穆廣仁隨上海地下黨學委負責人出身的外長吳學謙出訪埃及，有一次深入的「開羅交談」。他們為地下黨的集體命運感慨不已。地下黨不僅為中共奪權作出重要貢獻，也為「新中國」培養大批幹部，1950～70年代正是他們施展才能的大好時段，卻成為黨內第一批祭品。較之「一二‧九」延安一代，地下黨系統的命運悲慘得多。等到胡耀邦時代提出知識化，地下黨有了發揮作用的空間，大多歲過花甲，胡耀邦搶時間也只能任用很少一部分出任重要職務，這部

---

[37] 沙尚之主編：《沙文漢、陳修良畫傳》，上海社會科學院出版社2007年版，頁18、21、162。

分地下黨員幹部曇花一現，很快離休。[38]

當然，革命早就在吃自己的兒女了。十年「鬧紅」，各根據地「肅反」殺掉自己人近十萬，遠比國民黨監獄殺的共產黨多得多。1932年1月～1934年夏，湘鄂西蘇區「肅清改組派」，冤殺上萬名紅軍與根據地幹部，領導人夏曦連自己的四名警衛員都捕殺三人。九千餘人的紅三軍殺得最後只剩下三千餘，黨員只剩下夏曦、關向應、賀龍、盧冬生四位。一位湘鄂西根據地開創者臨刑前質問夏曦，那麼多為創建根據地流血犧牲的老同志怎麼都是反革命？夏曦答曰：「這些人是為了破壞革命才參加革命，為了瓦解紅軍而發展紅軍，為了搞垮根據地而建設根據地。」[39]如此悖謬邏輯居然成為大開殺戒的論據。夏曦甚至差點對賀龍下手。

李銳——

我接觸到的材料，鄂豫皖、湘鄂西、湘鄂贛三個地區誤殺了4.5萬人，加上中央蘇區、湘贛、閩西、閩浙贛等地，直到陝北，自己殺自己，總數估計不下七八萬。從根據地創始人、省軍地縣幹部，一直殺到士兵。湘鄂西殺得只剩下四個黨員。許多地區是自己殺得站不住腳的。[40]

延安整風審幹，川省工委書記鄒風平被打「紅旗特務」，整得死去活來，自殺前留下絕命詩——

冤死慈親手，淚眼望飛雪；委屈並無怨，忍痛護高節。

後為中紀委書記的韓天石（1914～2010），成都地下黨市委書記，延安「搶救運動」也打為「紅旗特務」，1949年後劃入「高饒反黨集團」。成都地下黨員胡績偉，「搶救運動」中險些「入圍」，西

---

[38] 穆廣仁：〈有關地下黨的另一個十六字方針〉，載燕凌等編著：《紅岩兒女》（第三部‧下），真相出版社（香港）2012年版，頁714～715。

[39] 文聿：《中國「左」禍》，朝華出版社（北京）1993年版，頁97。

[40] 李銳：〈關於防「左」的感想與意見〉，載《李銳論說文選》，中國社會科學出版社（北京）1998年版，頁58。

北局組織部長李卓然力保，才成「漏網之魚」。[41]

地下黨的集體命運，難道唏噓一番、歎一口氣就算了？不該找找裡面的原因麼？中共不是最講客觀規律與必然性麼？這會兒怎麼不言言了？

知識分子出身的地下黨乃中共黨內健康力量，民主自由是他們爭取的目標。1940年代入黨的南方局系統學生黨員，未經延安「整風」、「搶救」，不知運動厲害，有話直說，不加防範，1949年後成為「檻上芝蘭」。[42]當他們被赤左大潮裹挾至反右、文革，發現「得到的並不是我們想要的」，而且比原來都不如，來不及了，眼睜睜看著戰友一個個被「合法冤枉」，最後冤枉到自己，株連親友後代。此時，他們只能啃嚼苦果，熬著受著了。

工農「打敗」知識分子，馬識途認為根子在於治國策略上發生原則性錯歧，即如何利用資本主義積極因素上發生原則性分歧——

這樣，革命知識分子就與小農意識、封建意識深厚而又居於支配地位的那些人發生矛盾了。那些人為了鞏固自己手中的權力，非要「改造」、打擊這些知識分子不可。本來，進城之後更應改造的是農民意識、封建意識，這些沒有改造，反而用這些意識「改造」知識分子，怎能不出麻煩？……超越階段，造成的損失太大了。搞出個充滿農民意識、封建意識的社會，弄成個事事高度集中、專制盛行的國家，知識分子不能接受，挨整是跑不脫的。……幾十年來，各地各級仍然有大大小小的「皇帝」壓在人民頭上，不少鄉村裡，至今還有。[43]

那麼，為什麼會發生這一分歧呢？先後就讀中央大學、西南聯大的高才生馬識途無法回答，因為已接近「兩頭真」的反思底線

[41] 穆廣仁：〈有關地下黨的另一個十六字方針〉，載燕凌等編著：《紅岩兒女》（第三部‧下），真相出版社（香港）2012年版，頁713～714。

[42] 謝韜：〈我們從哪裡來，到哪裡去？〉，載燕凌等編著：《紅岩兒女》（第三部‧上），真相出版社（香港）2012年版，頁15。

[43] 燕凌等編著：《紅岩兒女》（第三部‧下），真相出版社（香港）2012年版，頁703。

——赤色革命的正義性、中國共運的價值性、馬列主義的合理性⋯⋯一開始就錯了？哎唷，天都塌了喂！折騰這麼一大圈，撐「國」立「共」，最後還是繞回來，紅色專政比白色恐怖還厲害、更升級，這？這！這⋯⋯

「紅岩一代」的局限

筆者曾與幾位「兩頭真」老人接觸，小心探問，摸知他們反思的兩條底線：一、馬克思主義；二、革命價值。「紅岩一代」（即「解放一代」）意識到自己帶有根本性弱點——1949年前不怕犧牲爭取民主自由，1949年後竟容忍新式獨裁專制；1949年前張揚個性、桀驁不遜，1949年後竟沉陷個人迷信、乖乖成為「馴服工具」；他們自問：「明明被整得死去活來，為什麼久久不覺悟」？承認「浪費青春」，但拒絕被評「上當受騙的一代」。他們似是而非模模糊糊自評：「他們理想中的目標大部分未能實現，但卻很難說他們當初就作了錯誤的選擇。」[44]

他們最後的底線：推翻國民黨還是必要的，後面沒建設好「新中國」不能成為否定前面紅色革命必要性的理據，1949年前後得分開來——

能用五十年代六十年代毛澤東發動的一系列禍國殃民的政治運動來證明四十年代共產黨的民主說辭都是假的嗎？用後來的情況推論過去的動機，用後來的表現評價過去的對錯，不能認為是科學的對待歷史的態度。[45]

他們的論點當然經不起輕問：既然大部分目標未能實現，又怎

---

[44] 燕凌執筆：〈《紅岩兒女》第三部前言〉，載《紅岩兒女》第三部，真相出版社（香港）2012年版，頁3～4。

[45] 燕凌：〈謝韜一代人的追求〉，載燕凌等編著：《紅岩兒女》第三部（上），真相出版社（香港）2012年版，頁32。

麼證明當初選擇的正確？既然後來的結果背離此前宗旨，再美好的動機還有什麼意義？天翻地覆、伏屍千萬的革命，能用「動機」來論證價值麼？難道實踐不是檢驗真理的唯一標準麼？

回避理論歸納與人生「總決算」，似成「延安一代」、「紅岩一代」捍衛一生價值的「最後防線」，或曰代際局限吧？李慎之、謝韜都已承認「英特納雄耐爾（international）」不可能實現，世界正在走向全球化，「削肉還母，剔骨還父」——要送還「『十月革命一聲炮響』送來的東西」，[46]就是未對一層紙後的馬列主義、國際共運（包括中共革命）的價值進行總判認總決算。

赤潮禍華，最實質性的傷害是擰歪了數代士林的思想，錯誤架設他們的判斷標準。「延安一代」、「紅岩一代」至今還在用階級論研判社會，還在用赤色觀念運行思維、影響今世、「教育」後代。

結語

很清楚了：階級鬥爭、暴力革命、一黨專政、禁止私產、一切公有、計劃經濟，馬克思主義的「精髓」已被證謬，難以「繼承」。一開始就走歪的赤色革命，以階級劃敵，當然不可能走向「和諧」。先打倒別人，再打倒自己，實為地下黨的歷史宿命。反右～文革，難道不是再熟悉不過的鳥盡弓藏？一齣舊戲耳。

這場「先打倒別人，再打倒自己」的革命，當然也是一筆「豐厚」的紅色遺產。繳納如此巨額歷史學費，難道還不該好好利用？——深究赤因，刨去禍根。否則，後人很有可能還會在原地跌撲第二跤。

初稿：2010年12月22日；補充：2013年11月22～25日

修訂：2014年1月10～13日

原載：《二十一世紀》（香港）2014年8月號（刪削稿）

---

46 謝韜：〈我們從哪裡來，到哪裡去？〉，載燕凌等編著：《紅岩兒女》第三部（上），真相出版社（香港）2012年版，頁29、27。

師哲被「吃」

1949年後，中共不僅開始「吃」解放牌紅岩兒女，也開始啃咬延安一代，甚至大革命一代。1926加入中共的師哲，通天的中共高層俄譯，竟也被啃咬得遍體鱗傷。

師哲（1905～1998），陝西韓城井溢村人，父親鄉村知識分子。師哲八歲上縣城小學，14歲入省立第一師範，1925年參加胡景翼國民革命軍第二軍，因有文化派往開封陸軍訓練處學習。是年，在李大釗協調下，赤俄政府與國民革命軍第一軍、第二軍達成協議，兩軍各派25名學員赴俄學習。師哲因成績優異獲選，入基輔聯合軍官學校。[1]

1926年10月，師哲在基輔加入中共，後任支書。1927年10月，轉學莫斯科軍事工程學校，1928年畢業，留校任中國排排長，兼任譯員、文化教員。1929年10月～1938年3月，派赴西伯利亞安全部門，親歷蘇聯大肅反。1938年9月，師哲赴莫斯科找到共產國際中國代表團，臨時安排莫尼諾兒童院副院長兼教務長。1939年，專任中共駐共產國際代表團長任弼時祕書。1940年3月，與任弼時、周恩來（赴俄治傷）同機回國，滯俄15年。

1940年3月25日，師哲抵達延安，仍為任弼時祕書。西柏坡時期，兼政治局書記處政治祕書室主任，長期任毛劉周朱俄譯，多次出席中蘇赤黨高層會談，協助中共領導人處理中蘇事務。

1949～52年，師哲陪同毛澤東、劉少奇、周恩來、彭德懷等六次訪蘇，商討「抗美援朝」、朝鮮停戰。1956「波匈事件」，師哲再次隨劉少奇訪蘇，商討如何處理「社會主義陣營」國家的知識分子鬧事。

---

[1] 師哲：《峰與谷——師哲回憶錄》，紅旗出版社（北京）1992年版，頁185。

1957年1月，任弼時去世多年後，師哲感覺「高處不勝寒」，請求調離中央，外放山東省委書記處書記。1958年犯「生活錯誤」，開除黨籍，下放陝西扶風農場。1962年9月八屆十中全會後，受康生迫害，先軟禁後監禁。1966年夏移押秦城，前後蹲監13年，流放5年。1980年恢復工作，1987年癱瘓在床，1998年辭世。

師哲長期罹難，當然涉及中共政治傾軋。師哲說他遭到康生、江青陷害。1950年，任弼時剛剛去世，康生就說——

師哲失去了弼時這個靠山，他是難以應付下去的，從哪方面衝擊他、搞倒他，這是指日可待的事。

一葉知秋，中共高層政治如此險惡。1954年秋，性頗刻厲的江青對人說——

要把師哲搞倒、搞垮、搞臭。

師哲說他在延安任中央書記處辦公室主任，未能滿足江青索取職位的要求，還不肯給她報銷一大筆沒有名目的帳單，江青植恨於心。

師哲剛從山東省委書記處跌落，康生規定三條——

一、要把師哲安排到遠離鐵路等交通要道的地方；

二、要割斷師哲同中央的聯繫；

三、要防止師哲逃跑到蘇聯去。

押入秦城後，康生說——

師哲活著進去，但活著出不來了。

按說，師哲可將遭難之因一古腦兒推給康生、江青，但他在「江河有源‧事出有因」一節中，主動「坦白」自己這方面的原因——

1957年1月，我到了濟南，擔任山東省委書記處書記。在這裡工作的期間，我才深深感到自己不瞭解也不適應中國的人情世故，並非僅憑積極努力地工作就能站住腳，我的處境是艱難的。但是千不該萬不該，不該自己在生活上不檢點，犯了錯誤，這給排斥異己的勢力和蓄意害我的康生提供了極好的機會，也應驗了康生的預言：「師哲要陷在山東的泥潭，拔不出來。」

　　師哲所說的「生活錯誤」，乃眾所周知的「代名詞」——最張不開口的男女之事，向為當事人低首忌諱。文革前，中共官場流諺——「莫要裝錯袋，莫要上錯床」，只要管住這兩件事，不犯這兩項錯誤，便不會倒台。師哲恰恰犯了「生活小節」錯誤，中共又向以「禁欲」標榜高尚，1950年代又似乎特別講究這方面的嚴肅性。師哲被政敵抓住小辮子，正好順勢推石下井搞倒搞臭，丟了黨籍。但是，無論如何，追根溯源，自己也有責任，畢竟授柄予人。晚年師哲能夠從自身檢討肇因，在《我的一生——師哲自述》中收入此篇，自我檢討——

　　不該自己「不戒」……畢竟是自己把辮子遞到別人手裡了，於是蓄意害我的和排斥異己的兩股勢力合在一起。[2]

　　筆者研究現代人文知識分子，閱讀近千人自傳（篇），像師哲這樣自報家門的「老實交待」，尤其事涉敏感的性道德，大熊貓一樣稀之又稀。敢作敢當又敢言，師哲的「老實」得到我的真誠敬意，特撰文記之。其實，不涉「性」的自傳是不完整的，也是必然有所掖藏，真實度多少應受懷疑。誰能一生無「性」，沒一點擦擦碰碰？

　　自傳多有不得不防之處——好事都是花大姐（自己），壞事全是爛丫頭（別人）。身世經歷形諸文字，自述自供，白紙黑字，難免扭扭捏捏遮遮掩掩、修修補補做做手腳。許多人敢做不敢當，更不敢言。錢鍾書名言：「自傳不可信，相識回憶亦不可信，古來正史野史均作如是觀。」[3]抱疑讀傳實屬「正當防衛」。不過，傳主若自曝家醜自揚私陋，則可肯定確鑿無疑，至少基本可信。「師哲自述：秦城監獄的6601號犯人」，[4]便是激起我驚訝的一篇自傳。

　　平反後，師哲出任中國社科院東歐中亞研究所顧問、副部級離

2　師哲：《我的一生——師哲自述》，人民出版社（北京）2001年版，頁483。
3　黃裳：《榆下說書》，三聯書店（北京）1982年版，頁300。
4　杜導正、廖蓋隆編：《歷史謎案揭祕》，南海出版公司（海口）1998年版，頁206～225。

休，1998年8月17日病逝北京，享年93周歲。大難之後還得如此高壽，實在不易，也是一份實質性回報——有時間留下《在歷史巨人身邊》、《峰與谷》等史料價值較高的回憶錄——雁過留聲，生命嵌入史壁。

不過，師哲晚年「紅色勒痕」太重，成為標準「紅色遺老」。回憶錄未對紅色災難稍作探因，自己被「啃咬」22年，也簡單歸於奸佞當道，未對奸佞何以當道有所剖析。

2008年春於滬

原載：《南方日報》（廣州）2009年12月20日

附記：

抗戰中唯一犧牲的八路軍高級將領左權，也是被「革命」吃掉。左權（1905～1942），湖南醴陵人，黃埔一期生，1925年2月周恩來、陳賡介紹入黨，同年11月派俄，先後入莫斯科中大、高級步校、伏龍芝軍事學院。1928年4月，中共駐共產國際代表向忠發根據米夫、王明的偏見，宣佈莫斯科中大「江浙同鄉會」為反黨組織，左權、孫冶方等劃入該會，左權以「行為不檢」受處分——黨內勸告。1930年6月，左權回國，沾染「托派」嫌疑，蘇區中組部長任弼時、國家政治保衛局長鄧發、蘇區中央局代書記項英，先後負責審查；1932年，左權被撤紅15軍長，「留黨察看八個月」。第四次「反圍剿」，急需將才，紅軍總政委周恩來起用左權，得任紅一軍團參謀長。1941年11月，左權上書中央，要求洗去兩次不白之冤，久未得復，1942年5月25日，於山西遼縣（今左權縣）陣亡。當時，他命令戰友臥倒避炮，自己卻挺立前行。彭德懷懷疑曰：作為訓練有素的高級將領，完全有能力辨別炮彈飛行的聲音和角度，但他沒有躲避，這是為什麼？「難道左權將軍是想不惜以自己的死來說明什麼嗎？」近年中共黨史界有人認為左權的「烈死」就是向黨證明鐵膽忠心。[5]

---

[5] 散木：〈左權將軍的烈死與「托派」嫌疑〉，載《檢察風雲》（上海）2005年第21期，頁66～68。

《腹地》悲劇六十年
——1949年後首部被禁紅色小說

　　中共掌國後首部被禁作品，竟是「自己人」的紅色作品——《腹地》。這部長篇抗日小說創作於冀中根據地，描寫1942年「五一大掃蕩」，標標準準的紅色小說，竟「榮幸」成為1949年後第一部醒目凸顯的禁書。《腹地》的悲劇恰好說明中共何以走出重大斜謬的史轍。

　　拙文資料來自王林《腹地》（解放軍出版社2007年版）、于繼增〈建國後第一部遭禁的長篇小說〉（載《文史精華》2012年第6期）。

作者王林

　　王林（1909～1984），河北衡水人，1925年就讀北京今是中學，1930年加入共青團，折騰學運，一度被捕，是年秋考入青島大學外文系。1931年冬轉黨（介紹人俞啟威），後任青島大學中共黨支書，組織179名青島大學生南下請願抗日，失敗後任海鷗劇社社長（後由俞啟威繼任）。劇社成員有崔嵬、李雲鶴（江青）。這一時期，王林發表短篇小說〈這年頭〉等。

　　1932年，王林身分暴露，開除學籍，逃奔上海，參加左翼劇聯領導的春秋劇社，組織工運。1933年入國軍通信部從事兵運，後參加東北學兵隊，參與「一二・九」運動，醞釀西安事變，結交孫銘久並最終潛移默化感染孫。西安事變中，孫銘久親擒蔣介石於臨潼華清池。

　　求學期間，王林在沈從文主編的天津《大公報》文藝副刊、《國聞週報》文藝欄發表鄉土題材作品，1935年出版長篇小說《幽僻

的陳莊》，寄贈魯迅、沈從文。1935年2月18日，沈從文發表〈《幽僻的陳莊》題記〉——

他是北方鄉下人，所寫的也多是北方鄉下的故事。作品文字很粗率，組織又並不如何完美，然篇章中莫不具有一種泥土氣息，一種中國大陸的厚重林野氣息。現在他把他寫的一個長篇給我看……看完這個作品，我很感動。

1936年7月，受中共北方局委託，王林入北平草嵐子監獄傳達北方局指示：可履行自首書手續出獄，「自首書」即公開發表〈反共啟事〉，入獄六年的李初梨等凜然拒絕。獄中黨組織後經再三核實，確認指示真正來自中共中央，61人「履行手續」出獄。此即文革「六十一人叛徒集團」的出處。文革後資料披露：此案為毛澤東、康生構陷，因為這批北方局幹部文革前已是省市大員，劉少奇的「牆腳」。為打倒劉少奇，並防止翻案，必須一併剷除他的「牆腳」。

「七·七」事變後，王林返鄉抗日，參加呂正操的冀中自衛軍，任冀中文建會副主任、火線劇社第一任社長，寫下取材真人真事的〈警號〉、〈小英雄〉等精短話劇與短篇小說，很受歡迎。他組織「冀中一日」、「偉大的一年間」等抗日寫作運動。

1942年日寇對冀中發動「五一大掃蕩」，王林時任冀中文協主任，接令撤往太行山，但他堅決要求留下——

正如演戲演到高潮一樣，我不能中途退場。作為一個文藝寫作者，我有責任描寫這一段鬥爭歷史，我不能等事過境遷再回來根據訪問和推想來寫，我要作為歷史的一個證人和戰鬥員，來表現這段驚心動魄的民族革命戰爭史。

冀中區黨委宣傳部長周小舟負責幹部轉移，批准王林作為例外留下。

呂正操評曰——

（他）童顏笑面……為人開朗，富有風趣，能接近群眾，婦孺多識其名。他長年累月走鄉串戶，熟悉地方風土，所知掌故最多，有

冀中活字典、活地圖之稱。所著長篇小說《腹地》，反映冀中區軍民
於敵寇「五一大掃蕩」之時，艱苦卓絕戰鬥情景，真實生動，可歌可
泣，富於史料價值，早已為評論家所稱許。[1]

《腹地》寫作

在冀中堅持鬥爭，環境殘酷，隨時可能犧牲。敵人碉堡如林，
封鎖溝密如蛛網。「端起飯碗來，也不一定能吃完這頓飯。」1942年
10月，王林像準備遺囑一樣，蹲在堡壘戶的地道口，在堡壘戶麻袋遮
窗的燈下，開始《腹地》寫作。1943年4月完成30萬字初稿。「關於
反掃蕩鬥爭的艱苦生活，我都如實地寫進《腹地》中。」今天到這
村，明天轉那村，寫完一疊稿紙就埋入地道，直到抗戰勝利，才從土
裡挖出手稿。

小說主人公、八路軍榮軍代連長辛大剛，拄著拐杖回到滹沱河
邊家鄉──辛莊，參加劇團並與女主角白玉萼相愛。村支書范世榮乃
破落地主後代，喪妻後也追求漂亮的白姑娘，借反淫亂之名，在村裡
開辛白兩人的鬥爭會。此時，「五一大掃蕩」開始，村支書躲入敵人
據點的丈人家，叫都叫不回來，村政權癱瘓。辛大剛挺身帶領村民展
開艱苦「反掃蕩」。可繼任村支書竟又是投機分子。作品既歌頌冀中
如火如荼的抗日鬥爭，高揚英雄主義，也抨擊根據地內部蛻化分子，
通過正面人物與黑暗勢力的鬥爭，構成反掃蕩立體畫面。作品筆觸細
膩，全景展現冀中根據地「五一大掃蕩」，民心向背、喜怒哀樂，揭
露農村基層的陰暗面。

---

[1]　呂正操：〈代序〉，載王林《腹地》，解放軍出版社（北京）2007年版，
　　頁1～2。

遭禁經過

1946年，王林將《腹地》手稿給黨內文藝界朋友傳看，徵求意見。延安魯藝戲劇系主任張庚——

第一節到第六節氣魄大，但辛大剛到劇團搞戀愛去了……這村前後支書皆壞蛋，令人不知光明何在。

延安《解放日報》副刊編輯陳企霞（後為大右派）的反對聲最大——

不同意將一個黨的負責人寫成這樣。政治影響不好，讓人覺得共產黨的力量在哪裡？不應該告訴說共產黨裡有壞蛋。《腹地》的主要缺點就是沒有愛護黨像愛護自己的眼睛一樣，違背了毛主席的文藝原則，這是暴露黑暗。

有人建議：能否將支書換成副支書？

1948年夏，陳企霞在華北文藝座談會上——

在共產黨領導的地區，不能出版這本小說！

王林深悔寫作前沒有先看毛澤東的〈在延安文藝座談會上的講話〉，但當時他連黨報都看不到，哪有條件學習〈講話〉？也有鼓勵的聲音，康濯寫信給王林——

花了兩天時間，看完了大作《腹地》，我激動得不行！我拼命找黑暗，但找不著！我拼命找「看不出人民力量的東西」，但人民力量都向我湧來！

丁玲勸王林：將《腹地》給周揚寄去。

周揚此時還清醒——

別人說這本小說把解放區寫得太黑暗了，我看寫得還太光明了呢。冀中區那個時候的工作就那樣深入嗎？[2]

1949年1月，王林隨共軍進天津，任天津總工會文教部長。孫犁向他透露上面的意見：「不修改也可以」。1949年9月30日，天津新

2　王林：《腹地》，解放軍出版社（北京）2007年版，封底《腹地》備忘錄。

華書店出版，反響巨大。10月6日，孫犁讀後感——

關於領導的力量，在小說裡的表現是薄弱的。主人公辛大剛是個堅強有力的人物，作為激發，作者對比上一個落後的、有害的力量——范世榮。作者使他處於那樣重要的地位，使得辛大剛性格的完成上得到很大便利，而在作品主題的完成上受到很大傷害。我們應該指出這一點。……作為黨在這村莊的執行者，過於強調了他的缺點，則必然暗淡在新民主主義空氣生發的新村莊的光彩。……完成了一個英雄，減低了群眾的、領導的力量。[3]

1950年第27期、第28期《文藝報》，連載副主編陳企霞兩萬餘字長評〈評王林的長篇小說《腹地》〉——

這部小說無論是在選擇英雄形象上，反映農村內部鬥爭上，描寫黨內鬥爭和黨的領導上……都存在著本質上的重大缺點。……黨的領導實際上是被否定了的，黨的作用是看不見的，黨內的鬥爭充滿了牆角原則的糾紛……對於我們矢志為工農兵服務的文藝作者，是值得十二分警惕，應該千百次去思索的。

《文藝報》直接代表中宣部，陳企霞評論一出，《腹地》等於被判死刑。雖然沒有禁止發行的文件，但新華書店全部下架。王林找到周揚評理，周揚不置可否。

從上述摘評中，可清晰看到政治對藝術的要求：連基層黨組織的黑暗面都不能寫，否則就是「傷害主題」，減低「黨的力量」，犯了「政治錯誤」。

三十四年修改

王林歷任天津文聯黨組副書記、副主席、天津作協副主席、河北文聯副主席。雖說是「響噹噹」的紅色作家，「自己人」，內心卻

---

[3] 孫犁：〈《腹地》短評〉，載王林《腹地》，解放軍出版社（北京）2007年版，頁6~7。

非常矛盾十分痛苦，寫了八次檢討，承認「嚴重的自然主義傾向」，努力修改《腹地》，一會兒這樣，一會兒那樣，前後修改34年，像是得了創作後遺症。

以後的幾十年裡，父親不斷地「改造」自己的世界觀，也不斷地試圖用「新的文藝思想」修改《腹地》。

王林逐章反思：「太壓抑」、「不典型」、「婦女太落後」、「正面形象還沒有樹立起來」、「應當首先講毛主席的井岡山鬥爭」……

文革結束，王林仍認定《腹地》必須修改，堅持按「新思想」修改，不時要子女幫著謄抄修改稿。在噤若寒蟬、唯恐疏漏的不斷反省中，《腹地》終於無一「敗筆」、無一不是。

1984年，王林去世。1985年，修改34年「幾乎重寫」的《腹地》總算由解放軍文藝出版社印行新版。《腹地》面目全非──共產黨澈底高大了，村民也有了喜神似面貌，反面人物全都猥瑣不堪。長子王端陽評新版《腹地》──

說實話，這個版本我讀了幾次都沒讀完，總覺得裡面有「高大全」和「三突出」的東西。

（倒是1949年原版）我剛看了幾章，就被強烈地震撼了！[4]

恢復原版

2007年，紀念抗戰七十周年，解放軍出版社再版1949年原版《腹地》，好評如潮，「解放和反思偉大抗日戰爭的第一筆」、「真實細膩的自然主義手法是《腹地》的靈魂」、「王林是一位了不起的戰地軍旅作家」……

《腹地》的「否定之否定」，滑稽悲涼，凸顯中共嚴重偏離歷

---

[4] 王端陽：〈《腹地》後記〉，載王林《腹地》，解放軍出版社（北京）2007年版，頁366、365。

史理性再蕩回來的軌跡。更沉痛更黑色幽默的是：陳企霞如此之左，居然還是「右派」！相當意義上，陳企霞實屬「搬起石頭砸自己的腳」、「自己揮拳打倒自己」。陳企霞的劃「右」，有他自己為極左思潮添加的一捧柴禾。王林雖然對批鬥從未服氣，但也從未懷疑「毛澤東文藝思想」，只惦著如何徹底改造自己，如何跟上「新時代」，只怨能力不逮，未能深刻領會「偉大的毛澤東思想」，為什麼達不到孫犁《荷花澱》、《風雲初記》的水平？

　　好端端一部作品，改了34年，從真實的自然主義改成「正確的浪漫主義」，搭進整個下半輩子，最後竟全錯了，還是原版好！這不是在開國際玩笑麼？不是在忽悠一代人麼？一本正經、代價沉巨，最後竟回到原點！《腹地》的否定之否定軌跡，恰與中共革命性質同步，偌大一場「天翻地覆」，最後竟「方向搞錯」！這麼一幕歷史荒誕劇，至今還不准反思，這，這？這！這！！……可愛的中國，實在也是悲哀的中國呵！

2012年9月2日於滬

原載：《開放》（香港）2013年7月號

【附錄】台灣評論家凌鋒（林保華）讀後感（載《開放》2013年8月號）

金鐘兄：（《開放》主編）

　　今天收到《開放》雜誌，時間比以前早許多。我第一篇看的是裴毅然的「《腹地》悲劇六十年」。之所以如此，是因為我看過這本書。

　　我是1950年代初在印尼雅加達讀初中時看的。作為「新中國」在海外的第一代憤青，當時狂熱閱讀「革命文藝」，包括蘇聯小說；有的自己買，有的借來看。《腹地》三十萬字太厚太貴，是借來看的；周而復的《燕宿崖》；袁靜、孔厥的《新兒女英雄傳》；馬烽、西戎的《呂梁英雄傳》（上下冊），就自己買來看，後來還買了裴文提及

的孫犁的《荷花澱》、《風雲初記》等。當時家裡給的零用錢，大部分都貢獻給了「革命文藝」。但是那時年紀小，而且看書的速度很快，因而也很快忘記，不過「革命」的烙印已經深深印入腦中。

不久《新觀察》刊出孔厥生活腐敗的事，讓我很吃驚，能寫革命文藝者，怎麼自己不革命了？不過《腹地》被禁，我完全不知道，即使後來回國後，也不知道，因此才對裴文如此感興趣。對小說《腹地》的內容我已完全不記得，唯一記得的一段，是掃蕩根據地的日軍小隊長，因為八路軍不肯出戰，因此寫了一封信，想用激將法刺激他們出來打仗，這位小隊長寫的一首順口溜是：「八路軍，老鼠隊，不打仗，只開會」（按：林兄記憶有誤，無此順口溜）。

當時雖然認為這是「誣衊」，但是很少革命文藝敢這樣寫的，覺得很有意思而記入腦海。後來中共路線鬥爭相繼揭發出來的事實，果然毛澤東是反對共軍出戰，林彪的平型關戰役、彭德懷的百團大戰都被批判，目的都在積蓄勢力，準備戰後顛覆國民黨政權。因此也有後來毛澤東感謝皇軍入侵，日本不必道歉的談話。這首打油詩反映的完全是事實，如果現在的中共領導人能想到這些，就不必那樣煽動對日本的仇恨，自己多做反省，天下就太平許多了。

　　順祝　編安

　　　　　　　　　　　　　　　林保華於台北　二〇一三年七月十日

出兵朝鮮內幕與終局

中共至今堅持「抗美援朝」——雄赳赳氣昂昂的「保家衛國」、「打出國威」、「毛澤東英明決策」……2013年9月10日，滬視紀實頻道播出〈中蘇外交檔案〉，仍回避了最最關鍵的「誰打的第一槍」？拙文簡介出兵過程、扼要分析戰爭影響，主要資料均來自大陸。

金日成蠢蠢欲動‧史達林嚴重誤判

1945年9月2日，根據雅爾塔會議精神，遠東盟軍最高司令麥克亞瑟指令北緯38度為美蘇受降駐朝日軍分界線，三八線以北蘇軍受降區，以南美軍受降區。1948年8～9月，朝鮮半島先後成立大韓民國（Republic of Korea）和朝鮮民主主義人民共和國（Democratic People's Republic of Korea）。10月，蘇聯將三八線以北行政權移交金日成，12月蘇軍全部撤離。1949年6月29日，美軍也從南部撤軍，留下文官和500名「軍事顧問團」。[1]朝鮮半島出現對峙的金日成政權與大韓民國。

1949年4月金日成訪蘇，強調南北兩韓難以並存，南方人民等著他去「解放」，20萬南方地下黨員將「起義」接應，請求史達林支持。史達林將皮球踢給中共，要金日成與毛澤東商量。5月中旬，金日成密訪北平。毛澤東表示：1、支持金日成堅定不移地統一祖國，「統一戰爭」打響後美國如派遣日軍入朝（毛判認美國不會直接出兵），中共將派兵入朝助戰；2、但近期尚無必要採取行動，國際形勢還不利，中共也未統一全國，金日成不宜過早採取行動；3、毛將

---

[1]　（美）哈里‧杜魯門：《杜魯門回憶錄》第二卷，李石譯，三聯書店（北京）1974年版，頁390。

「四野」三個朝鮮族師撥給金日成。1950年3月，「四野」近九萬朝鮮籍將士陸續回國，人民軍實力大增。金日成底氣頓粗，放言如國際形勢允許，「兩周內佔領南朝鮮，最多兩月。」所謂國際形勢，即蘇美態度。[2]

史達林一直在揣摩美國的態度，他當然知道金日成的「統一」有違〈雅爾塔協定〉，他不願惹惱「頭號帝國主義」。美國則對中共新政府抱有幻想，希望中共不要成為「蘇聯附庸」，如能以台灣換取中共脫離莫斯科控制，美國在亞洲將取得比直接控制台灣更為明顯的戰略優勢。為此，毛澤東訪蘇期間，美國為離間中蘇，決定放棄台灣以拉攏中共。1950年1月5日、12日，杜魯門、艾奇遜發表聲明：美國的東亞安全線既不包括台灣也不包括南韓，美國不會為保護這些地方採取軍事行動。美國亦向世界示誠——沒有覬覦台灣與南韓的野心。但史達林卻認為摸到美國底牌，誤以為美國放棄〈雅爾塔協定〉劃分的勢力範圍，示意自己可放手支持毛澤東「解放台灣」與金日成「統一全韓」，史達林的膽子一下子大起來。但究竟先支持哪一方，史達林經盤算認為朝鮮戰略地位遠比台灣對蘇聯重要，只要蘇軍不動，美國就不會干涉。中蘇關係專家研究認為：〈中蘇同盟條約〉規定蘇聯海軍兩年後撤出旅順，蘇聯將在太平洋失去不凍港，且史達林對毛澤東已懷疑懼，朝鮮諸港正好作為蘇聯太平洋艦隊失去旅順後的替補。

於是，史達林支持金日成南下「統一」。北韓以9噸黃金、40噸白銀、1.5萬噸礦石換取1.38億盧布軍火。1950年初，蘇聯軍火運抵北韓，人民軍齊裝滿員，十個步兵師、一個坦克師（150輛T-34坦克）、一個空軍師（180架高性能戰機），大量重型火炮，總兵力13.5萬人。南方韓軍只有八個師9.5萬人，僅四個滿員師、24架教練機，火炮少得可憐，沒有坦克與重武器，甚至沒有反坦克地雷。金日成蠢蠢欲動。

---

[2]　徐澤榮：〈中國在朝鮮戰爭中的角色〉，載《當代中國研究》（美）2000年夏季號。

金日成密訪俄中‧毛澤東驚訝核實

　　1949年底，毛、周訪蘇，向史達林彙報攻打舟山、金門、台灣的時間表，要求得到蘇聯海空軍火。史達林因決定先支持金日成「統一」，海空軍火都給了金日成。史達林向毛通報了金日成的「決心」。史達林提出：朝鮮打響後，如外國出兵助韓，中國則出兵援朝；並達成協議：中國出陸軍、蘇聯出空軍。為避免暴露蘇聯參戰，毛向史達林建議：「可為中國部隊提供日造而非蘇造槍械」，向蘇聯討要二戰日軍遺留軍火。但狡猾的史達林並未向毛澤東透底──他已決定先支持金日成「統一」。毛澤東與史達林討論朝鮮時，也僅僅將金日成的「統一」視為預案。

　　1950年3月底，金日成帶著作戰計畫祕密訪蘇，與史達林深入討論進攻細節，史達林正式批准作戰計畫，聲稱形勢與一年前有較大變化，資本主義國家不會直接干涉。但慮及戰爭正義性，史達林強調金日成的「統一」應建立在對南韓進攻的反攻上，並要求金日成開戰前必須通報毛澤東；萬一美國干涉，蘇聯不能出面，「由中國出來支撐局面並爭取戰爭勝利。」[3]

　　5月13～16日，金日成祕密訪華，聲稱南韓侵略意圖非常明顯，南北對立必須立即解決，南韓人民急切盼望祖國統一，史達林也同意打這一仗。毛澤東十分驚訝，史達林一直明確支持解放台灣，怎麼轉身先支持金日成的「統一」，台灣怎麼辦？毛澤東立即中止會談，急電莫斯科，向史達林核實。史達林答覆：國際形勢已變，同意朝鮮統一，但如中國同志不同意，則應重新討論，等於將發動戰爭的決定權踢給中共。[4]金日成解釋：蘇聯已幫我們做了許多準備，只要中共同意，不要任何幫助。

---

[3]　辛子陵：《紅太陽的隕落》，書作坊（香港）2008年版，上卷，頁2～3。

[4]　沈志華編：《俄國解密檔案》SD00279。

　　5月15日，毛金再度會談。毛說：原打算解放台灣後再幫助你們解放南方，既然史達林決定先解決朝鮮問題，兩家對一家，少數服從多數，他同意。金日成詳述進攻計畫，毛強調準備要充分，兵貴神速。毛擔心美國會唆使日本干預。金日成氣沖斗牛，說即使兩三萬日軍干涉，也不可能改變戰局。至於美國參戰，他認為不必考慮，史達林已告知「帝國主義不會干涉」。毛則說我們不是帝國主義的參謀長，準備一下還是必要的，他打算在鴨綠江邊擺上三個軍，如果帝國主義過了三八線，我們一定打過去。金日成一面感激一面婉謝，他此行不過遵史達林之命前來通報，他明白自己的「統一」與中共的「解放台灣」都離不開史達林的幫助，兩者有衝突，為獲得毛澤東同意，他儘量降低難度──「不要中國任何幫助」。5月16日，莫斯科來電同意中朝締盟，但不應在戰爭發動之前，應在統一朝鮮之後，史達林認為金日成的「統一」俯拾可得。[5]

史達林老謀深算・金日成匆匆動手

　　史達林很清楚金日成「南下」的風險。美國如根據〈雅爾塔協定〉予以干涉，金日成肯定吃不住。金日成想以「社會主義」統一朝鮮，但他的蘇聯卻不願為「國際主義」買單。史達林的國際主義永遠「蘇聯第一、別國第二」。1939年9月與德國瓜分波蘭，無恥交易一暴露，西方文化界最終認清史達林：「他已經背叛了進步和文明」。[6]這回，史達林一定要金日成拉上中共去冒險，蘇聯既維護「國際主義」招牌，籠絡住朝鮮小弟弟金日成，又可避免與美國直接開戰。因為，蘇聯在東歐的利益，也還需要美國維護。

---

[5] 楊先材主編：《共和國重大事件紀實》，中央黨校出版社（北京）1998年版，上卷，頁49～56。

[6] （美）愛德格・斯諾：《紅色中國雜記（1936～1945）》，黨英凡譯，群眾出版社（北京）1983年版，頁87。

中共事後得知，1950年1月30日（毛澤東訪蘇期間），史達林就同意金日成打了。毛澤東擔心一旦美國插手，金日成不是對手，必向中共求援，而自己這邊戰爭尚未結束，主力正在南下，突然北調，談何容易？尤其台灣怎麼辦？

金日成回去後，6月23日完成進攻部署。史達林希望中共調幾個師佈防丹東～瀋陽一線，毛要求蘇聯提供軍火。史達林答應解決一部分裝備，但要求中共儘快將部隊擺到鴨綠江邊，做出戰略姿態——向美國表明支持金日成。中蘇正在電函交馳，6月25日凌晨，金日成發動戰爭。毛澤東從法國通訊社得聞開戰，既焦慮又不快。史達林來電說金勇氣過人，扭轉不了他的決心。[7]金日成對外撒下彌天大謊：「南韓軍隊入侵三八線挑戰，朝鮮人民軍進行反擊。」50多年後，中共史家終於吐實：「北朝鮮在蘇聯的幫助下發動了朝鮮戰爭。」[8]但這種真實聲音只能發表於「境外」香港。

戰爭初期，人民軍以蘇制重型坦克為先導，長驅南下，當天上午佔領開城，三天後攻佔漢城。美國反應迅速，6月27日杜魯門總統發表聲明，宣佈第七艦隊開進台灣海峽——

對朝鮮的攻擊已無可懷疑地說明：共產主義已不限於使用顛覆手段來征服獨立國家，現在要使用武裝的侵犯和戰爭。它違抗了聯合國為了保持國際和平與安全而發出的命令。在這種情況下，共產黨部隊的佔領福爾摩沙將直接威脅太平洋地區的安全，及在該地區執行合法與必要職務的美國部隊。

據此，我已命令第七艦隊阻止對福爾摩沙的任何攻擊……福爾摩沙未來地位的決定，必須等待太平洋安全的恢復、對日本的和平解決、或聯合國的審議。[9]

---

[7] 師哲：《我的一生》，人民出版社（北京）2001年版，頁374。

[8] 辛子陵：《紅太陽的隕落》，書作坊（香港）2008年版，上卷，頁4～5。

[9] （美）哈里・杜魯門：《杜魯門回憶錄》第二卷，李石譯，三聯書店（北京）1974年版，頁402。

28日，第七艦隊就到達台灣海峽，牽制中共北顧朝鮮。30日，杜魯門宣佈美軍參戰。7月1日，美24步兵師從日本空運釜山。7日，聯合國安理會通過決議，組織聯合國軍援韓，任命麥克亞瑟為聯軍總司令。7月上旬，十六國3.9萬名聯合國軍抵韓。本來，蘇聯如出席安理會，可用否決權抵制組軍決議，但此前為中共爭取聯合國席位，蘇聯以不開除台灣國府代表權就不出席安理會，反而給美國通過決議「掃清障礙」——拿到聯合國授予的組軍合法權。[10]

毛澤東憂心忡忡，抱怨金日成太急躁，拿下漢城後應該休整，南方沒有群眾基礎，特別美軍未從仁川撤走，濟州島也在美軍手裡，一旦美軍從西面登陸，割裂南北，人民軍首尾難顧，相當危險。但此時，金日成已被勝利沖昏頭腦，哪裡聽得進毛的話。美軍最初未能阻止人民軍攻勢，8月初金日成已佔領朝鮮半島90%以上。8月15日，金日成宣稱當月「解放」全國。毛澤東見戰爭形勢對金日成有利，改主意催促金全力南攻，放言「我幫你守後方」，並向史達林示意是否出兵助戰，儘早結束戰爭。史達林不同意中共出兵，擔心中共軍隊佔領朝鮮半島會影響蘇聯對朝鮮事務的發言權。

8月23日，13個師美韓軍集結洛東江狹小灘頭陣地，人民軍圍攻釜山一月不下。美海軍在朝鮮海域大規模集結，種種跡象表明美軍將發動他們擅長的兩棲登陸。

戰場形勢驟轉・金日成哀聲求援

9月15日，七萬美軍、五千韓軍在260餘艘艦艇、500餘架飛機配合下，於朝鮮半島蜂腰部月尾島登陸，次日佔領仁川，史稱「仁川登陸」。美軍第七師向南挺進，在烏山與北進的聯合國軍會合，攔腰切斷人民軍。洛東江的沃克第八軍也率韓軍出釜山反攻，人民軍

---

[10] 何方：《從延安一路走來的反思》，明報出版社（香港）2007年版，上冊，頁208～209。

遭南北夾攻，後方供應斷絕，傷亡慘重，被迫北撤。9月28日，美軍收復漢城，次日李承晚政府回遷。人民軍八個師被阻隔於南方釜山，後撤突圍中傷亡5.8萬人。史達林急了，質問中共為何還不佈軍鴨綠江？

毛澤東對金日成打響三天才打招呼本就很有意見，建議休整又不聽，現在招架不住了，催促支援，心裡有氣。最最糟糕的是：開戰兩天後杜魯門宣佈台灣地位未確定，第七艦隊開進台灣海峽，「解放台灣」沒戲了。

不過，7月上旬中共還是組建東北邊防軍，總兵力26萬餘人，粟裕司令兼政委，蕭勁光副司令，蕭華副政委。7月底，東北邊防軍全部調往安東、本溪一線，屯兵鴨綠江畔，只是未向史達林通報。

為挽救金日成，9月30日周恩來在國慶大會上要求聯合國軍止步三八線，將越過三八線視為對中國的威脅。周恩來召見印度駐華大使潘迦尼宣喻：如果聯合國軍越過三八線，中共就出兵援助人民軍，如果只是韓軍越過三八線，中共將不採取行動。10月3日，這一信訊通過各種管道到達杜魯門及麥克亞瑟辦公桌。周恩來之所以選擇這一時間放言，因為次日聯合國政治安全委員會將投票表決朝鮮問題議案。艾奇遜回應：「周恩來是想用政治訛詐來阻止美軍進攻，我們不必在乎他們說些什麼。」金日成發動戰爭不考慮〈雅爾塔協定〉的「三八線」，現在打敗了，舉起「三八線」要求停火，人家當然「以其人之道還治其人之身」。不過，艾奇遜還是授權美國駐印度大使格羅斯與中共聯繫，表明美國無意進攻紅色中國，美機誤炸中國邊境的一切損失，美國政府全賠。直至10月25日志願軍過江，美國都認為中共只是政治恫嚇，不會不顧實力真正出兵。

《杜魯門回憶錄》——

直到10月31日，我們才獲得證據，他們已經進入戰區，實際上已經在和聯合國的部隊作戰。

11月6日，美國參謀長聯席會議、總統杜魯門還在制止麥克亞瑟

轟炸中朝界橋的請求，因為還沒有證實中共軍隊已大規模過江。[11]

　　10月1日，史達林亦未最後同意中共出兵，還在權衡盤算中共出兵對蘇聯的得失。毛澤東對出兵越積極，史達林的疑慮就越深──「中國出兵會擴大在朝鮮的地位和影響，而從長遠的觀點看，這對蘇聯是不利的。」史達林首先考慮的是蘇聯對朝鮮的控制。9月30日，史達林得知漢城可能易手、人民軍主力北撤遭截並失去聯繫，金日成已無法組織有效抵抗，懇求蘇聯給予「直接軍事援助」。10月2日，史達林才致電毛澤東，要求中共以志願軍方式入朝參戰。[12]史達林的電報故作神祕──

　　我沒有向朝鮮同志談過這件事，而且也不打算談。但我並不懷疑，當他們得知此事後將會很高興。[13]

　　10月1日，朝鮮外相樸憲永持金日成親筆信急飛北京，向毛周面請出兵，史達林也急不可待要中共派員飛莫斯科商談援朝細節。

　　10月19日平壤「失陷」，金日成退至鴨綠江邊，顧不得一再說過「不要你們幫助」，哀求毛澤東給於「特別援助」：急盼解放軍直接出動作戰。[14]

毛澤東逞強出兵‧彭德懷馳京接任

　　國慶之夜，中共政治局緊急商討出兵事宜，多數不贊成，理據為二：1.國內剛打完仗，自己困難很多；2.與美軍裝備相差太懸殊。

---

[11]　（美）哈里‧杜魯門：《杜魯門回憶錄》第二卷，李石譯，三聯書店（北京）1974年版，頁431～432、445、447。

[12]　中央文獻研究室編：《毛澤東外交文選》，中央文獻出版社（北京）1994年版，頁139～141。

[13]　沈志華：〈「中蘇朝」一場戰爭與三角同盟〉，載《同舟共進》（廣州）2009年第9期，頁42～43。

[14]　楊先材主編：《共和國重大事件紀實》，中央黨校出版社（北京）1998年版，上卷，頁98。

1950年大陸生產總值僅100億美元，鋼產量60萬噸；美國生產總值2800億美元，鋼產量8772萬噸。黨外人士紛諫：「不能和美國打仗，千萬不要引火焚身。」但毛傾向出兵。次日下午，毛於頤年堂召集書記處會議（相當政治局常委會），除毛劉周朱任五大書記，還有候補書記陳雲、彭真。除毛一票，周半票，均反對出兵。10月3日，中共向史達林表示暫不出兵。

10月4日，毛澤東再次召集政治局擴大會議，多數仍不同意出兵，認為不到萬不得已，最好不打這一仗。毛則避開一切現實條件，從道德角度強調國際主義：「你們講的都有道理，可是人家有困難，我們在一旁看著心裡不好受呀！」強行要求出兵，政治局只好「集體同意」。

接著選帥。第一人選粟裕，此時病重。第二人選林彪，但林彪不主張出兵，認為沒有海空軍去碰美軍，後果不堪設想。現實對比：美軍一個軍擁炮1500門，志願軍一個軍僅36門，41：1，肉彈對鋼彈。林彪以病推卸帥印。毛澤東：「『聞聲鼓而思良將』啊！我看還是彭大將軍彭老總吧！」[15]10月8日，任命彭德懷為志願軍司令兼政委，彭當天飛瀋陽就任。[16]但彭也以蘇聯出動空軍為出兵先決條件。[17]

10月10日，周恩來、林彪飛黑海見史達林，要求蘇聯按前約出動空軍。關鍵時刻，史達林狡猾地縮回去，怕惹惱美國從而損害必須由美國維護的蘇聯在歐利益，只同意半價提供20個陸軍師裝備，藉口空軍出動需要準備，最快也要兩個月，甚至說空軍出動也不過鴨綠江。最後，史達林說中共如不出兵，金日成只能維持一周，就讓金日成到東北組織流亡政府。周恩來表示如無蘇聯空軍就不出兵，向北京彙

[15] 馬畏安：《高崗、饒漱石事件始末》，當代中國出版社（北京）2006年版，頁39～43。
[16] 《黨史研究資料》第四集，四川人民出版社1983年版，頁707。
[17] 何方：〈中國在朝鮮戰爭問題上的教訓〉，載《炎黃春秋》（北京）2013年第9期，頁22。

報會談結果。周剛回寓所，毛就打來電報：「政治局多數同志主張出兵」。周恩來捧著臉不知該怎麼辦，只得向史達林轉達「新決定」。據說史達林為中國同志的勇氣深深震驚。但中國同志則為史達林的「非國際主義」極其憤怒，林彪在酒宴上拒絕與史達林碰杯。[18]

毛當然明白史達林不願出動空軍的用意，既震驚又憤怒，不得不於12日20時致電彭德懷、高崗，命令不得出動。此時，毛完全可隨著史達林順階下樓，但經兩個不眠之夜，毛再次召集政治局會議，認為不能向美國示弱，不出兵會使國內外反動派氣焰高漲，沒有蘇聯空軍也要出兵。毛甚至說：志願軍就是被人家打回來，也要出兵。

2013年，冷戰研家沈志華說：毛澤東決定出兵在於維繫中蘇同盟，換取蘇聯對中國的經援。[19]顯然，此為「照顧大局」的祖共之調，沈先生不可能不知道出兵的最大決定性因素——老毛殘忍的鬥狠性格。毛澤東就是要以「反潮流」彰顯自己的英明，越是艱險越向前，唯此才能證明自己的「遠見卓識」，從而提高政治威望。美國總統的基本立場：「我所採取的立場是：我們絕不應該犧牲人。」但在老毛眼裡，「人民」算什麼？國人的生命算什麼？死多少人都無所謂，他只要「事功」。杜魯門當時就明白：「共產黨是視人命如草芥的」。[20]西方媒體稱毛「好戰分子」。

據中共史書：10月19日，26萬志願軍祕密渡江；25日發動第一次戰役，十二晝夜殲滅美韓軍1.58萬。[21]接著第二次、第三次戰役。12月31日跨過三八線，1951年1月4日佔領漢城，8日佔領仁川，接近三七線。

18　胡星斗：〈林彪真相〉，載《往事微痕》（北京）第107期，2013年9月15日，頁98。

19　滬視紀實頻道2013年9月10日，「檔案」欄——〈中蘇外交檔案・歃血為盟〉。

20　（美）哈里・杜魯門：《杜魯門回憶錄》第二卷，李石譯，三聯書店（北京）1974年版，頁469、478。

21　《黨史研究資料》第四集，四川人民出版社1983年版，頁707。

毛澤東再次失機・艾奇遜料事如神

　　美國沒想到中共真出兵。1950年10月15日，杜魯門飛赴太平洋威克島，與麥克亞瑟討論中共出兵的可能性。麥克亞瑟堅信中共不會出兵，以中共軍隊裝備一旦出兵，「將是人類最大規模的一次屠殺」，朝鮮戰爭贏定了；11月23日感恩節前結束戰爭，第八軍可撤回日本，回國過聖誕節；朝鮮僅需留兩個師和其他聯合國軍隊，明年1月朝鮮進行選舉，然後從朝鮮撤出所有外國軍隊。杜魯門認同麥克亞瑟的分析。麥克亞瑟最悲觀估計：中共最多派出五、六萬人進入朝鮮。事實上，據10月26日抓獲的中國戰俘招供，「志願軍」16日就跨過鴨綠江了。直至第一次戰役結束，麥克亞瑟都不相信中共參戰。11月24日，麥克亞瑟仍告訴美國士兵：可回家過聖誕節。直到美騎一師八團大部被殲，麥克亞瑟才領教毛澤東不按常規出牌。

　　第一次戰役結束，麥克亞瑟發現志願軍僅四個軍番號，斷定中共出兵僅八萬，「象徵性出兵」，仍稱聖誕節前結束韓戰。11月25日，志願軍發起第二次戰役，消滅韓軍兩個師、美軍一個團部及四個營，美韓軍後退兩百多公里。12月5日，志願軍佔領平壤，與隔在敵後的人民軍會合，進至三八線。

　　12月31日，在毛催促下，彭德懷打響第三次戰役。1951年1月7日，志願軍進至三七線。金日成再催志願軍追擊，「解放全朝鮮！」彭德懷卻下令停止追擊。

　　1951年1月2日，伊朗、加拿大、印度三人小組向聯合國彙報，他們的停火努力失敗，中共堅持必須滿足條件，否則不考慮停戰談判。[22]

　　1月13日，聯合國通過英國等13國提案，擬定五步停戰方案：立即停火、舉行政治會談、外國軍隊分階段撤出朝鮮、制定管理朝鮮臨

---

[22]　（美）哈里・杜魯門：《杜魯門回憶錄》第二卷，李石譯，三聯書店（北京）1974年版，頁435～437、445、455、498。

時辦法、由美英蘇中舉行遠東問題，討論台灣地位與聯合國代表權。
中共史家認為——

　　同意把台灣問題與朝鮮問題連在一起來解決，這都只能是美國
領導人對朝鮮軍事形勢感到絕望的結果。如果中國方面公開表示接受
聯合國的這一提議，那麼吃虧的肯定是美國而不是中國。這是因為，
五步方案關於討論解決中國的台灣問題以及它在聯合國的代表席位問
題，都是中國政府夢寐以求的，對美國是極其不利的。

　　此時，40萬志願軍減員近十萬，糧彈供應嚴重困難，失去繼續作
戰能力。後勤更麻煩，以「精神」打人家的鋼鐵已至極致。從上海調
來的第九兵團，打第二次戰役，士兵單衣單褲，凍死四千、凍傷三萬
多，非戰鬥減員五萬。打到三八線時，彭德懷停止追擊。金日成催促
志願軍追擊，與彭吵了三天，彭最後發狠：「將來證明這個決定是錯
誤的，可以槍斃我。」後來，金日成一直將不能統一歸咎於彭。

　　彭德懷得知聯合國提議，立即意識到是機會，主張接受停戰。
但金日成的胃口已不是保住半壁江山，想靠志願軍得到全朝鮮，竭力
反對停火。毛澤東也認為戰場形勢對己有利，只須再打一仗就可將聯
合國軍趕下海，毋須談判。[23]

　　1月15日，聯合國軍在大量坦克、炮兵和空軍支持下全線反攻，
志願軍被迫應戰「第四次戰役」。志願軍傷亡慘重，損失五萬餘，撤
回三八線。

　　1月17日，周恩來致電聯合國，拒絕停火，指責為美國陰謀。中
共拒絕停戰，傷害了各提議國的感情，正中美國下懷。[24]此時，美國
對聯合國議案正進退兩難——如同意，將失去韓國信任並引起國會與
輿論憤怒；如不同意，則會失去聯合國多數支持。國務卿艾奇遜——

　　我們熱切地希望並且相信，中國人會拒絕這個決議，從而我們

---

[23] 《黨史研究資料》第四集，四川人民出版社1983年版，頁713～716、707。

[24] 蘇仁彥：〈保家衛國一場慘劇〉，載《開放》（香港）1999年5月號，頁
　　50。

的盟國會回到比較清醒的立場，並追隨我們把中國人作為侵略者進行譴責。[25]

拒絕如此優厚的停火條件，各國終於認清中共的蠻橫，聯合國形勢頓變。1月30日，聯合國政治委員會以44票同意、7票棄權，通過美國控訴中共為「侵略者」的提案，中共「入聯」從此長期擱置。

1951年4月22日，志願軍勉強發起第五次戰役（所謂「春季攻勢」），損失慘重，60軍180師全軍覆沒，八千餘人被俘，包括政委吳成德，60軍軍旗也被繳獲。[26]此時，毛有點清醒：「我軍一次以澈底乾脆殲滅美敵一個營為目標」。[27]只有吃一個營的胃口了。

志願軍所有重大損失全在跨過三八線後。5月下旬，中共軍委形成共識：無力再戰，傾向停戰於三八線，與美談判。6月30日，聯合國軍新任司令李奇薇奉命建議停戰。7月1日，金日成、彭德懷立即復電同意。7月7日，雙方聯絡官在開城首次會面，7月10日雙方代表團舉行首輪談判。此時，志願軍優勢已失，談判條件中只得放棄台灣地位與聯合國代表權。[28]

談判曠日持久‧多數中俘赴台

談判拖延兩年（大小會談575次），因史達林有令：「實行強硬路線，不能有急於結束談判的表現。」史達林想用朝鮮戰局這粒棋子制約白宮，以換取蘇聯在歐利益。習慣槍桿子解決問題的毛澤東也不願停戰，總想尋機贏得澈底勝利。正好遣俘問題上可設置障礙，中朝

---

[25] 楊先材主編：《共和國重大事件紀實》，中央黨校出版社（北京）1998年版，上卷，頁131。

[26] 李大立：《中國一個普通家庭的故事》，彼岸出版社（香港）2007年版，頁73。

[27] 《黨史研究資料》第四集，四川人民出版社1983年版，頁720～724。

[28] 蘇仁彥：〈保家衛國一場慘劇〉，載《開放》（香港）1999年5月號，頁50。

方要求戰俘「全部遣返」，美方依據人權原則堅持「自願遣返」，遣俘原則遂成談判最大障礙。

1953年3月5日史達林去世，蘇聯新領導層認為應儘快結束這場強加給他們的戰爭，3月中旬指示毛澤東、金日成：「繼續執行原來的路線……是不正確的」，不同意再拖延談判，示意在「遣俘」上讓步。金日成早就扛不住，只怕半壁江山都保不住，要求無論如何都簽約。1953年7月27日，停戰協議於板門店簽字，中朝同意以「自願」原則遣返戰俘。[29]據國民黨資料，談判歷時兩年，美國已不耐煩，通知中共，如再拒絕和平，美國將以任何武器轟炸東北，韓戰方停。[30]

美方俘虜人民軍12萬，志願軍2.3萬。[31]中朝方面俘虜美英戰俘4417人，韓國戰俘7142人。各方宣佈的戰俘資料有歧，1998年中共史書——

最後中國只得到了7110名戰俘，更重要的是，1.4萬志願軍戰俘「拒絕遣返」這件事本身，便利了美蔣的反共宣傳，損害了新中國的政治形象。[32]

中方代表閻維新近年則稱：中方戰俘1.4萬餘，僅440名申請回國，12名申請去中立國，15名死於看押期，14235名申請去台灣。[33]志願軍大多為原國軍，不少人對土改、鎮反及紅色高壓本懷不滿，久埋反共傾向，堅決不願回大陸。1954年3月1日，台灣舉行第二次國民代表大會，胡適任主席，大陸籍女代表毛彥文（1896～1999）記述——

會場上最令人感動的事為自韓回國的四十位反共義士代表，每

---

[29] 辛子陵：《紅太陽的隕落》，書作坊（香港）2008年版，上卷，頁18～19。

[30] 王健民：《中國共產黨史稿》，中文圖書供應社（香港）1974～75年，第三編，頁537。

[31] 張澤石：〈中共戰俘的血與淚〉，載《揭露》（香港）2013年9月號，頁59。

[32] 楊先材主編：《共和國重大事件紀實》，中央黨校出版社（北京）1998年版，上卷，頁137、139。

[33] 閻維新：〈朝鮮停戰協定簽署儀式和戰俘談判〉，載《炎黃春秋》（北京）2008年第6期，頁19。

人手持上有我國大陸各省市地名的紙型地圖，進入會場。我看了不禁淚下！[34]

志願軍戰俘一封招降信（影印）——

親愛的27軍同志們！我們是中共20軍的官兵，以前在前線受聯軍飛機轟炸掃射，苦得不得了。所以當27軍調來接防的時候，我們的排長盧明友帶了我們七個人躲在山窪裡，到第二天天亮向聯軍投降了。現在我們一天吃三頓白米飯，有菜、有罐頭，比吃「炒麵」好得多了。我們每人還發到兩床毯子，還有香煙抽。聯軍不打也不罵，對我們非常客氣。我們講的完全是老實話，請你們趕快也過來吧！[35]

志願軍戰俘回國後，受嚴密審查，給他們放映影片《狼牙山五壯士》、《八女投江》，要求相互揭發被俘期間表現。最後，95%開除黨團籍，遣返原籍，度日艱難，掙扎在饑餓線上。[36]1957年出現「地富反壞右」前，五類分子為「地富反壞俘」。

《杜魯門回憶錄》中有關遣俘原則的敘述，體現了美國偉大的人文原則——

我們絕不用遣送這些人（按：中朝戰俘）供屠殺或奴役的辦法來購買停戰。

我不同意進行任何戰俘買賣，這可能造成把非共產黨人強迫送回到共產黨控制區去的後果。同意這樣做不但是不人道的和悲慘的，而且也是可恥的，因為我們在戰俘營中的調查證明，為我方所俘的極大部分的中國人和北朝鮮人都不願意在這樣的情況下遣返回去。因而，我們建議交換所有願意遣返的人。[37]

---

[34] 毛彥文：《往事》，秀威資訊公司（台北）2015年版，頁162。

[35] 張崇岫：《戰俘啟示錄》，開放出版社（香港）2014年版，頁303。

[36] 趙飛鵬：〈在歲月中慢慢消磨被俘傷痕〉，原載《中國青年報》（北京）2011年11月11日，《文摘報》（北京）2011年12月13日摘轉。

[37] （美）哈里‧杜魯門：《杜魯門回憶錄》第二卷，李石譯，三聯書店（北京）1974年版，頁549、551。

金、斯暗中偷笑‧中共啞吞苦果

　　美聯社1956年公佈各方傷亡明細：

美國：陣亡33646人；重傷、病死等20600人；受傷103284人；被俘7140
　　　人；失蹤8177人；合計172847人。

韓國：陣亡415004人，傷425868人，失蹤459428人，被俘12536人，合
　　　計1312836人。

中國：陣亡114855人，重傷死亡21007人；病死13150人；傷210367
　　　人；被俘21321人；失蹤4300人；合計36.61萬餘人。

北韓：傷亡26萬人。

英國：陣亡710人，傷2278人，失蹤1263人，被俘766人，合計5017人。

土耳其：陣亡717人，傷2246人，失蹤167人，被俘217人，合計3349人。

澳大利亞：陣亡291人，傷1240人，失蹤39人，被俘21人，合計1591人。

加拿大：陣亡309人，傷1055人，失蹤30人，被俘2人，合計1396人。

法國：陣亡288人，傷818人，失蹤18人，被俘11人，合計1135人。

泰國：陣亡114人，傷794人，失蹤5人，被俘0人，合計913人。

希臘：陣亡169人，傷543人，失蹤2人，被俘1人，合計715人。

荷蘭：陣亡111人，傷589人，失蹤4人，被俘0人，合計704人。

哥倫比亞：陣亡140人，傷452人，失蹤65人，被俘29人，合計686人。

埃塞俄比亞：陣亡120人，傷536人，失蹤0人，被俘0人，合計656人。

菲律賓：陣亡92人，傷299人，失蹤57人，被俘40人，合計488人。

比利時：陣亡97人，傷298人，失蹤0人，被俘5人，合計440人。

盧森堡：一個步兵排參加聯合國軍，死5人，傷10人，合計15人。

新西蘭：陣亡34人，傷80人，失蹤0人，被俘1人，合計115人。

南非：陣亡20人，傷0人，失蹤16人，被俘6人，合計42人。

日本（非聯合國軍成員國，但派了水雷佈雷隊）：陣亡3人，被俘1人。

　　以上合計，聯合國軍總損失19萬人。

　　據美國韓戰紀念碑：參戰美軍54萬餘，韓國51萬餘，其他15國4.8

萬餘。美軍陣亡54246人，聯合國軍及韓軍陣亡628833人；美軍傷亡失蹤被俘總計172847萬。[38]美國方面其他資料：志願軍傷亡75萬，其中陣亡35萬餘；人民軍傷亡65萬，其中陣亡40餘萬。

「抗美援朝」結局為五——

一、金日成笑了，拉來中共為他的冒險買單，保住半壁江山。可憐北韓2500萬人民至今掙扎在「水深火熱」之中，人均日收入僅一美元，但北韓常備軍110萬，640萬工農赤衛隊，總兵力全球第四。[39]

二、史達林笑了，挑起中共承擔「國際主義」義務，為他火中取栗，維護了他在「社會主義大家庭」的權威，順便將「二戰」過時軍火賣給中共，發了一筆戰爭財。而且，中共因無海軍主動要求蘇聯海軍不要撤離旅順（原定1952年撤離），毛澤東訪蘇時為此差點吵起來呢。

三、蔣介石也笑了。儘管韓戰未能擴衍成第三次世界大戰，他的60萬國軍未能借美軍之力反攻大陸，至少「福爾摩沙」（台灣）對美國頓具戰略價值，第七艦隊免費保駕，岌岌可危的台灣保住了。志願軍一過鴨綠江，蔣介石更笑了：華盛頓這回認清毛共，拋棄幻想了。杜魯門：「給予中國國民黨人以全面的援助，使他們能抵抗共產黨方面對該島的可能攻擊。」[40]

四、中共也笑了，勉強擠出的苦笑。流血出錢卻為人家「保家衛國」，三年戰爭每年耗費50%國家財政，[41]總耗資600億美元、死傷七十餘萬替金日成的冒險買單——既惹毛了老

---

[38] 辛子陵；《紅太陽的隕落》，書作坊（香港）2008年版，上卷，頁18～19。

[39] 滬視紀實頻道2009年7月22日，「眼界」〈直擊朝鮮〉。

[40] （美）哈里・杜魯門：《杜魯門回憶錄》第二卷，李石譯，三聯書店（北京）1974年版，頁415。

[41] 何立波、任晶：〈「三反」建國後反腐第一仗〉，載《檢察風雲》（上海）2009年第7期，頁66。

美，不能「解放台灣」，還平白欠下一屁股軍火債（30億人民幣，合13億美元）。[42]戰後，中共先無償援助朝鮮八億人民幣，[43]此後達幾十億，持續50餘年。所換取的蘇聯經援，不過是1093名蘇聯專家與有償貸款。

未能「解放台灣」，中共一直痛到今天。其時，國民黨在台灣立足未穩，士無鬥志，「二‧二八」又使台民簞食壺漿迎「王師」，中共靠木船就能一鼓蕩平。台共人員接到命令：結束潛伏，發動護廠保產，半公開仰迎「解放」。結果這些準備成為「解放英雄」的台共地下黨，被國民黨一網打盡，大多數人轉變為專寫反共資料的「匪情專家」。[44]

出兵朝鮮使全世界一下子看清毛共嘴臉，除了不顧本國人民利益，更清晰豁露赤色意識形態的霸權邏輯，對世界民主國家形成強烈威脅，毛共「光榮孤立」二十年。

五、只有美國經受住歷史檢驗，他們為維護人類的自由和平支付了令人尊敬的代價。就是對中國，無論退賠庚款、支援抗戰，美國都是最真誠的援華國家。1945年3月3日，羅斯福對斯諾說：「我當然要提高中國的國際地位，使中國取得與美國、英國和蘇聯相同的地位。這樣在將來形成的四大俱樂部中，中國無疑是需依賴於美國的。」[45]毛澤東出兵朝鮮，中美傳統友誼破裂，反目成仇，隔絕20年，苦的還不是中國人民麼？

正反兩面史料都證明，美國理性對待韓戰，以人道、和平、公允為宗旨，全力控制戰爭範圍於朝鮮半島，避免擴大到中蘇境內——

[42] （美）哈里‧杜魯門：《杜魯門回憶錄》第二卷，李石譯，三聯書店（北京）1974年版，頁549、551。
[43] 沈志華：〈中朝關係驚天內幕〉，載共識網（北京）2013年8月27日。
[44] 萬亞剛：《國共鬥爭的見聞》，李敖出版社（台北）1995年版，頁222。
[45] 丁曉平：〈羅斯福與斯諾的三次密談「中國」〉，原載《同舟共進》（廣州）2013年第2期。《文摘報》（北京）2013年6月22日摘轉。

有可能導向第三次世界大戰，實質性體現美國政府的人文水準。麥克亞瑟之所以被撤職，正是因為華盛頓發現他想擴大戰爭範圍。杜魯門基本理念：「再沒有比以戰爭制止戰爭的想法更愚蠢了。除了用和平以外，用戰爭什麼也制止不了。」杜魯門明確反對打「預防戰」——用戰爭制止戰爭。聰明的美國人已看出史達林在給美國下套——誘使美國與中共開戰，陷入中國這口大泥潭，從而使美國無力西顧，以便蘇聯在歐洲一家獨大，確保蘇聯的核心利益——支配歐洲。[46]

美國保住了大韓民國，使南韓免受金氏政權踐踏，南韓人民真正的「解放者」。2012年北韓人均GDP一千美元／年以下，南韓三萬美元／年。[47]北韓電視機、收音機焊死所有頻道，只能接收朝共中央台一個頻道。1990年代北韓餓死三百萬。朝鮮首屆政府21名高官，17人先後被暗殺、槍決或清洗；九輪大清洗處決九萬勞動黨員，150萬人死於集中營。全社會劃分51個階層，「階級專政」，革命家庭不得與出身不好者通婚。殘疾人不得生活在平壤，侏儒關入集中營，不得生育。金正日：「侏儒的根源必須消滅。」[48]

必須更正大陸流傳甚廣的一句名言。美國參謀長聯席會議主席、五星上將布萊德雷（1893～1981），在撤掉麥克亞瑟後說——

要是真把戰爭擴大到亞洲大陸的話，那末這就是在錯誤的時間和錯誤地點進行的一場錯誤的戰爭。

這句「名言」最初隨《杜魯門回憶錄》播入寰內。本是美國最高決策層對麥克亞瑟欲擴大戰爭範圍的「警語」，並不涉及美軍助韓的正義性必要性。但中共斬去前提，說成美軍將領認為不該出兵助韓。如此這般，似乎中共出兵便多少帶有一點「被迫」與「無辜」

---

[46] （美）哈里・杜魯門：《杜魯門回憶錄》第二卷，李石譯，三聯書店（北京）1974年版，頁457～496、463。

[47] 金東燮：〈韓國「50後」處境如夾心餅乾〉，載《文摘報》（北京）2009年8月9日。

[48] 郭國汀：〈看得你毛骨悚然：金家王朝的恐怖秘密〉，阿波羅新聞網2011-04-02。

——既然人家錯誤在先。

1950年12月15日，杜魯門全國廣播講話中——

從來沒有一個國家曾經有過比我們國家現在所負有的這樣重大的責任。我們必須記住，我們是自由世界的領袖。我們必須瞭解，我們專靠自己是不能取得和平。在整個世界上，我們是擁護國際正義的，是擁護一個以法律和秩序的原則為基礎的世界的。我們必須這樣堅持下去。我們願意舉行談判以解決分歧的意見，但是我們絕不向侵略讓步。對罪惡的姑息不是走向和平的道路。[49]

毛澤東可有如此經受時間檢驗的「語錄」？中共還有一筆至今尚未償付的嚴重倒賬：由於得表明「抗美援朝」的正義性，不得不將戰犯金日成包裝成「自衛反擊」，指說李承晚打響第一槍；將聯合國軍維護〈雅爾塔協定〉說成干涉朝鮮內政的侵略。這則「國家級謊言」，看來得與中共「共命運」了。2015年2月25日滬視紀實頻道《檔案》欄目〈新中國民間外交實錄〉，還在將出兵朝鮮說成「根據中國人民的意願」（1950年全國動員，江蘇高郵縣報名參軍僅12人）[50]，還得與朝鮮金氏政權保持一致，還得為這一明顯有違「社會主義原則」的家族政權挺台。2015年4月18日，金正恩乘飛機登上白頭山，次日中國媒體發表這條新聞（配照片），內有金正恩豪言：「進一步堅定把朝鮮革命進行到底的決心」。[51]

初稿：2007年8月24～25日；補充至2008年6月，後再增補。

原載：《揭露》（香港）2013年11月號（刪削稿）

---

[49] （美）哈里・杜魯門：《杜魯門回憶錄》第二卷，李石譯，三聯書店（北京）1974年版，頁533、510。

[50] 居思基：〈以史為鑒話當年〉，載張大芝等主編：《陰晴雨雪旦復旦》，香港華泰出版社2008年版，頁194。

[51] 〈金正恩登上「祖宗山」〉，載《東方早報》（上海）2015年4月20日。。楊先材主編：《共和國重大事件紀實》，中共中央黨校出版社（北京）1998年版，上卷，頁137、139。

國共戰俘兩重天

　　筆者「生在新社會、長在紅旗下」，所有對國民黨的認識均來自中小學教材、紅色影片、《紅旗飄飄》、《文史資料選輯》，一直接受中共對國民黨的妖魔化宣傳。大陸「五〇後」一代，完全吸著紅色狼奶、看著紅色漫畫長大，頭腦中的國民黨、美國佬都是「大灰狼」。

　　文革爆發，才知父母都是國民黨員，父親國軍少校，母親在電信局集體加入。他們早已不敢「亂說亂動」，從不敢在家裡提一句「國民黨」，生怕孩子「到外面亂說」，那還得了！對國民黨真正產生「立體印象」，已是30歲以後了。因攻讀中國現當代文學碩士、博士，須深入瞭解二十世紀國史。文學史、當代史、國共黨史，還讀了一些人物傳記，從歷史的皺褶裡剔撿出許多被隱匿的史實。從恍然大悟到痛感被騙，再到溯源析因。如此這般，對國共兩黨漸漸形成顛覆性認識。「四〇後」、「五〇後」大陸國人，大致沿著這條認識軌跡一路走來。當然，也有一小批同代人，或缺乏資訊或中毒太深，有意無意成為中共終身「五毛」。

　　歷史雖是「一位任人打扮的小姑娘」，不過粒珠折光，現象帶著本質，末梢透映軀幹，細節較難製假，前後邏輯會使虛偽自動顯形。十餘年來，筆者閱讀自傳三百餘本（加上六卷本《世紀學人自述》及碎散憶文，閱傳近千）。很奇怪，國民黨人物自傳細節豐富，很有故事，吳國楨的《夜來臨》、鄒魯的《回顧錄》、王雲五的《談往事》等，都有一則則富含人性的人生故事。中共人物傳記則普遍缺乏細節，乾巴巴，枯燥無味，多為教條化概述，如徐向前的《歷史的回顧》、劉白羽的《心靈的歷程》、鄧力群的《十二個春秋》等。讀紅色人物自傳，得做好讀文件的心理準備。還有，中共頂級大佬幾無

一人寫傳，周恩來臨終前只哼了一句意味深長的「中國出了一個毛澤東」。無論如何，蔣介石留下一部完整日記，即使只是部分「公開」自己，至少比毛澤東、周恩來「不著一字」的整體裏藏具有多方面「說服力」——誰見不得人？

本文採擷幾則細節，撩窺國史，捎帶剖示國共「本質」。

中美朝鮮戰俘

中共叫了幾十年「革命的人道主義」，且不說對國民黨「像冬天一樣殘酷無情」，就是對本應「像春天一般溫暖」的戰友，也實在令人寒心。

朝鮮停戰談判十分艱難，最大難點在於「遣俘」。美韓方要求「自願遣返」，中朝方則堅持「全部遣返」。根據中共中央黨校出版社《共和國重大事件紀實》（1998），美韓方俘虜人民軍11.2萬人、志願軍2.08萬人；中朝方面俘虜美英戰俘4417人，韓國戰俘7142人。最終達成「自願遣返」原則，中國僅得7110戰俘，近1.4萬餘名志願軍戰俘「拒絕遣返」，去了台灣。[1]再據國際紅十字會板門店小組中方代表閻維新近年提供的資料：中方戰俘1.4萬餘，只有440人申請回國，12名申請去中立國，15名死於關押期，14235名申請去台灣。[2]如此重要資訊被中共長期捂蓋，內中之「為什麼」，大概「路人皆知」。

最最不能看的是：千辛萬苦要回來的戰俘，中共並不視為「同志」，而是目以「叛徒」，一回來就給他們放影片《狼牙山五壯士》、《八女投江》，要求相互揭發被俘期間失節表現。[3]最後，

---

[1] 楊先材主編：《共和國重大事件紀實》，中共中央黨校出版社（北京）1998年版，上卷，頁137、139。各方統計數字不一，但大致接近。

[2] 閻維新：〈朝鮮停戰協定簽署儀式和戰俘談判〉，載《炎黃春秋》（北京）2008年第6期，頁19。

[3] 趙飛鵬：〈在歲月中慢慢消磨被俘傷痕〉，原載《中國青年報》（北京）2011年11月11日。

一律遣回原籍，明文規定不以復員軍人對待。他們的檔案先到民政部門，一個多月後轉公安局。四川南充縣金鳳區白家鄉一位高中畢業生，1951年雄赳赳氣昂昂跨過鴨綠江，戰俘營中被紋刺「反共到底」，檔案裡有巨幅照片。交換戰俘時，國民黨再三勸他去台灣，他堅決回大陸，但中共沒有給他「春天般的溫暖」，家鄉小學教員奇缺，就是不用他，一生在農村當「二等公民」。[4]

大陸著名影片《英雄兒女》主角王成，原型蔣慶泉（志願軍23軍67師部步話機員），1953年4月16～18日，隨五連堅守石硯洞北山，第一個喊出「向我這裡開炮，200米、100米、50米、20米……敵人距離這裡只有10米了！」報導蔣慶泉英勇事蹟的通訊寫好了，發表前夕，在聯合國交換戰俘名單中發現其名，通訊立即停發。中共規定：不能宣傳俘虜。蔣慶泉身負重傷，被俘後得到美方人道主義醫療，韓國護士侍候其大小便，人家的「牢飯」提供雞腿。一個多月後，蔣慶泉漸漸傷癒，能夠說話。蔣慶泉回國後，退伍回鄉，沉寂58年，根本不敢說自己就是王成原型。最好別人忘了他曾去過朝鮮。[5]

美國戰俘回國後，照樣當將軍，中將、上將。「被俘」絕對不會成為什麼天大的「歷史問題」。[6]20名美俘、1名英俘選擇居華，中共在北京大會授予「國際和平戰士」，隨後送太原集中學習中國歷史、社情、習俗及赤色理論。1955～66年，18人先後申請離華、1人病逝，僅一人滯華，2004年病逝濟南。[7]

4　張先癡：《格拉古軼事》，溪流出版社（美國）2007年版，頁116～117。

5　王丹陽：〈王成原型為何沉默五十八年？〉，原載《廣州日報》2011年4月14日。

6　邢小群：《往事回聲——中國著名知識分子訪談錄》，時代國際出版公司（香港）2005年版，頁60。

7　康鵬、王琰：〈一個紮根中國50年的美軍「戰俘」〉，載《文史精華》（石家莊）2008年第12期。

國民黨戰俘待遇

最令筆者感慨的還不是美國戰俘的回國暖遇，而是徐蚌會戰被共軍俘獲的國民黨中將文強（1907～2001）。這位老兄乃毛澤東嫡親表弟（姑母文七妹即毛母），文天祥23世孫，黃埔四期生（與周恩來弟弟周恩壽同班），林彪的班長（林彪槍支走火，與文強打過架）；1925年6月，夏曦介紹入共青團；1926年1月，周恩來介紹並領誓加入中共；以少校連長參加南昌暴動，歷任中共四川江（江北）巴（重慶）兵委書記、省委常委兼軍委代書記、川東特委書記；1931年夏被捕，在組織接應下越獄。因受不了黨內「懷疑一切」、「殘酷鬥爭」，無法接受省委代書記羅世文給的「留黨察看一年」，赴滬找周恩來、楊尚昆申訴，未找到組織而脫黨；1931年底～1935年於長沙從業新聞，1936年經程潛、張治中介紹，轉入國民黨，浙江中央警官學校中校政訓員、國府參謀本部上校參謀；1941年上海忠義救國軍政治部少將主任，1942年國府軍委中將高參，1945年春軍統北方區長，1948年夏長沙綏靖公署辦公室中將主任。1948年9月，蔣介石、杜聿明點將，文強出任徐州「剿總」副參謀長、代參謀長；11月參加徐蚌會戰，1949年1月被俘。

由於性格執拗，感恩蔣總統，文強在獄中頑固堅持「反動立場」，1950年代初周恩來派蕭勁光專程從濟南接到北京，要他寫張悔過書就寬大他，文強堅拒——

我一直都是愛國愛民，沒有做過什麼壞事，既沒有殺害一個共產黨，也沒有破壞共產黨的組織。我曾經是共產黨員，我脫離共產黨是因為逼得我無路可走。我如果當時不走，恐怕今天早就沒有我了，我問心無愧。

毛澤東是我的表哥，朱德是我上級，周恩來是我的老師和入黨介紹人，劉少奇家離我家不到20里路。是他們沒有把我教好，要寫悔過書應該他們寫，我不寫。

　　他認為文天祥的嫡系子孫不能低這個頭，不寫悔過書，就是不寫！1975年3月19日，文強最後一批特赦出獄，關押26年半。重病的周恩來將他召到醫院，見了最後一面，周恩來怪他不肯早寫悔過書，安排他為全國政協文史專員、全國政協委員。不過，大陸「革命人民」萬萬沒想到：台灣方面一直在給獄中的文強發薪水！認為這位中將仍在職，在為「國家」坐牢，應該發薪。中將固定月薪400美元，1200美金特別費，每月總共1600美金，三十多年這筆款項已達百萬美元。1985年秋文強訪美，台灣國府正式通知他赴台領取。奈何文強此時亦中赤毒，擁護「鄧小平主義」，認為「中國共產黨挽救了中國」。文強雖然感激國府，但他從「政治高度」未去領——

　　這個錢不能拿，我如果拿了這個錢，回去就對不住鄧小平了，對不住鄧穎超，他們要我做愛國人士一直到底，我要是拿了這筆錢，太不光明了。……敗軍之將嘛，不拿這個錢，我比誰都高大，拿了這個錢，我就一點人格都沒有了。……拿這個錢也沒法回大陸，人家會說我這個人錢能買得動，這有辱於我們祖宗，有辱於文天祥。

　　文強還擔心領了錢在兩岸都不好做人，難纏的後妻會要一半，親友來要給不給？豈非自找麻煩？他最終未赴台領取。但國府一片丹心，至少比中共人道得多。[8]

　　更可對比的是：表兄毛澤東竟未稍伸援手——至少可提前釋放。倒是蔣介石用人不疑，真正「統一戰線」，徐蚌會戰關鍵時刻仍重用毛澤東表弟，度量與人格魅力遠遠大於老毛，且長年給被俘的文強發薪（並不知道人家的獄中表現）。中共的「革命人道主義」只是口頭炫詞，國民黨的人道主義則是真金白銀。中共戰俘絕不可能得到如此待遇，人在國民黨的監獄，這邊「人民政府」給你發工資，還整整齊齊給你攢著擺著，大大超出大陸「革命人民」的想像呵！

　　孟良崮戰役後，南京為張靈甫舉行國葬，優恤遺屬。這種「不

8　劉延民整理：《文強口述自傳》，中國社會科學出版社（北京）2003年版，頁323～325（文強年表）、12、14～15、284、315～318。

利資訊」，中共一直向「國家主人」嚴加封鎖。國府為文強發薪積至百萬美元，也是最近才由媒體捅出來。國共爭鋒，文強不幫表哥幫老蔣，儘管中共斥為缺乏「階級覺悟」，至少說明老蔣很有魅力，文強繫獄26年仍「誓死效忠」蔣總統，國民黨被俘將校中十分出名。多名功德林「戰犯」回憶錄中都提到他是「頭號頑固」。

秦城要付伙食費

　　還有一則可說明中共人道主義水準的細節。1967年9月6日，中央文革小組成員、《光明日報》總編穆欣（1920～2010）被捕，次年1月13日移押秦城監獄。秦城伙食一天三餐五個窩頭。早餐一個窩頭、一碗玉米粥，一盞鹹菜；中晚餐各兩窩頭，一小碗少油缺鹽的蔬菜（不是「開水煮白菜」就是「白菜燉開水」）、一搪瓷缸開水。「秦囚」常年吃不好、吃不飽，米麵極罕見。春節改善伙食，中餐四個皮厚餡少個小的包子，「還不如平時兩個窩頭耐饑，故意吊人的胃口」。偶而發蘋果，個頭只比核桃稍大一點。1979年底，穆欣平反，補發工資，竟要扣除七年八個月零八天的伙食費，1298.32元。穆欣關押2807天（秦城約2680天），以92個月計，秦城伙食費月均14.1元。文革前後，筆者所居杭州，最低生活補助8元／月。「秦囚」伙食一天五窩頭、一碗菜湯，月均實支絕對不超過七元，顯被剋扣囚糧。

　　已經關押人家近八年，穆欣一家12人被捕，三人致死（老婆、老父、岳母）、二人逼瘋，一人致殘，[9]不但不賠人家「生命損失費」、「人身受害金」、「家破人亡費」，還好意思倒過來收蹲監伙食費？！這難道也是「革命的人道主義」？！

　　留英六年的牛津榮譽學士楊憲益（1915～2009），1968年5月被捕，關押北京半步橋監獄四年。進去出來都沒告知所犯何罪，唯按4角／

9　穆欣：《辦〈光明日報〉十年自述（1957～1967）》，中共黨史出版社（北京）1994年版，頁371、377、373、384。

天收取伙食費，工資中扣除——不能讓你「白住」四年招待所。楊憲益英籍妻子戴乃迭（1918～1999）也被監禁四年，「好在沒有向我愛人要這筆伙食費，如果向她要錢的話，她肯定比我多，因為生活費比我高。」[10]

1950年代青海德令哈勞改農場，六名犯人集體逃跑，管教幹事帶槍去追，拎回一條麻袋，裡面六顆人頭。管教幹事認為擊殺逃犯天經地義，滿身「革命自豪」。[11]

再看看蔣介石、毛澤東對待高級僚屬的人道主義標準，與國共戰俘的待遇可謂一脈相承，「邏輯相通」呵！

一組宏觀資料

據上海檢察院主辦《檢察風雲》：2006年中共政府財政收入超過四萬億元人民幣，但不肯花537.7億為尚未參加醫保的12.5億國人撐起基本醫保體系。而美國公費醫療支出占國家財政收入15%，高出中國15倍。2004年大陸公車至少四百萬輛，消耗財政4085億元，約占政府財政收入13%以上；全國公款吃喝兩千億以上。再據2000年北京國家統計局《中國統計年鑑》，1999年幹部公費出國消費3000億。「三公」（公車、公宴、公遊）相加，超過9000億，占國家財政總支出30%。中國農村50%人口看不起病，中西部農民死在家中的比例高達60～80%。城市也有40%人口看不起病。[12]

人道主義的根鬚為人權，對待為自己出力賣命的戰俘都那麼絕情，毫不尊重基本人權，對待無功於己且無「說話能力」的芸芸眾生，還會客氣麼？

10 楊憲益口述：〈破船載酒憶平生〉，載李菁訪編：《往事不寂寞》，三聯書店（北京）2009年版，頁344。
11 陳復生：《九死復生——一位百歲老紅軍的口述史》，中央文獻出版社（北京）2010年版，頁229～230。
12 魏雅華：〈全民醫保：真的是「無底洞」？〉，載《檢察風雲》（上海）2007年第11期，頁13。

山水可從細處看

滴水映海：1972年伊犁一支勞改隊修築林區公路，一名「右派」（原上士）摔下懸崖，腦漿滿溢，副參謀長「盧大炮」當晚召集全體「右派」訓話——

死一個人有什麼了不起！抗美援朝時，我當排長，一排只死剩我一個；當連長時，死剩三個；我都沒掉淚！[13]

細節透映本質。事實勝於雄辯，自我標榜終究「爛稻草」。說得花好稻好，不如一件事實。如何對待戰俘，看似細末小事，實則栓繫對人權的認識與社會價值走向。一個國家的人道主義水準，終究是衡量該國人文品質的硬杠杠。

星移斗轉，前朝似遙，那場冠以「階級決戰」的國共之爭雖然遠去，但總結二十世紀國史，誰家的「主義」得到實踐證效？得到人民擁戴？「東風」、「西風」誰家勝出？「階級感情」與「忠孝節義」誰得繼承？國共兩黨誰得歷史正評，終究得由後人衡稱，分曉自明。

毛澤東臨死前最擔心兩件事：一、文革路線能否保持？二、自己會得到怎樣的史評？這位中國有史以來最大暴君（方毅語），似乎還有點歷史感，只是沒想到自己托身的國際共運從根子上就錯了。他本人以暴行錯，政治品德又那麼惡劣下作，當然遺臭萬年。不過，老毛萬萬想不到，剛一伸腿，一手培植的「四人幫」應聲下獄，文革因失去「組織保證」而結束。真是應了他那句語錄：反動派總是過高估計自己的力量。

2012年7月24～25日於滬
原載：《爭鳴》（香港）2014年1月號

---

[13] 周仁壽：〈集中改造雜記〉，載張大芝等主編：《陰晴雨雪旦復旦》，香港華泰出版社2008年版，頁191。

高崗案真相

　　眾所周知，中共跟所有集權統治一樣──嚴密封鎖高層政情。1956年新聞社社長吳冷西（1919～2002），告知李慎之：「毛主席說我們現在實行的是愚民政策。」[1]任何高層活動均為「黨的機密」，全體國人（甚至包括中央委員），只能聽到一隻喇叭的聲音，一種符合黨魁政治需求的聲音。1950年代後期，連美國哈佛左翼教授費正清的研華論文，也列為「機密」。[2]

　　資訊孔道的唯一性，自然源於需要對資訊做手腳，根據常識就推知「一種聲音」必然過濾掉種種不便公佈的「忌諱」。否則，從高崗到彭德懷到劉少奇再到林彪，一連串驚天大案何以只有單方面的一種聲音？剛剛發生的歷史也成了「任意打扮的小姑娘」？無奈這些驚天大案鐵幕太重帳帷太深，只能暗揣懷疑，無法撩見真實。1954年的高崗事件，稍有史識者一眼便知舊戲新演──高層內訌。但這場中共進城後首次高層權爭內幕究竟如何？天下人均苦於不知實情，明知「被蒙蔽」而只能「被蒙蔽」。

知情人終於說話了！

　　2008年7月，《半截墓碑下的往事──高崗在北京》經過14年曲折，終於在香港面世（大風出版社）。第一作者乃高崗最後一任祕書趙家梁（1920～2007），高崗「被收」後的管教組長，目睹首長「從天上到地下」（周恩來語）。書稿多次核實於高崗妻李立群及涉案高

---

[1]　李慎之：〈「大民主」與「小民主」一段公案〉，載《百年潮》（北京）1997年第5期，頁48。

[2]　羅宇：《告別總參謀部》，開放出版社（香港）2015年版，頁173。

幹梅行、馬洪等。儘管「黨性」使趙家梁仍在維護毛澤東威信，對高崗有一定指責——擴散毛劉分歧知情範圍、說了一些不合適的話、生活作風極度腐敗（頁IV）；儘管這位作者無法看清事件實質，也可能不忍說出實話；但對國人來說，趙家梁的政治立場與言論尺度並不重要，要緊的是高崗事件的前前後後浮出水面，終於得窺真相，坐實冤案。有了透過現實看本質的資料，能夠看到中共掌國初期這樁大案的政治實質：毛澤東的體制性疑心、「削藩」的必然性、高崗忠心見棄的「犧牲」，陳雲、周恩來、習仲勳、劉亞樓等其間手筆，以及最後一聲恍然驚悟——打倒高崗原來就是打倒劉少奇的開始！

　　2007年6月，87歲的趙家梁只剩兩個多月生命了，病榻上得知手書「高崗同志之墓」垂於老首長墓前，拍了照，獻上花籃，且上蒼感應，忽然天暗如夜，狂風大作，電閃雷鳴，暴雨如注……終於可以公開稱老首長「同志」了！去辦此事的是該書第二作者張曉霽女士（「五虎將」之女），趙家梁激動地對她說——

　　昨天……天意。冤案、竇娥冤、六月雪、高崗冤、天降暴雨……這本書前前後後經過多少曲折、幾個人、十幾年，不容易，要寫個東西記下來……[3]

　　從高崗開始，胡風、丁陳、反右、彭黃張周、反右傾、彭羅陸楊、劉鄧陶、楊余傅，陳伯達、林彪，凡是老毛欽定之案，哪一樁哪一件不是冤案？哪一案哪一次不是藏邊掖角遮罩重重？所謂「國事」，只要攤出真相材料，邏輯人會梳，案底件件自清。這些塵封積案，一旦知情人發聲，抖出真相，那些遮蓋者的嘴臉便凸露無遺，只能站上「歷史受審席」，雖然他們曾動用一切手段想逃避這一時刻。

---

[3]　趙家梁、張曉霽：《半截墓碑下的往事——高崗在北京》，大風出版社（香港）2008年版，頁404。

事件真相

　　高案實質，一言以蔽之，毛澤東玩了高崗。高崗雖明確反劉、抖露毛劉不和、生活腐化，但距離「反黨奪權」、「陰謀野心家」、「黨內資產階級代理人」……實在挨不上。

　　1952年9月，「五馬進京」（東北高崗、中南鄧子恢、西南鄧小平、華東饒漱石、西北習仲勳），「一馬當先」的高崗紅得發紫，中央政府副主席兼計委主任（與國務院平行），主管東北與八個工業部，以總攬財權對抗劉少奇的黨權、周恩來的外事與統戰，成三足鼎立，分散削弱了劉少奇、周恩來的權重。趙家梁分析：毛此舉一石三鳥——聚精英、挖牆角、砍山頭。「聚精英」——加強中央領導，大調動師出有名；「挖牆角」——分了劉周之權；「砍山頭」——各大區書記調虎離山，削藩砍山頭。[4]

　　各大區首長黨政軍集權一身，且有立法權，權威極重。東北流諺：「只識高主席，不知毛主席。」高崗調京，仍兼東北局第一書記兼東北軍區第一政委。其他「四馬」進京後，鄧小平政務院副總理（周恩來、陳雲訪蘇，急需鄧主持工作）、鄧子恢中央農工部長兼計委副主任、饒漱石中組部長、習仲勳中宣部長。1953年2月，先撤銷大區軍政委員會，改為行政委員會，收回立法權、人事權，只剩執行權。1954年6月，決定撤銷大區。年底，「三南三北」六大區撤銷，此前華北大區已併入中央政府，實際撤銷的是五大區。當然，對毛澤東威脅最大的還是「身邊人」。此時，毛已擲言：「什麼都是西花廳，哪有頤年堂！」認為事權集中於周恩來，自己被架空。[5]

　　1953年9月，中共政府出現40～50億元財政赤字，高崗介紹東北

4　趙家梁、張曉霽：《半截墓碑下的往事——高崗在北京》，大風出版社（香港）2008年版，頁112。
5　李響：〈「五馬進京，一馬當先」撤銷大區的台前幕後〉，載《國家人文歷史》（北京）2015年第5期，頁37～42。

經驗，毛澤東高興地說：「好呵，東北的經驗值得認真研究，下次會議專門討論這個問題。我看下次就到高崗那裡去開會，統統都去，我也去。」幾天後，劉、周、鄧、饒等所有在京政治局委員都上高崗家開會，會後由李富春起草一份增產節約的〈緊急指示〉，發到全國。在個人家中召開高規格會議，異乎尋常。周恩來領會毛欲以高壓劉的意圖，將中央機要文件傳閱順序「毛、劉、周、朱、高」，改為「毛、高、劉……」或「毛、高……」三個多月後，毛突然轉身指說高崗家「另有司令部」，高崗百口難辯。

高崗進京後，與毛幾乎天天見面，毛向高頻遞私房話：少奇進城後沒做什麼工作，對毛幫助不大；少奇過去只搞過白區，沒有建設根據地經驗；少奇沒有搞過軍隊，連隊不聽他的，不能掌握全局；少奇左右搖擺，不怎麼穩；少奇要架空他毛澤東，許多事情不讓毛知道，擅自以中央名義發表講話、發文件。毛還密令高崗查閱東北敵偽檔案，看看劉少奇1929年瀋陽被捕是否有「把柄」，又說劉一向政治立場不穩。高崗從毛處明確得到「倒劉」旨意。

毛澤東如此「動作」，高崗當然「我也由此意識到主席對少奇的革命品質已產生了懷疑」——

毛主席對劉少奇感到失望、不滿意。尤其是這幾年，少奇沒有幫主席什麼、沒有做什麼工作。而且不少意見與主席不「合拍」，毛主席深感少奇不是個好幫手，中央也有不少同志有這個看法。

於是，高崗忠心為主，前驅除劉。陳雲也攛掇高崗——

你比我行，你的本錢比我大，你有陝甘寧，毛主席信任你，給你撐腰。你在軍隊和地方都有條件活動，能得到他們的支援，你出來挑頭最好。你怕什麼！……你先幹起來（指反劉），先不忙告訴毛主席，等搞確實了再說不遲……到時候，大旗一倒，你不造反，我先造反。

高崗終究起身草莽，不諳政壇祕訣——「悄悄地，打槍的不要」，過早暴露「倒劉」意圖，引起政壇動盪。鄧小平、陳雲向毛揭發高崗的「非組織動作」，毛澤東審時度勢覆手為雨，從「聯高除

劉」轉為「聯劉除高」，高崗成了「必須犧牲」的第一位紅色諸侯。高崗被收後，西北高幹劉景范（劉志丹之弟）來看高崗，高崗痛苦地對他說：「有些事，我不能說呀，說了，別人饒不了我，主席也饒不了我，對你們也不好。」[6]僅此一語，可知「根子」在毛。

再據一則旁證，可坐實毛澤東1951年就與劉少奇失諧，至少不滿劉少奇進入「社會主義」的速率。1951年12月，全國總工會黨組第一次擴大會議，批判李立三犯了社會民主黨傾向的「三大錯誤」——經濟主義、工團主義、公式主義，解除李立三的全國總工會副主席兼黨組書記，李立三被迫檢討。「中央特派員」陳伯達與會批判李立三，無限上綱。會下，陳伯達找李立三單獨談話，傳達「中央意思」——

立三同志，中央知道全總的工作主要由少奇同志負責，你是副手。但你歷史上已經犯過錯誤，也做過檢討，現在工會工作發生問題，責任就由你承擔吧！[7]

所謂「中央意思」，當然來自毛澤東，項莊已在「舞劍」。

1953年上半年，高崗認為毛澤東交辦「查劉」，對自己莫大信任，多次與陳雲密議如何將劉少奇拉下來，並認為這不僅是毛的意願，也是「大多數人」的心願，最好「八大」前完成「摘劉」。陳雲認為高崗適合挑這個頭。高崗與陳雲關係極密，從西北到東北，一直配合甚歡。高崗：「我把陳雲當聖人。」那句「多設幾個副主席，你一個我一個」，原版出處不是高崗而是陳雲。

1953年夏秋，中央財經會議和全國組織工作會議，毛澤東將劉少奇劃入「沒有走社會主義道路思想準備」之列，對其「資產階級右傾思想」大加撻伐。1953年6月15日，毛在政治局擴大會議上不點名地批評劉少奇的「離開總路線的資產階級右傾思想觀點」。此為毛劉第

6　趙家梁、張曉霽：《半截墓碑下的往事——高崗在北京》，大風出版社（香港）2008年版，頁142～143；104；112；44、153；114～116；15。
7　李莎：《我的中國緣分》，外語教學與研究出版社（北京）2009年版，頁207～208。

一次公開交鋒，但毛遇到強大阻力，相持數月，毛不得不讓步，轉而拉出高崗為「反劉」替罪羊。[8]這一點，1980年3月19日鄧小平那次講話可予坐實。[9]

1953年12月24日，毛澤東反復權衡後出牌，政治局會議上轉身大講團結，矛頭突指高崗，不點名地點名，說高崗另設司令部，「東交民巷八號車水馬龍，新華門門可羅雀」、「刮陰風，燒鬼火，有一股地下水」，[10]將高崗指為「反劉」源頭，定調「要造反」、「想當萬歲」，高崗從此淪為「不恥於人類的狗屎堆」。

1954年2月2～10日，中共七屆四中全會，主帥毛澤東赴杭，故意缺席。劉少奇代表政治局作報告，主題揭批高饒，通過〈關於增強黨的團結的決議〉。2月15～25日，周恩來西花廳小會議室連開11天座談會，每天下午三點開始，專題揭批高崗，43人發言。[11]

對高饒的揭發批判中，重點之一指責他們不滿「五馬進京」，兩人也檢討懷疑中央「調虎離山」，等於承認暗揣「占山為王」之心。如此這般，既證明「五馬進京」的英明決策，也向尚未撤銷的大區「敲山震虎」，各大區紛紛向中央上書示忠。[12]據已解密的蘇聯駐瀋陽總領事館給蘇共中央的絕密報告，高崗在與總領事列多夫斯基的談話中，語涉「調虎離山」——

這份檔案的中心內容是反映高崗對調離東北任國家計劃委員會主席一職的不滿，認為是「調虎離山」，是劉少奇要把東北局的領導權交給林楓。從高崗後來與王鶴壽等人的談話來看，「調虎離山」是

8　趙家梁、張曉霽：《半截墓碑下的往事——高崗在北京》，大風出版社（香港）2008年版，頁44～45、118、99。

9　《鄧小平文選（1975～1982）》第一卷，人民出版社（北京）1983年版，頁257。

10　《毛澤東選集》第五卷，人民出版社（北京）1977年版，頁147。

11　趙家梁、張曉霽：《半截墓碑下的往事——高崗在北京》，大風出版社（香港）2008年版，頁188；IV、181；201～203；176～177。

12　李響：〈撤銷大區的台前幕後〉，載《國家人文歷史》（北京）2015年第5期。

當時高崗的真實思想。高崗在與列多夫斯基談論對此事所表示的不滿，與他和王鶴壽等人所表露的情緒是一致的。[13]

從「聯高倒劉」一轉「聯劉倒高」，說明毛澤東長年歷練，熬媳成婆，深諳集權制操作機巧。開國後借鑒古代削藩，先調五大區書記進京，然後搬借位高權重的高崗之頭震懾諸侯，滅其謀逆之心。打倒高崗及此後打倒彭德懷，所傳遞的政治資訊十分明確：我毛澤東可以扳倒任何人！任他此前有何巨功重勳，只要與我政治意圖相悖，一動指頭就能打倒你！從毛澤東1949年後一系列政治動作來看，他完全明白中共政權性質，更明白歷代帝王何以再三再四強調集權一身。

高崗敗因

高崗倒台除了客觀外因，也有主觀內因。高崗（1905～1954），陝北橫山武鎮鄉高家溝村人，就讀縣立第一高小、榆林中學；1926年加入中共，1927～31年，入西北軍從事兵運，發動武裝暴動；1932年後，歷任陝甘紅軍游擊隊書記、陝甘邊紅軍政委、紅42師政委、紅26軍政委、紅15軍團副政委，陝北根據地創建人之一。1938年5月陝甘寧邊區書記；1941年後，陝甘寧邊區中央局書記、西北局書記；1945年11月北滿軍區司令，1946年6月東北局副書記、東北民主聯軍副政委；1949年後，東北局書記、東北政府主席、東北軍區司令兼政委。

高崗文化程度不高，情趣低俗，人稱「二桿子」（頁13），不愛讀書愛打牌，愛跳舞、籃球、玩女人。1934年就兩次犯「作風錯誤」，戰鬥結束後強姦婦女，受害者告到紅42師黨委，高崗被撤師政委。但高崗就喜歡「串門子」（搞女人），屢教不改。[14]

---

[13] 林蘊暉：〈高崗與柯瓦廖夫〉，載《領導者》（香港）2014年8月號，頁137～138。

[14] 高浦棠、曾鹿平：《延安搶救運動始末——200個親歷者記憶》，時代國際出版公司（香港）2008年版，頁322。

高崗只能算個草莽英雄。他對人比較輕信，很重義氣。他不僅對毛澤東深信不疑，對其他人也都無一例外。他不齒於政治鬥爭中翻手為雲覆手為雨的殘酷手段。……他們二人（指高與毛）在政治素質和性格上的巨大差異，是造成高崗悲劇下場的重要原因之一。[15]

1937年12月，國民黨「中統」萬亞剛（1909～？）巡訪陝北，與高崗有一席之緣——

相識於清澗縣長的晚宴上，我和他猜拳豪飲，吃喝到餚盡壺空，頗為痛快。雖只一席之緣，卻識得是個性情爽直的人。[16]

1953年夏秋，原本部署借高除劉的毛澤東，見高崗未經授權「擅自」倒劉，不免懷疑高崗借「倒劉」而清君側，有可能螳螂捕蟬先翦除劉少奇，黃雀在後對自己下手？這種政治邏輯也是集權政制常識，高崗偏偏不懂。毛讓他查劉，準備倒劉，他得風是雨撒蹄子先跑起來，尚未明確授意便直接倒劉，當然會引起毛的「另一種懷疑」，這也是高崗「政治上不成熟」。

毛此時不憂劉反而憂高了。劉只是政見分歧，對毛希望快步進入社會主義「理解不力」，而高一旦「倒劉」有功，尾大不掉，如覬覦神器，可就不僅僅是對社會主義的理解，而是「誰上誰下」的根本問題了。趙家梁明確指出：毛懷疑高崗，認為高在軍隊中有號召力，與林彪、葉劍英關係密切（剛剛去了林、葉所在的杭州、廣州），六大區中得到四大區支持（東北高自己、中南林彪、西北彭德懷、華東饒漱石），危險性遠遠超過只有文官人脈的劉少奇。如此這般，「聯高倒劉」還不如「聯劉倒高」，既安撫劉，又除掉高，既達到「安定團結」，又宣示「天威莫測」。

1953年11～12月，毛澤東對高懷疑日深，權衡利弊，下決心除高。11月下旬，毛頻頻找高幹談話，既打招呼，也動員揭發高，與高

---

15 趙家梁、張曉霽：《半截墓碑下的往事——高崗在北京》，大風出版社（香港）2008年版，頁111。

16 萬亞剛：《國共鬥爭的見聞》，李敖出版社（台北）1995年版，頁89。

「劃清界線」。毛甚至聲稱：「我與少奇同志是一致的，反對少奇就是反對我。」毛找了朱德、劉少奇、周恩來、鄧小平、陳雲、彭德懷、陳毅、賀龍、葉劍英，令陳雲南下去找林彪、陶鑄，「打預防針」。

毛與高的私密談話，也由毛捅出去，變形成「反對周總理」、「自己想當總理」。周恩來親口對趙家梁說：「這是毛主席說的，毛主席說高崗反周。」趙回來向高崗轉達，高崗深深長歎：「天曉得！」高崗事件的前前後後，清晰可見毛澤東的「設計釣大魚」，實質還是非常老套的卸磨殺驢──削藩，疑心源起毛心。集權政治使他必然起疑，必須時時刻刻注意臥榻之側的「階級鬥爭新動向」。

陳雲遠比高崗老謀深算。毛離京期間，幾個副主席如何主持中央工作？劉少奇一人主持還是副主席輪流主持？陳雲私下對高說「輪流」，正式會議卻附和「劉主持」，並向周恩來舉報高崗「搞非組織活動」。批高座談會前，陳雲上高家做思想工作，要高承認「有野心」，撇清自己與高的關係，高崗大聲罵陳雲「小人」，發生激烈爭吵。批鬥會上，陳雲當面「反戈一擊」，高崗臉色鐵青，呼吸急促，憤怒至極，但未端出毛的密囑。高崗後為陳雲的「反戈」數度大吵。

趙家梁認為1953年中央財經會議──

「批薄（一波）射劉」是在毛澤東親手策劃與指揮下進行的，而不是高崗製造的。它是毛澤東與劉少奇建國思想上的第一次公開碰撞。難怪有人說，財經會議是毛澤東反劉的試探。「文化大革命」是向劉少奇發動總攻。[17]

2006年出版的《王光美訪談錄》透露：高饒事件前，毛約劉少奇長談，「談到了周總理」、「對周恩來同志主持的政務院工作也不滿意，還撤銷了由周總理任書記的政府黨組幹事會」。[18]王光美謹守黨

---

[17] 趙家梁、張曉霽：《半截墓碑下的往事──高崗在北京》，大風出版社（香港）2008年版，頁180～181、186～187；52；183～185、203～205；140。

[18] 黃崢：《王光美訪談錄》，中央文獻出版社（北京）2006年版，頁140、

性，訪談時藏頭露尾，沒說實話。1980年10月，黨內四千高幹縱論毛澤東（為期一月），王光美發言說高饒事件前，毛約談劉少奇，試探劉態度，劉不同意倒周，認為反周對黨不利，周功績很大，國內外威望甚高，絕不能反；後來高崗反周反劉，毛是默許的；有的同志以為毛支持高崗，他們才跟了高崗。[19]

自殺之因

有相當理由斷定：高崗自殺乃毛促成，或者說毛所希望。高崗兩次自殺之間相隔半年，一直在等待毛發落，久候不至，終至絕望。高崗第二次自殺前幾天，情緒極度反常，管教組多次向中央當面彙報、書面緊急報告，認為情況危急，要求中央儘快派人與高談話，妥善處置，以免意外。

但遺憾的是，左催右催，左盼右盼，就是沒有片言隻字的答覆，也沒有人來和他談話。

高崗「管教」半年，〈我的反省〉上呈百餘天，違心承認「極端的個人主義發展到實質上推行分裂黨的活動，企圖把少奇同志拉下來，達到自己做主席唯一助手，將來當領袖的個人野心欲望。」已經做了他能夠做的一切，承認了要他承認的所有罪行，但仍「晾」著他，既不派人來談話，也無書面答覆。難道「中央」忙到派不出人來嗎？還是靜觀其變，利用高崗性格逼他「一了百了」？

長達半年的「管教」，特別最後一月管教組多次向中央打緊急報告，均無回復。所謂「中央」，當然就是老毛，沒有他的旨意，誰敢置喙？毛澤東莫非真忙到連打一個電話或命人轉達一句話的時間都沒有？這不能不使人想起「文革」，大批中共高幹慘死，不都是這樣

149。

[19] 郭道暉：〈四千老幹部對黨史的一次民主評議——《黨的若干歷史問題決議（草案）》大討論記略〉，載《炎黃春秋》（北京）2010年第4期，頁5。

不聞不問，實則「胸中有數」。

發落高崗，非毛莫為。毛對高的檢討留中不發，其他政治局常委既不敢過問，更不敢去找高崗談話，必須靜候聖旨。管教組只負責對高崗的監管，傳遞資訊，既無權也不敢「代表組織」與高崗談話。毛不伸手拉高一把，誰也救不了這位落難功臣。最後關頭，高崗還在指望毛搭救他──

毛主席，毛主席！你咋不早出來說話呀！

有人問他為什麼不找劉少奇談談，他說怕劉少奇問消息來源，因為「東窗」就是毛澤東。[20]高崗到死都還在維護毛，不願也不敢戳破這層窗戶紙，死死遮著護著這位「幕後主使」。

傳遞資訊

1954年2月17日中午，高崗第一次自殺，未遂。習仲勳當晚上高家宣佈中央決定：「實施管教」。[21]管教組八人，組長原祕書趙家梁、副組長公安部八局處長李樹槐（原朱德衛士長），組員均為公安部科級以上幹部，不久吸收高妻李力群。用祕書、老婆「幫教」中央副主席，不但不怕徇私情，反利用私情使其「轉彎子」，1950年代紅色一景。當時「組織」強大，敢於用私於公。不過，這一「盛況」文革後不復存在。如今對付「雙規」貪官，誰敢列出這樣的「幫教」名單？

1954年8月17日，高崗第二次自殺，周恩來、鄧小平、陳雲、彭德懷、楊尚昆當天先後「報到」高家，上樓去看高崗遺體。彭德懷久久不忍離去，含淚跺腳：「嗨！你剛強！你死得可惜，可惜了！」毛

20　趙家梁口述，張曉霽整理：〈對《回憶高饒事件》的質疑〉，載《炎黃春秋》（北京）2009年第12期，頁36、235、259、15、78。

21　趙家梁口述，張曉霽整理：〈對《回憶高饒事件》的質疑〉，載《炎黃春秋》（北京）2009年第12期，頁29。

澤東得訊：「死了？死了拉倒，不如一條狗！」羅瑞卿剛想就「看管不嚴」檢討，毛攔住羅：「天要下雨，娘要嫁人。他要死，誰也擋不住。這事不關你們，你們檢討什麼？不要檢討。」

周恩來親自處理高崗後事，體現了這位大管家的精明細緻。周恩來先命令解剖驗屍，確認是否安眠藥過量致死，然後指令：「不火化，進行土葬，要善殮厚葬；要保護好遺體，準備解剖檢驗。」已解剖過了，還要準備不測驗剖，說明周恩來深諳高層人物非正常死亡所伏下的種種麻煩，必須對各種可能出現的不測「時刻準備著」。

高案也凸顯毛澤東高超的政治技巧──所有高幹都認為「毛主席最瞭解自己」，高崗最後時刻仍堅信毛瞭解自己，一定會說幾句公道話。高崗也認為周恩來很瞭解自己，第一次自殺時向周恩來托孤，認為周會為他說句話，可是，一個電話都沒有。

十一天批高座談會（中央工作會議），劉亞樓等出手很重，且揭發與事實不符；周恩來的總結也很「深刻」，[22]列出「九項陰謀」（其中之一「挑撥中蘇關係」）[23]，高崗深受刺激。

1954年3月26日～4月26日，東北高幹會議在瀋陽舉行，出席517人，列席170人。周恩來、羅瑞卿到會，東北局第一副書記兼東北政府主席林楓（劉少奇前祕書）主持。周恩來傳達七屆四中全會決議，詳介高饒反黨「主要事實」，批判高饒「資產階級極端個人主義」，要求打破高崗「一貫正確」、「政治上對；組織上錯」、「東北正確，到北京不好」等觀念。這次會議上，高崗此前對立面林楓、周桓（東北軍區副政委），翻身成為「正確路線」。高崗此前稱他們搞幫派「桃園三結義」，這次便回擊高崗部屬為「五虎上將」，連續批鬥一個月。

---

[22] 趙家梁、張曉霽：《半截墓碑下的往事──高崗在北京》，大風出版社（香港）2008年版，頁242～245；53；235。

[23] 林蘊暉：〈高崗與柯瓦廖夫〉，載《領導者》（香港）2014年8月號，頁132。

　　1954年4月24～28日，僅僅五天就完成東北局到政治局議決程序，撤職查辦高崗東北局的「五虎上將」——張秀山、張明遠、趙德尊、馬洪、郭峰。張秀山（1911～1996），東北局第二副書記，四級降八級，發配遼寧盤山農場副場長，不能進黨委。東北局第三副書記張明遠（1906～1998），貶中科院辦公廳副主任；東北局祕書長兼農工部長趙德尊（1913～2012），六級降十二級，貶東北製藥廠副廠長；東北局副祕書長馬洪（1920～2007），貶北京第三建築工程公司副經理；東北局組織部長兼黨校校長郭峰（1915～2005），貶旅大機械五金廠副廠長。此後又加陳伯村（1909～1992），東北局組織部副部長，貶哈爾濱水泥廠長。

　　張明遠認為「上綱過高」，要申訴，林楓告知：「你就不要再申訴了，這是毛主席決定的。」東北各省市主要官員幾乎全被撤換，鞍山市委八常委全撤，書記華明自殺（未遂），文革迫害至死；黑龍江省長李常青撤職下放、遼西省委代書記兼省長楊易辰降職黑龍江副省長……相當一部分東北高幹降級、下放、長期不分配工作。[24]

平反阻力

　　1978年十一屆三中全會後，「五虎上將」復出。張秀山國家農委副主任、張明遠國家機械工委副主任、趙德尊黑龍江省委書記處書記、馬洪中國社科院副院長、郭峰遼寧省委書記處書記、陳伯村水電部副部長，謂之「不解決的解決」，即工作上不受高案影響，但到底是否存在「高崗反黨集團」及「五虎上將」，仍是一筆糊塗賬。[25]此

---

[24]　張秀山：《我的八十五年》，中共黨史出版社（北京）2007年版，頁321～324。
　　林蘊暉：〈高崗事件株連出的「五虎上將」案〉，載《領導者》（香港）2013年8月號，頁157～167。

[25]　林蘊暉：〈高崗事件株連出的「五虎上將」案〉，載《領導者》（香港）2013年8月號，頁165～166。

時有人為高饒案呼籲，「當事人」陳雲發話——

過去的事就算過去了，不要再講了，再講沒有好處。

這個問題實質上已經解決了，不要再提了。[26]

1980年3月19日，為起草〈關於建國以來黨的若干歷史問題的決議〉，鄧小平對高饒案有一段專門講話，堅持不能翻案——

高崗是搞陰謀詭計的。……揭露高饒的問題沒有錯。……這個事情，我知道得很清楚。……高崗想把少奇同志推倒，採取搞交易、搞陰謀詭計的辦法，是很不正常的。所以反對高崗的鬥爭還要肯定。[27]

趙家梁——

高饒問題實際上就是毛劉鬥爭的反映，人們至少會由此聯繫到對毛澤東的看法……由於鄧小平和陳雲這兩位當年揭發這一事件的人都不願「翻」，而他們是那麼的權威。[28]

1980年代，馬洪向胡耀邦陳述「高饒事件」。1990年代，「五虎上將」不斷向「黨呵——母親」遞交申訴，要求洗冤。1992年，張秀山向中央遞交〈我的申訴〉；1997年，張明遠遞交〈申訴材料〉；1998年《趙德尊回憶錄》詳述與高崗的關係；2004年11月，郭峰臨終前半年向中央遞交高崗案見證材料。[29]

2005年，經高崗親屬、「五虎上將」、其他受害人的長年申訴，中共派員代表中央看望高崗遺屬，明確表示「高崗同志」在西北、東北貢獻重大；至於1955年黨代會決議，需要進一步研究，案子還不能翻。僅僅一次慰問，一聲「同志」，冤情仍懸著，高家及其部屬就激

---

[26] 趙家梁、張曉霽：《半截墓碑下的往事——高崗在北京》，大風出版社（香港）2008年版，頁261。

[27] 《鄧小平文選》（1975～1982），人民出版社（北京）1983年版，頁257。

[28] 趙家梁、張曉霽：《半截墓碑下的往事——高崗在北京》，大風出版社（香港）2008年版，，頁266。

[29] 戴茂林、趙曉光：〈「五虎上將」沉浮錄〉，載《同舟共進》（廣州）2009年第8期，頁60。

動不已——「50年啊，終於又聽到了『高崗同志』這親切的稱呼！」[30]
冤案之所以還在「冤」，當然是使之成「冤」的要素還存在。

如果僅僅從民間道義角度，高崗案已「平反」。《半截墓碑下的往事——高崗在北京》披露真相，最大的「受害者」當然是毛澤東（主使）、陳雲（攛掇）。

民主才能避血腥

毛澤東，非常人也，其殘狠非一般人能煉就。1949年後所作所為，既吃透古代開國君王權術，也汲取史達林「大清洗」精髓。一旦公開放話打倒某人，輒迅即離京，以避挨整者纏訴。1953年12月24日，毛在政治局會議放了「燒高」之火，次日即去杭州，遙控七屆四中全會及隨後的「中央工作會議」。[31]1959年7月23日，毛澤東在廬山發言批彭，也不出席接下來的批彭會，全交給劉少奇、周恩來去當惡人。[32]整了人、冤了人，毛還常常迫使挨整者承認該整不冤。明知人家沒搞陰謀詭計，仍要逼他們自扣屎盆吞冤認帳，然後拎著人家的檢討書「取信天下」。1954年6月，高崗第二次自殺前，毛派楊尚昆轉告高崗——

毛主席本想找他談話，但他一自殺，毛主席就不好見他了。叫他以後別再要求見毛主席了。他就是有野心嘛，承認算了。

陳雲也勸高崗——

毛主席發了脾氣，現在正氣頭上，一時說不清楚。你不如先承認下來，等毛主席的氣消了以後，看看形勢的發展再說。

很清楚，毛澤東在逼高崗「接受現實」，必須認罪，不可能翻

---

[30] 趙家梁、張曉霽：《半截墓碑下的往事——高崗在北京》，大風出版社（香港）2008年版，「跋」，頁402。

[31] 趙家梁、張曉霽：《半截墓碑下的往事——高崗在北京》，大風出版社（香港）2008年版，頁189。

[32] 黃崢：《王光美訪談錄》，中央文獻出版社（北京）2006年版，頁202。

案，任何辯解都沒用。

毛澤東從長期黨內鬥爭的實踐中悟得「眞知」——不為刀俎，即為魚肉；不當老大，有可能連老末都當不成。「政權掌握在誰的手裡」，誰是老大誰說了算，決定他人命運，而非等著別人來決定自己的命運。最可怕的是；毛澤東熟讀古書，深知「誰都想說了算」，項羽都知道「彼可取而代之也」。文革政諺——「只要上了天安門，誰都想往中間靠。」

延安機場，一次迎接白區同志，毛私語高崗：誰知道他（那位白區高幹）裡紅外白還是外紅裡白？眞共產黨還是假共產黨？迎接潘漢年時，也說過類似話。[33]老毛疑心一向甚重。1955年初，毛在火車上與潘漢年閒聊，丟出一句「人心隔肚皮」，潘明顯感到毛的不信任，事後主動向陳毅交代1943年私見汪精衛（來不及請示），兩天後就被捕，1977年4月含冤而逝。[34]

高崗、劉少奇、周恩來、林彪都不如毛澤東熟悉歷史，都不懂唇亡齒寒的深意。林彪最後「覺悟」，表現出一點軍人本色。若非摔死溫都爾汗，無論投奔「蘇修」，還是南下廣州，不知道會要毛澤東多少「好看」！「九・一三」後，一位與林彪很熟悉的前東北局高幹（「五虎上將」之一），私語女兒（筆者同學）：「毛澤東如不逼著林彪，林彪會走到這一步麼？」林彪事件後，老毛一夜愁老，身體一下子垮下來。他當然明白：自己政治資源全部用盡，無法再用任何說辭遮醜了。

無論從哪一角度，避免血腥權爭都是社會進步應有之義。1.內訌必然影響公務。全心全意搞權爭，半心半意辦公務，朝堂自古潛規則，難道還不應該改革麼？暴力必然攜帶謬說。2.暴力總想佩帶合法

───────────
[33] 趙家梁、張曉霽：《半截墓碑下的往事——高崗在北京》，大風出版社（香港）2008年版，頁204、111。

[34] 何殿奎：〈我在秦城監獄監管的特殊人物〉，載《世紀》（上海）2009年第5期，頁23～24。

綬帶，必然對意識形態動手動腳，甚至大動手腳，不可能認同現代文明，民主憲政無法著陸，潛規則必然大於法律。3.言行難一，虛偽勢必大行。中共至今高唱「英特耐雄奈爾」，還有多少黨員相信「共產主義一定要實現」？

中共政治仍停留於「叢林」層面，「文明」有什麼用？一打「文明」不如一把刺刀。「文明」只能要理，「暴力」可以要命。有了這樣的「可以」，還有必要有興致與你講理麼？

絕大多數大陸國人閱世論人的「四項基本原則」：高尚潔淨的道義、前後一致的邏輯、公私合度的分寸、慈善為本的仁心。但中共高層人物必須持守的「四項基本原則」：成王敗寇的鐵血原則、寧負天下的曹操警句、必須防人的鬥爭覺悟、深藏不露的為政技巧。兩套邏輯，一明一暗，很難擰到一塊兒。但現代文明已成浩蕩民主潮流，要的就是高尚道義戰勝鐵血原則，「理」必須戰勝「力」，「是非」必須戰勝「利害」，權力運作必須公開化，必須提高政治道義度。一向血腥殘酷的政治權爭必須轉型程序化規範化，骯髒政界必須逐漸潔淨。全社會因正本而清源，黑暗退縮，光明增擴，最終消滅野蠻血腥。

《半截墓碑下的往事》再次說明中共無信史。高崗案政治上平反的阻力，恰恰說明大陸政改的急迫性必要性。只要政壇還在暗箱運作，只要一黨專政還被論證成「社會主義特色」，國務就不可能走向公開公正，政壇就必然不斷還會有「高崗案」。說到底，高崗案才真正體現「社會主義特色」。

感謝香港的自由，給了「陸民」一吐真實的窗口，這樁近一個甲子的冤案終於浮出水面，大白天下。只是當事人都已謝世，無法親沐遲到的洗冤。尤其冤案禍首還未被清算，還未請下牆，這筆史債尚未最後結清。

2009年5月21～23日於滬，後增補。

原載：《二十一世紀》（香港）2012年6月號（初稿）

《內參》裡的1950年代

　　1950年代前期，中共一直裝飾成「激情燃燒的歲月」，近十來年更是毛派長揮在手的「紅色黃金期」，高調批評「當今不古」的依據。文革後，一批老赤幹就以「回到五十年代」為旗幟，號召當時還是青年的我輩恢復紅色信仰、再相信一次「偉光正」。那會兒筆者懵裡懵懂，真以為1950年代中共清廉、社會向上、慕風向義⋯⋯

　　1982年筆者進入浙江省政協機關，近距離接觸那些「老革命」，發現他們並非什麼「高尚者」，一個個比我還俗。所謂的省級大機關，刀光劍影，內訌激烈。此時，我對中共的認識雖有所「深入」，但未從根子上質疑合理性。「六・四」槍響，一個從學運走來的政黨竟開槍鎮壓學運，這才真正留意中共黨史，關注中共一路走來的轍印，希望尋找「學運黨最後鎮壓學運」這一邏輯大悖論的成因。當然，尤其關注非官方資料。奈何身居「鐵屋」，目罩耳塞，難以接觸異質資訊。

　　1990年代中期，根據綜合資訊，我確認中共對現代國史動了大手腳，意識到絕大多數國人對1950年代的印象，都來自中共喇叭與赤色文藝，被灌了「狼奶」。難怪中共那麼重視歷史與文藝，原來可以這麼「做歷史」。個人認識史上，「六・四」使我對中共從局部質疑走向全局質理，研究重心漸漸從文學轉向史學。

　　研究中，我發現絕大部分親歷1950年代的中下層赤吏，由於只能從「黨的喉舌」聽到新聞、只能從「黨的文藝」看到精心剪裁的歷史，孔道單一，資訊偏狹，他們對1950年代前期實貌亦不甚了了。即便自身遭遇整肅、感受陰暗面，「黨性」也會使他們解釋為「局部」、「個例」，既安慰自己，更維護黨的形象。

　　依靠宣傳起家的中共，最熟練的手法便是操控鏡頭，只讓「革

命人民」看到一小部分對己有利的特寫，然後將這些局部特寫一再放大，將比例極低的個例孤證指說成全域整體。如將槍斃劉青山、張子善渲染成中共鐵面護廉；部分高幹不搞特權，渲染成全黨「拒腐蝕永不沾」，掩蓋大比例的「走後門」、「享特權」。改革開放以前，大陸媒體一條絕對不准逾越的「黨性」──報喜不報憂。負面消息統統不能上版面，既不能報導礦難地震、罷工罷課，更不准報貪汙腐化，關乎「偉光正」的形象呵！如此這般，1950年代前期真貌雲遮霧罩，帷幕重重，漸沉史塵，難露「芳容」。

　　2005～06年，筆者兩度訪學香港中文大學（共50天）。於該校中國研究服務中心讀到《內參》（《內部參考》）。此前只知專載外電的《參考資料》（俗稱「大參考」，限十三級以上），稍低一檔的《參考消息》也限縣團級（發行量40萬份，1985年才公開發行）。不想還有一份專載內情的《內參》（新華社主辦），1960年以前限省軍級，後擴至地師級。網上一查，「機密」級《內參》還在繼續，仍限地師級與縣級中共官員，每年訂價456元。

　　翻閱五十多年前「出口轉內銷」的機密，社會真相一幕幕撲面而來，因絕無美蔣反動派誣衊之可能，疊聲驚呼「啊？啊？！」趕緊複印一大摞帶回。回滬後，諸事繁忙，摺塞一邊，時日一長，竟忘了這批「寶貝」。近日偶然翻及，再次驚心，感覺有必要撢掃「典型事例」，撩揭1950年代一角，以饗不瞭解這段「紅色歲月」的國人，讓他們也驚叫幾聲「原來如此？原來如此？！」

　　本文資料僅限《內參》，故只標日期、頁碼。史料眾多，只得分門別類，擇要略述。

工人老大哥

　　工人階級的先進性，實為馬克思主義「做」出來的光芒。共產黨自稱「無產階級先鋒隊」，無產階級又非工人階級莫屬，如此這

般，工人階級必須成為「最先進的階級」。可工人階級是不是最先進的階級呢？事實說話——

據估計上海全市有小老婆的約有十萬人，娶小老婆的從資本家到工人各階層都有，其中資本家納妾的最多，店員、職員納妾的也不少，如協大祥綢布莊的職工中有十分之一有小老婆，工人中納妾的大多是過去的領班、包飯頭等。（1953-3-3，頁41）

（撫順）有的工人強制自己妻子賣淫，從中取利；有的工人換姦妻子；尤其嚴重的是，有的共產黨員甚至無恥到集體性交。（1955-12-22，頁223）

（上海總工會副主席鐘民的報告）工人創造的財富幾乎都被工人分掉了。獎勵辦法又是平均分配，實際上沒有起到刺激生產的作用。工人獎金拿得多，福利過分的提高，一部分工人的生活已和整個國家人民生活水準不相適應。工會在太湖邊上建設的療養所，農民進去看了，說工人老大哥用的地毯比他們蓋的被子還要好，太舒服了。上海小菜場主要的雇主都是工人。大滬製鐵廠的工人一天要吃四五瓶啤酒，肉鬆、肉餅隨地倒，每月每人水果費達十萬元；穿的衣服最起碼是卡其布、華達呢，差不多每個工人都有西裝。在一般人民群眾中的影響很不好。過高的生活已引起了工人在政治上的墮落。大隆機器廠工人不願聽人講共產主義，認為共產主義社會不如他們的生活。茂興製鐵廠的工人公開反對政府。大滬製鐵廠50%以上的工人嫖賭。許多跳舞廳的顧客主要是工人而不是資本家了。工人賭博的各樣都有……輸贏很大，有的以腳踏車、金戒子相抵，他們不分場合到處聚賭，在車間裡擲骰子、叫了汽車出外去賭……嫖妓女、討小老婆的風氣很盛。大滬製鐵廠至少有九個工人有小老婆，有13個工人生梅毒病，廠中每月為梅毒病要花費四百萬元醫藥費。有些廠的工人貪圖個人獎金、福利和資本家結成統一戰線欺騙政府。（1953-4-25，頁513～514）

（太原）僅據重工業廳、建設廳、太原鋼鐵公司、西山礦務局

等22個單位11月上旬不完全統計，就已經逃跑了6556人之多，占到全市新增加工人數的23.95%。（1958-12-6，頁26）

1949年蕭軍日記中的撫順煤礦工人——

小落子飯館主人在訴苦，他說工人們要娛樂，也要嫖窯子，喜歡包公戲與滑稽戲。

夜間第一次和這些工人們住在一起，聽著他們講一些下流的故事、笑話，彼此罵著玩。[1]

城市有臉面效應，中共執政之初急於證明「革命績效」，學蘇聯抓工業，而工業所需資金又只能來自農業，「不得不」對不起老區人民，奪農補工、損農益工。梁漱溟故有工農「九天九地」之說（遭老毛痛斥）。不過，即便已在「九天」的工人，據中共文件，1956年冬至～1957年春，「工人罷工、學生罷課、群眾性的流行請願和其他類似事件，比以前有了顯著的增加。」全國共有萬餘起罷工罷課。[2]

農民兄弟

安徽省（1955年）二月斷炊人數已達686萬人，災民逃荒、討飯、自殺、出賣兒女等事件已不斷發生。部分地區的農民吃青苗、雜草。阜陽專區有70%的耕牛斷草。耕牛死亡和宰殺耕牛的情況也非常嚴重。僅阜城一個收購站在晴天每日收購的血皮就有四五百張。（此稿轉內務部）……五月份斷炊的人數將達781萬人。……蒙城縣大任鄉貧農王氏，將一個四歲的小孩換回40斤葫蘿蔔和7斤乾菜。（1955-4-1，頁2～3）

1955年4月26日《內參》標題：湖南省有不少地區農民逃荒、自殺和賣兒女。截止4月13日，湘省農民因生活困難而自殺21起。（頁385）

---

[1] 《蕭軍全集》第20卷，華夏出版社（北京）2008年版，頁406、417。

[2] 中共中央文獻研究室編：《建國以來重要文獻選編》第10冊，中央文獻出版社（北京）1995年版，頁154～163。

　　1955年12月22日《內參》標題：遼寧省發生農村男青年找不到對象的問題。（頁218～220）

　　很多女青年找工人結婚是因為工人有錢花。錦西縣黑魚溝村婦女柴國珍不到結婚年齡就私自和某礦工人王春元結了婚，她說：「找個工人不容易呵！我現在吃的是大米白麵，穿的也漂亮，錢花不了，啥活不幹，多自在。」

　　1959年4月7日，山東民政廳副廳長武思平向內務部部長辦公會議彙報——

　　今年山東春荒很嚴重，波及1400萬人，其中1053萬人口的濟寧專區，788萬陷於春荒，僅其中七縣患浮腫病者12.9萬多人。截至三月底，全省外流農民68萬（實際超過此數）。自殺、餓死、棄嬰等事件不斷發生。鄆城縣自春節以來，發生搶糧96起，被搶糧食11.8萬多斤，其中國庫糧就有9萬多斤。金鄉縣五萬頭牲口，已死2.5萬頭；單縣死了8萬多頭，占總數30%以上。（1959-4-12，頁2）

　　六〇年一月～四月上旬，甘肅、寧夏、貴州發現食人案件17起，其中殺而食之15人（小孩13人），掘吃屍體16具，22名作案人中：貧農3人、中農2人、小商3人、家庭婦女3人。寧夏吳忠市吳忠公社丁明禮、丁秀英夫婦殺吃七歲女兒。（1960-4-14，頁25）

　　據山東省委生活辦公室和省公安廳瞭解，近來不少地區發生了嚴重的偷青吃青現象，有些地方的早秋作物已被全部吃光、偷光。

　　自七月至八月二十日全省（山東）由於違法亂紀（指偷青、吃青）而造成人命事件201起，死192人，其中被直接打死的8人，民兵鳴槍擊斃11人，自殺的173人。平邑縣林建公社社員徐文選，因偷了四個高粱穗，被生產隊幹部活活打死。蒙陰縣旦埠公社舊寨生產隊社員于憲年之妻（57歲），八月九日因偷了12穗玉米，被綁在柱子上進行拷問，家中兩次受到搜查，鍋筷等物被全部沒收，自留地上的一百多棵玉米被全部拔去，以致上吊自殺。（1960-9-2，頁5～6）

　　農民、農村幹部對奪農補工政策當然有怨言——

今年國民經濟投資，工業占58.3%，農業占12%，農業是基礎，為啥基礎的比數卻占的少呢？

蔚縣白樂大隊，兩年沒有給社員開支，收入22萬元，給了國家18萬元，社員勞動一年沒有工人一個月收入的多。

城鄉差別消滅不了，農村節約了，省下的錢建設城市！

工農產品的價格相距太遠，如中等布要六、七角一尺，穀子只八分錢一斤，黃豆六分一斤，可是用四兩黃豆做的罐頭，卻賣一元多，這是什麼道理？

按說農民比城市居民勞動強度大，應該多些（口糧）。今天是農民，明天將戶口轉入城市，糧食供應立即增加，這叫什麼有計劃按比例！（1960-9-14，頁14）

1958年以來，農民淨吃山藥，幹部吹大氣，打了糧食都交了公糧，餓得人都跑光了。

社會主義一多一少：排隊多，生產少。以後，月月紅、日日紅、開門紅的口號就改為月月龍、日日龍、開門龍，開門就是排隊一條龍。（1960-9-14，頁10）

農村小孩從小上學，畢業後就走了，農業光剩下「咳喘靈」、「麻黃素」（指病弱老人）了，地沒人種，都荒了，怎麼以農業為基礎呀！

市場上部分物資供應緊張，說明工農業比例不是協調而是失調的，為什麼不能滿足人民需要呢？（1960-9-14，頁15）

湖北新洲縣有人致函毛澤東——

湖北新洲縣老百姓戶戶饑荒、人人叫苦。聽到有人來參觀，縣裡馬上召集下層幹部開會，要食堂把群眾生活搞好，並警告群眾，不准說沒有吃飽。所以群眾都願意天天有人來參觀，這樣可以吃得好吃得飽。有民謠說：省委來參觀，飽飯吃三頓；省委參觀走，稀湯難入口。

河北磁縣張家莊村民張銀川也致函毛澤東——

我們這裡有市民、工人食堂和農民食堂兩種。市民、工人食堂

每日吃三頓細糧，而農民食堂則吃不到糧。從元月份開始，每天吃的水煮紅蘿蔔，有的食堂每人每天三斤，有的食堂每人每天分三個紅蘿蔔。因而去城裡公共食堂買飯的農民很多。現在農民們有苦不敢說，因為村上的幹部開會說：「如有人來村裡調查生活情況的時候，只能說我們生活好，每天吃三頓小米飯和玉米饃，不要說沒有糧食吃。如果誰說了，就要開大會鬥爭你們。」（1959-2-4，頁15）

2007年，張聞天祕書何方（1922～）——

農村和農民不但要負擔國家建設的資金積累和供給全國人民吃飯，還要接納城市不同時期因各種原因下放的人員，而且在制度變遷和生產實驗上也要起帶頭作用，付出更大的代價。……這種政策和它的後果，如戶口制、農民的二等國民身分，現在仍然存在。這是國家欠農民的債，大約今後相當時期也是償還不清的。[3]

近年，大陸文網稍鬆，一些真相悄然飄出。2014年，京滬兩大文史館主辦的《世紀》透露：1958年滬郊羅店公社，一家農戶五個孩子，窮得叮噹響，丈夫想上汽車站踩自行車載客掙錢——

男人說：「我也去汽車站踩自行車搭客。」女人說：「哪來自行車？」男人望著正睡在老婆懷裡最小的兒子。老婆急了：「你想把他賣了？」老公沉默一會兒：「有了錢，才能買自行車。否則，連這最小的孩子都活不下去。」他們家的自行車，就是這麼來的。[4]

封鎖資訊

1931年11月7日，中共在瑞金就創刊《參考消息》，僅供高層領導圈，資訊封鎖已然開始。1955年初，遼寧縣區一些幹部自以為掌握

---

[3]　何方：《從延安一路走來的反思》，明報出版社（香港），下冊，頁480～481。

[4]　吳明先：〈大躍進年代的「開門辦學」〉，載《世紀》（上海）2014年第2期，頁17。

全部資訊——

從我們的力量來看已超過美帝國主義，為什麼說台灣解放是持久性的？為什麼不能很快地解放台灣？（1955-1-30，頁379）

1956年，一封匿名長信請新華社轉遞周恩來，內述——

目前我們報紙上的報導，如果能夠深入到讀者內心世界去瞭解，我敢斷定有95%以上的人會認為：太單調，不能及時地反映世界事務的真實情況。另5%的人因為可以看到參考消息或者能聽到重要的報告而沒有意見。……新聞封鎖太嚴，而不能得到需要的知識。（1956-11-24，頁577）

1957年5月18日，反水將領陳銘樞響應「鳴放」號召，致信毛澤東，贊成毛退居二線，被劃「右派」，但這封信始終未向公眾透露。1957年7月15日《內參》——

關於要毛主席辭職一節不得發表（連意思也不得透露），在新聞中也不要提有這封信。此點請本刊讀者注意。

1957年4月30日最高國務會議，毛澤東說次年大選請辭國家主席。5月17日，張治中在「民革」中央傳達，陳銘樞次日寫的信，盛讚毛的辭職功如華盛頓、俾士麥——

社會主義陣營的解放全人類的最終事業將首先通過中國而實現出來……你此一偉舉，不僅打破個人崇拜，樹立世界高潔風範，對於百千萬黨與非黨幹部亦能使其發揚蹈厲，知所警惕，特別對於非黨人士之享高位而尤斤斤於名位得失者，知有所愧怍，風行草偃，拭目可待。

陳信後半部分勸百諷一，捎帶請毛注意身邊宵小——

我素稔您樂於與非黨人士接觸，這是難能可貴的，但我從旁觀察，所常接觸者仍多趨附之輩，耿介不苟者，實屬寥寥，至於能犯顏敢諫者，我尚未見其人。建國後，黨為化敵為友，對來自舊中國的某些上層人士使用多從效用出發，很少兼及其品格與能力的遴選，不次拔擢，累累若若……爭名獵位，祿蠹充斥，以至黨內有不平之氣，黨外嘖有煩言。

陳銘樞最後提請毛注意幾處缺點：好大喜功，有時輕信虛假彙報與教條主義分析；喜怒易為人所乘，輕銼他人自尊；喜新厭舊，對古典文學尚有不夠尊重之處。（1957-7-15，頁3～7）

中央級大右派的「猖狂進攻」，不過爾爾！有什麼不可告人不可向外透露的？無非老毛請辭虛銜「國家主席」，還是自己放的空氣，自己說得，別人說不得？說了就打人家「右派」。

必須承認中共的「資訊遮罩」很成功。1950年代初，反共老手李濟深（1885～1959）親函香港張發奎，為中共招降這位國府名將，勸張回大陸，「他回憶我們當年如何強烈反共，然而中共掌握了真理。」[5]

1958年末，宋子文訪港，發表一通言論，連宋子文都被蒙了──

對毛主席及周恩來極為佩服，承認中國空前強大，因而有了民族自豪感。

在人民公社展開之前，對大陸印象一切俱好。對於人民公社，覺得不應如此迅速進行。

世界終須走向社會主義，因而不反對思想改造，不過希望不要操之過急。

從經濟上看，共產中國絕對不會失敗。（1958-12-29，頁12～13）

走向反右、文革的1950年代，邏輯早歪，恐怖日濃，壓迫日重，怎麼可能是「路不拾遺，夜不閉戶」的紅色盛世？所謂「激情燃燒」，只是當今「革命文藝工作者」的想像，官家「主旋律」之需要。這才隔了五十年，千萬親歷者尚健在，就對這段歷史如此動手腳，按政治需要將它打扮成一位「小姑娘」。

每一位「國家領導人」都想流芳百世，都想青史留名，不過那可得真有「芳澤」可留。毛澤東執政27年，除了折騰「階級敵人」、折騰士林、折騰古人、折騰文化，還折騰經濟、折騰可憐的農民、折騰自己的黨，承平年代折騰死至少六千萬「偉大人民」，甚至折

---

[5] 《張發奎口述自傳》，夏蓮瑛記錄，胡志偉譯注，當代中國出版社（北京）2012年版，頁409。

騰周邊國家，投鉅資「輸出革命」支持柬共、馬共……靠什麼「流芳」？有何事功值得宣揚？什麼思想值得繼承？靠幾部自拉自唱的影片麼？靠擋住絕大部分鏡頭的「愚民政策」麼？

所謂「激情燃燒」，無非毛共燃燒廣大悲慘民眾而「熠熠發光」。截止1958年，中共就搞了11場運動——土改、鎮反、思想改造、抗美援朝、三反、五反、合作化、工商業改造、肅反、反右、大躍進。一場鎮反就殺了百萬「反革命」（官方數字），11場運動一共折騰死多少人、多少人勞改，株連多少親屬，多少人「非正常活著」……「革命人民」雖然被愚弄、不知道，但是天知道。

民主人士

1950年，桂籍民主人士發牢騷：要他們說話表態時找他們，用過算數，事後便不管他們，只要他們「裝面子」。一些民主人士因未分配工作，情緒很壞。他們說「統戰部是思想檢查所」。（1950-8-2，頁5）

成都華西大學教授陳欽材（1912～1993）：「國民黨腐敗，共產黨野蠻，乾脆把中國租給美國三十年就搞好了。」（1952-10-16，頁189）注意，比劉曉波「三百年殖民論」早四十多年哩。

大學黨委書記「直轄」各系祕書，另成「行政系統」，乃1950年代中國大學特色。上海交大一位系祕書神氣活現向系主任程孝剛（非黨員）佈置工作，程主任反問：「究竟你是我的祕書，還是我是你的祕書？」人事調動等大事，系主任不知道，系祕書獨攬大權，成了系祕書專政。開會時，系主任司儀，系祕書做報告。

復旦歷史系教授譚其驤（1911～1992）——

開會只是把大家當猴子耍一下，有意見提了也沒用。現在教師們已分成幾派，一種是點頭派（隨聲應和），一種是八股派（歌功頌德）。這叫什麼民主？這是強姦民意。

教授們集體感覺極差——

教授們認為黨員幹部有驕傲自滿情緒，好大喜功，對老教授有施恩觀點，以搞思想改造運動的方式來搞教學改革。許多教授在會上憤慨地責問：究竟把我們當作什麼？是當「俘虜」、「傀儡」還是「招牌」？他們要求確定自己身分。（1954-10-16，頁213～214）。

知識分子首先要為常識戰鬥，復旦大學校長陳望道（中共創始人之一、《共產黨宣言》譯者）──

李希凡、藍翎一個是23歲，一個是26歲，說他們是新生力量，但是在復旦大學偷東西的查出來的都是二十一、二歲的青年，因此不能說：凡是青年都是新生力量。（1955-1-30，頁374）

工商界

1959年6月，吉林「工商聯」二屆大會，有人發言：「階級是共產黨製造出來的，資產階級帽子是共產黨給戴的。」這種論調很有市場。（1959-6-16，頁16）

廣州工商聯副主委曹冠榮在大字報上「交心」──

我以一個大資產階級身分，之所以能夠擁護共產黨、走社會主義道路，一方面固然是看到社會主義的優越性，更重要的一面是以為合營後交出生產資料，唯利是圖雖走不通，但以為資產階級生活方式還可以保持，這是我最後一道防線，人民公社一來，將我最後防線也攻破了，的確有些彷徨。我過去出入是私家汽車，住的是花園洋房，私家汽車從五反運動早已放棄不坐，但住的還是花園洋房。近來街坊幹部同志要我騰出一部分房子來做人民公社的托兒所。現在我是車子越坐越大（指公共汽車），房子越住越小的感覺。名利二字向來淡薄，只要能保持優越生活，以過晚年，餘願已足，別無他求。人民公社來勢既猛又速，好比風雨驟至，不可終日，我覺得解放以後，這一關最難過。（1958-11-26，頁3）

知識分子

（江蘇）邳縣有二百多小學教師無選舉權……六合縣一區委書記不准小學教員進區政府大門，找文教助理要在門外等候。有些地方談到知識分子先問成分，如是地主富農成分，等於罪加一等。有些縣委書記組織部公開佈置「在教師中不建黨」。……有些縣小學教師成千，只有個別黨員或無黨員。……阜寧有些地方把國民黨時期畢業的教師一律降薪至80%。徐州、豐城有些在南方的教師幾年不得回家，沒有路費，有的說：「倒不如到政府當炊事員。」（1955-12-29，頁286）

上海川沙縣府分來一位基督徒大學生，飯前劃十字，貶為炊事員，只得「自動離職」。

對秀才、進士等舊知識分子，好些人把他們當廢物，情況也掌握不多，安排得也少。（1955-12-29，頁287～288）

旅日歸僑楊治平（天津冶金工業局工程師）「公然要求『回日本』」──

將來要一年不如一年，菜也要進口，空氣也要計畫供應。在中國簡直活不成了，什麼都定量，要彆扭死了。（1960-9-14，頁10）

1957年7月中旬，反右開展一個多月，天津某醫院右派在會上公開說──

百家爭鳴，許你們喊毛主席萬歲，為什麼不許我們喊蔣介石萬歲？（1957-7-13，頁27）

今天大陸士林都沒人敢運用的「其道還身」，大家都知道「百家爭鳴」只是作秀走場，誰敢真指說「一家獨鳴」？當年竟有人如此運用「百家爭鳴」，受五四薰陶的老一代「五七」士林，還真有幾根硬骨頭哩。「五七水準」，至今仍有高度。

學生

北大中文系三年級學生顧建國（團員）——

幾年來，個人奮鬥，苦苦追求的理想幻滅了。原來把一切希望寄託在未來，想生活得優裕一些，能出人頭地，享受社會的特權，但現在一切都完蛋了。……現在最臭的是知識分子，不如乾脆退學，進工廠當工人去，現在工人最吃香。（1958-11-29，頁13）

北大地球物理系學生丁一匯（團支委）——

搞學習冷冷清清是資本主義，搞政治轟轟烈烈是社會主義，一看同學夾著書去圖書館，心裡就發慌。

北京輕工業學院化工機械系一年級二班雷炳琪（團支書）——

工作是大我，學習是小我，凡事都應該從大我出發，學習拉下一些沒關係。

北師大數學系三年級團支書張國明——

高等學校是知識分子成堆的地方，興無滅資是一切工作的根本，學生應以改造思想、提高覺悟為主要任務，學習好壞是次要的，思想不改造好，學習好壞有什麼用？

不少大學團幹部認為：「工作是革命，學習不是革命」、「工作是集體主義，學習是個人主義」、「工作光榮，學習不光榮」、「工作上要幹勁沖天，學習成績一般就可以了。」（1959-6-16，頁18～19）

人民大學女生「右派」林希翎實為左派，1959年9月18日致函毛劉，已踢入「人類狗屎堆」的青年女右派寫了七千字，發表高見——

有些右派分子的帽子是摘不得的，例如章乃器、章伯鈞、羅隆基、黃紹竑等混蛋……1957年黨的整風運動中，假如沒有這批傢伙興風作浪，也不至於為了打擊這一小撮牛鬼蛇神而不可避免地傷害了許多好人，使黨付出了史無前例的極大代價。（1959-9-25，頁20）

哈爾濱鐵路中學搞了兩個月揭發、辯論，責令被批判學生檢

討。136名學生在班會上檢查，21人檢查兩次、9人檢查三次、2人檢查四次、1人檢查七次還未過關。115人因檢查不好被停課，最長達兩周。（1963-3-15，頁8～9）

以下學生言論均被判劃「對黨的教育方針的各種謬論」——

勞動鍛鍊雖能改造思想，但立場、觀點不能代替業務知識。挑泥巴挑不出文藝理論；煉鐵煉不出來《紅樓夢》；種茄子、辣椒也產生不了莎士比亞。

半工半讀是否能改造思想也可懷疑，丁玲在延安搞了「三同」卻成了右派，學校辦工廠除了把肩膀壓一下，勞動態度好一些以外，得不到什麼。

理工科可以搞半工半讀，但你讓學文藝的去掄大錘，簡直是浪費人才。

清華大學土木系某生說：供給制是不合理的，是弱者剝削強者，貢獻小的剝削貢獻大的，落後的剝削先進的，多數剝削少數，後代剝削前代。

清華大學無線電系學生說：「人之初，性本私、性本懶、性本享受，要作到忘我勞動，大公無私是不可能的」；「個人主義像影子一樣，永遠跟著人，從理論上講，可以消滅個人主義，實際上不可能」；「人類對精神和物質享受的追求，在過去、現在、將來都是社會發展的永不枯竭的動力。」

到了共產主義社會，生命是最寶貴的，根本不值得為了幾件儀器而冒生命危險。（1958-11-29，頁12～17）

1957年7月上旬，長沙、常德、邵陽、郴縣等地中學經常出現「反標」——

打倒毛澤東！打倒共產黨！國民黨萬歲！打倒專制魔王！血債要用血還！

湘潭一中班幹部王世剛與另一團支委提出「反動政治口號」——

收回烏蘇里江、符拉迪沃斯托克！蘇聯人滾出中國去！（1957-7-

13，頁30）

1958年9月12日《內部參考》——

三天多時間裡，北京市發現喊反動口號的寫反動標語的案件六起……「中國解放台灣是侵略行爲」、「共產黨解放不了台灣」等。七日下午，海澱農業機械廠工人董淸波（反革命分子家屬）在遊行隊伍中喊：「反對美帝從台灣撤出！」

文藝界

上影部分演員資產階級思想嚴重

韓非說就憑我一副漂亮面孔，淸晰流利的口齒和輕鬆愉快的表演，就可以吸引觀眾。韓非最崇拜卓別林。

劉瓊最崇拜賈萊柏，平時一舉一動連抽香煙的姿勢也要學他。

趙丹（黨員）紅專規劃中提出表演要趕上印度電影「流浪者」中的主角。

張瑞芳（黨員）演《鳳凰之歌》時在農村體驗生活四十多天，大部分時間蹲在家裡打撲克、講故事、玩，最多學習農村婦女的動作，看看她們穿的衣服，並不是真正想和她們打成一片。

馮喆（黨員）說：演工農兵不一定要瞭解工農兵，上官雲珠政治上落後，又沒有參加過海南島人民抗日鬥爭，但在《南島風雲》中扮演護士卻很成功。（裴按：馮喆1950年自港返滬，主演影片《羊城暗哨》、《桃花扇》、《鐵道游擊隊》、《南征北戰》，1969年批鬥時被打死）。

有人對總理批評《鳳凰之歌》是個人主義的影片，思想也不通。曾導演《女籃五號》的謝晉說，他是把《鳳凰之歌》作爲自己學習的道路的，現在這部影片受到批評，使他感到走投無路。（1958-6-6，頁6～7）

估計這些大明星到死都不知道被人打了這樣的小報告。

「最有戲」的反右

1957年7月12日，重慶市委常委會討論反右運動普遍的「頂牛」——

不少單位因為雙方「卡」住了，群眾情緒急躁，接連發生毆打、侮辱鬥爭對象的事件。有些問題因被鬥爭對象拒絕到會、耍賴、狡辯，會都很難開下去。

「頂牛」原因：一、少數黨員，左派孤軍作戰，壓不下「右派」氣焰。二、論據不足，駁不倒對方。三、沒有分化「右派」，掌握不到核心材料，打不中要害，「右派」首要分子有恃無恐。（1957-7-15，頁8~9）

武漢頭號大「右派」馬哲民（中南財經學院院長）「右論」——

（土改中）地主被農民鬥爭得實在太可憐了。

黨在肅反中把發牢騷的人認為是反黨，反黨就是反革命，這是一種殺人的邏輯。

（抗美援朝）美國武器好，中國是拿人去拼，不知要死多少人。（1957-7-15，頁14~15）

頭號「右派」章伯鈞與老婆的私房話都進了《內參》，可見身邊埋有眼線——

他（按：章）背後卻對人說：「我交心時不像費孝通那麼書呆子氣，寫了多少條，要向紅與專邁進。我重要的就寫了一條『永不翻案』，所謂『永不翻案』就是要準備大翻案。那就要看局勢的轉變了。」……他回到家以後，對他的老婆李健生說：「我又在小組會上畫龍點睛了一番！」「說也不是，不說也不是，說錯一句話也遭到批評，實在難辦。」（1959-3-14，頁15）

山東《大眾日報》總編劉建，1939年入黨（地主出身），十級高幹，1957年10月28日因劃「極右」自殺（39歲）。其右派言論——

報紙少登省領導指示、不登社論與工作經驗、副刊要干預生

活、取消記者站（記者應以個人名義採訪）。

就這麼幾句話，上綱至「擺脫黨委領導、對抗黨委批評、攻擊黨委」。劉自殺後，省委定性：「畏罪而死，也有自愧成分」，要求大字報聲討其反黨反社會主義罪行，在省四級幹部會議和省黨代會上公佈其罪行。（1957-11-16，頁3～4）

1957年7月8日中午，上海外國語學院一年級女生陸立時（21歲），剪喉自殺。她響應號召「鳴放」，上午班會批鬥，下午還要接著交代。（1957-7-13，頁28）

反右後，《內參》很注重人物的政治分野，人名後常加括弧：右派、黨員、團員、反革命家屬等，還有今人不太看得懂的「中中」、「中左」……毛共紅朝實行新式「九品中正制」，由中正（書記）劃分左中右三等，每一等級再分左中右三檔，共九等。一旦「姿身分明」，劃歸右類，子孫不得升學、不得參軍、不得招工、不得入團，得為祖上「罪惡」承受「無產階級義憤」。

大躍進

（1958年）10月19日，山西省平遙縣辦的平遙綜合大學，由原平遙一中、動力機械廠、城關一小學、二小學的幼稚園組成，是一所擁有將近三千人的大學校。……從這個學校的組織和性質來看，足以說明它的共產主義因素大大增長了。（1958-12-3，頁6）

據上海市委「內部參考資料」，印尼總領事查禮——

上海人民現在買不到食物，菜肉一切都成大問題，這種現象令人難解。……歸根結底，這是進行人民公社。

南斯拉夫大使館三祕加斯貝利——

中國的公社是奇形怪狀的共產主義，這種共產主義將會把人變成麻木不仁，只知服從，缺乏創造性頭腦的人，其後果必將失敗無疑。（1958-12-6，頁12～13）

北外英文系二年級學生——

我也有一肚子氣,是一肚子怨氣,黨主要抓了工業,不抓農業,糧食不夠吃,都快餓死了。

另幾位學生說——

生產計畫天天向上,生活計畫天天向下,真是一日不如一日。

(中國走的是)又土又苦的社會主義。(1960-9-21,頁18)

社會百態

江蘇鹽城有一不願回國的日本教師,鄉幹部上縣城開會,爭相去看。一開始,日本教師倒茶招待,因經常湧來,便放下門簾。一次,鄉幹部揭開門簾衝進去,吐痰到人家身上。(1955-12-29,頁288)

人民代表大會會議開過,就算了事。有的反映:很多人民代表選舉時很緊張,怕選不上,選上後很空,無事可做。(1955-1-30,頁375)

河南教育廳反映:因要求「厚今薄古」,一些學校刪去課本裡所有古典文學,連「五四」以來的作品也刪了,甚至包括毛的《紀念白求恩》。浙江樂清縣某速師班掀起禁看古典小說運動,封存四大名著及《儒林外史》。吉林一些圖書館也鎖扣四大名著與古代小說,防止讀者受到「壞影響」。(1959-2-4,頁26)

1962年「階級鬥爭天天講」,《內參》的階級鬥爭氣息更濃,階級警惕性深入民間切口與菜名,時諺飄云:「上管天,下管地,中間管空氣」。

最近發現在理髮業中流傳著封建行會遺留下來的一些行話,如管顧客叫「老交」、管幹部叫「豆本兒」、管姑娘叫「夾」、管已婚女同志叫「底頭冠」等等。這些行話的流傳既給社會主義服務業帶來了許多不好的影響,又在理髮員中滋長了欺騙顧客、耍笑顧客的惡劣風氣和行幫觀念。

還認為「蟠桃壽雞」、「羅漢錢」、「貴妃雞翅」、「宮保肉

丁」、「太史田雞」、「怪味雞」、「魚咬羊」、「將軍過橋」、「一品海參」等菜名，帶有封建主義和資本主義色彩。（1964-12-4，頁26～27）

自由更是大幅度被沒收。1957年夏，復旦新聞系學生黨員楊翱卿，向高中女同學小劉提出分手。就讀華東紡織工學院的小劉致函復旦黨組織吐訴委屈。黨支部開會「幫助」楊翱卿，批判他進了大城市受資產階級思想影響——「喜新厭舊」，楊只能檢討，但不承認「喜新」。楊翱卿兼校廣播站記者組長，每天晚飯後上復旦廣播台編稿。黨支部派人跟蹤，懷疑他與女生黃影「那個」。半月後，見他倆接觸全為工作，黃是廣播站編輯組長，這才解除「警報」。楊翱卿向黃影說了這則「笑話」。一段時間後，黃影提出要和他交友。1958年，黃影畢業。1960年楊畢業，1961年結婚。楊後任廣東省科技廳長，晚年告訴女兒：「是黨支部無意中幫我搭了鵲橋，才促成了我們的婚姻。」[6]

結語

《內參》最大特色就是濃烈的意識形態氣息，一則則標題就盡顯鏗鏘立場：「帝、資領館人員和外僑借市場供應緊張詆毀我人民公社運動」、「上海市天主教神甫對東風壓倒西風問題的反動言論」、「雲陽中學、雲陽師範部分教師資產階級教育思想嚴重」（1958-12-6，頁12～15）但下面的內容（論據）與上面的標題（觀點）脫節，無法支撐偌大政治帽子。如駐滬領事與外僑說市場供應緊張，本為事實，何謂「詆毀」？

希姆萊名言：「宣傳的成功有賴於暴力的配合」。只有不讓「異見分子」發聲，獨占話筒，使人們失去比較的基礎，「宣傳」才

---

[6] 楊翱卿：〈難以忘卻的往事〉，載張大芝等主編：《陰晴雨雪旦復旦》，香港華泰出版社2008年版，頁126。

有可能成功。

生活貧困、社會恐怖的「五十年代」，誰願意返居？毛派會願意麼？筆者一開始還不明白：五十年代怎會成為他們「失去的天堂」？後來漸漸明白，原來根繫中共政權最後的「合法性」。反右、大饑荒、文革，太黑太醜，無法化裝了，只剩下五十年代前期汙點尚淡，還可梳妝一番。

2012年，筆名「中南海欽差」撰寫〈神祕的內參〉刊載大陸，不想當今《內參》仍分級別，檔次分明——

中央領導、各省市領導上班的第一件事就是調閱新華社內參……一些官員幾乎不看公開出版刊物。最高級別是《國內動態清樣附頁》，專門提供給中央政治局常委或委員參閱，一般反映極為重大和緊急的事態。其次是《國內動態清樣》、《國際參考清樣》，供省部級以上領導參閱，主要反映重要動態、敏感問題和重要建議。……面向地市級和司局級的是《內部參考》，每週二期，每期40～50頁。《內參選編》則是發至縣團級、鄉鎮長等科級幹部與部隊中的營級幹部閱讀。……內參主要報導重要時政動向、負面新聞、爭議話題、突發事件、重要技術突破、基層民意等敏感內容。官方宣傳部門一般認為這類內容不適合公開報導，但又必須讓中央知道。國內內參還報導重大成就、重要經驗和典型。這些正面報導得到中央領導批示後，會很快轉為公開報導，在官方媒體上形成較大報導聲勢。[7]

該文還說毛澤東一直以《內參》為重大決策依據。

中共一直掛幌人人平等、相信群眾、人民當家作主……說得比唱得還動聽。可執政六十餘年，資訊上竟如此「相信人民、相信群眾」，甚至對自己中下層官員也搞資訊遮罩，說明什麼呢？還能說明什麼呢？

香港中文大學「中國研究服務中心」這批1950～60年代《內

---

[7] 中南海欽差：〈神祕的內參〉，載《新一代》（蘭州）2012年第6期，頁34。

參》，來自廢品站，大概哪位中共高幹故去，家人當廢紙賣出。無心插柳柳成蔭，為還原紅朝前期實況提供了最有說服力的材料，且收集得那麼全面、細緻……實在是中共第一代「無產階級革命家」與新華社都沒想到的一份「歷史貢獻」。

> 2011年8月20～22日，後增補。
>
> 原載：《開放》（香港）2011年9月號、11月號（初稿）

附記：

1951年底～1952年10月，中共黨政機關開展「三反」運動（反貪汙、反浪費、反官僚主義）。湖南省委祕書長楊第甫（1911～2002，楊小凱之父）：湘省計畫打出八千「老虎」（貪汙舊幣一千萬以上，相當後來一千元），實際打出7237人（1420名黨員，198人開除黨籍），後核實2659人，貪汙總額984億元，退賠616億元（舊幣），長沙公安局長王丕敏槍斃。一些地方出現嚴重「逼供信」，甚至逼死人。[8]

8　向繼東：《歷史深處有暗角——中國現代名人訪談錄》，秀威資訊公司（台北）2013年版，頁134～136。

奉賢縣委放火案

1949年後，毛共便很著急經濟績效，很想以山河巨變證明「偉光正」。1957年「反右」後，更著急上火，企盼經濟奇蹟，除了說明打倒國民黨的價值，又增加一項急迫時需─沸反盈天的反右「就是好」。喏，政治上反右，經濟上才能「解放生產力」。然而，一黨專政下的高度集權，浮躁狂熱、盲目蠻幹、媚上邀功，一大二公的「人民公社」又從根本上違反人性，悖拗經濟規律，不僅未能提供支撐政治上的「就是好」，反而盡出負面新聞。滬郊奉賢縣的「紅鈴蟲事件」，就是這一背景下的怪異產物。

今人難以相信，一項滅蟲計畫竟演變成政府「合法」放火，惹禍後再借兩名官員的頭顱「平民憤」。交代一下，本文資料源自《上海黨史資料通訊》（1989年第9期），中共上海市委黨史委員會編印。[1]

定策火燒

1958年8月，江蘇召開棉花生產會議，部署防治嚴重影響棉花產量的紅鈴蟲。省領導專項批示，要求各縣在規定期限內消滅越冬紅鈴蟲。當時，全省堆放棉花的倉庫多為玉米稈搭成的臨時小屋，用後燒毀，既滅蟲又充肥料。因此，會議決定用「火燒」澈底消滅紅鈴蟲，阻其越冬。

省裡開會回來，奉賢官員向縣裡彙報「火攻」之策。但奉賢的具體情況有所不同，各公社收藏棉花的倉庫，相當一部分借用民房堆放，玉米稈搭建的臨時倉庫並不多。奉賢縣委未做具體調查，便同

---

[1] 孫強：〈「紅鈴蟲事件」始末──50年代後期奉賢縣嚴重違法亂紀案件〉，載《上海黨史資料通訊》1989年第9期，頁32～35。

意縣農業局長戴紀群的滅蟲計畫——拆房、燒屋。為此，縣委發出〈關於全面開展防治越冬紅鈴蟲的指示〉，提出口號「三光二淨一澈底」，要求凡是放過棉花的倉庫、房屋「一律燒光」。十月，縣委又發通知，要求各公社必須儘快組織專業隊，從事拆燒棉花倉庫，先在奉城公社搞試點。

11月，縣農業局長戴紀群領隊進入奉城公社，與公社黨委書記宮茂敏組織「滅蟲突擊隊」，共80人。突擊隊對各村放過棉花的倉庫逐一強拆硬燒，並召開「現場會」，以加快全縣拆燒棉花倉房的進度。

現場會那天，各公社負責幹部雲集，「樣板」是放過棉花的二間草房、一間瓦房，頃刻之間拆毀焚燒。會議責令公社幹部回去立即組織「滅蟲突擊隊」，逐村檢查，拆燒房屋，不留死角，「到一營、清一營、澈底一營」，勒令半月之內完成任務。戴紀群強調：「拆毀房子搞不起來，我要找你們！」「思想不通的要辯論！」「現在燒房子是合法的，大家不要怕！」戴局長還組織農業局幹部劃片指定、督促檢查、出簡報、催進度、交流經驗、評功表揚。整個試點期間，共燒毀房屋202間，拆毀房屋33間。

燒房風迅速蔓延全縣，共燒毀、拆毀房屋1823間，倉庫（多係臨時搭建）1345間，損失極大，嚴重損害百姓利益，許多農民無家可歸，居住條件極其惡劣。被燒居屋的農民，二三十人擠住一屋，有的只能坐在馬桶上吃飯；有的一家被迫分拆四五處，夫妻長期分居，不能照顧；有的蜷居豬圈，甚至逼瘋、凍死。農民極其憤怒，稱「滅蟲突擊隊」為「放火隊」。

事件處理

是年11月，奉賢等七縣劃轄上海市，「強烈的群眾呼聲」傳至上海市委，引起重視，多次討論後認定該案性質嚴重——違法亂紀，上報北京，請求指示。中央指派監察部處理，上海市委工作組赴奉賢調

查。奉賢縣委對市委調查組隱瞞真情、散佈流言，甚至汙蔑工作組，組織人員包圍工作組，用種種非法手段干擾、抗拒工作組調查。市委工作組克服各種阻撓，很快搞清案情。

1959年4月，上海市委在奉賢召開廣播大會，全縣收聽，通報部分縣領導幹部違法亂紀，宣佈調整和改組縣委與相關部門。縣委書記王文忠、副書記李少峰以下一批官員撤職查辦。不久，上海市委、市監委再給法律處分，以「反革命分子」開除縣農業局長戴紀群黨籍、擬死刑；以「混入革命隊伍壞分子」開除奉城公社書記宮茂敏黨籍、擬死刑。1960年11月1日，上海市高級法院以「反革命案」、「嚴重違法亂紀、逼死人命」，分別核准戴、宮死刑，執行槍決。其他「犯官」處理如下——

縣委書記王文忠，「蛻化變質、嚴重違法犯罪」，開除黨籍、撤銷職務、有期徒刑兩年。

縣委副書記李少峰，「嚴重違法亂紀分子」，開除黨籍、撤銷職務、有期徒刑兩年。

全縣開除黨籍15人、開除團籍17人，其中十人判刑、一人管制、五人勞教、一人開除公職。此外，六人留黨察看、八人撤銷職務、九人嚴重警告、五人黨內警告、二十人免於處分、七人不予處分，涉案共87人。同時，對受損群眾撫恤救濟，阻攔「火燒」受打擊的幹部群眾，恢復名譽。

遲到的「改正」

處理「紅鈴蟲事件」過程中，上海市委曾有不同意見，認為對戴、宮處以極刑過於嚴厲。1965年，有人要求市委甄別此案。不久，文革爆發，一切擱淺。文革結束後，中紀委複查此案，1984年4月認定：此案基本事實無出入、定性恰當，僅改變原判詞「和特務分子相勾結」。人員處理上，中紀委批示——

一、撤銷原給予宮茂敏同志混入黨內壞分子的結論，黨籍不予
　　恢復。

二、撤銷原給予戴紀群同志的處分決定，恢復黨籍、恢復名
　　譽。他在消滅越冬棉花紅鈴蟲燒拆房屋問題上是有錯誤的。

三、王文忠、李少峰同志違法亂紀錯誤嚴重，原給予開除黨籍
　　處分不變，如果表現好，可重新入黨，可恢復他們的原行
　　政級別。

同年，上海高級法院撤銷對戴、宮的判決。王文忠、李少峰重
新入黨。

為滅蟲而強拆硬燒居屋，不管農民實際生活，如此本末倒置的
「為人民服務」，也只有「偉光正」幹得出來。似乎在為人民謀福
利，實際在搞破壞，百姓大吃苦頭。這種邏輯悖扭的荒唐事，當年
比比皆是。湖南寧鄉縣1958年「大躍進」前，農民住房70萬間，「大
躍進」大煉鋼鐵需要木材，拆了一批；辦公共食堂、養豬場，再拆
一批；為積肥一度流行「茅屋洗澡」──挑下茅屋陳年茅草泡水漚
肥，又拆一批住房；全縣共拆房15萬間，超過原住房總數1/5。該縣
炭子沖大隊（劉少奇家鄉）190戶，45戶被拆房，十多戶房子被占；
辦公共食堂，雞豬絕種，山林幾近砍光，一切為了「提前進入共產主
義」！結果卻是一個勞力一年僅分得50元。農民罵社隊幹部，社隊幹
部也窩一肚子火，上面壓下來的任務必須執行，提心吊膽生怕犯錯
誤，自己收入也很少，回家挨老婆罵。炭子沖治安不佳，偷摸成風，
劉少奇夫婦剛下來，省裡縣裡很擔心被群眾包圍，向國家主席要糧
要物。[2]

如此顧頭不顧腳的紅色「大躍進」，如此激情、如此「燃
燒」，除了證明中共低下的文化能力與小農式蠻幹，豈有它哉？

---

[2]　黃崢：《王光美訪談錄》，中央文獻出版社（北京）2006年版，頁264～
　　265。

結語

　　滬郊奉賢縣從頭就歪的「火燒紅鈴蟲」，荒唐到不可思議，有違基本法理人情，只因頂了「為了人民根本利益」的名號，便名正言順地無視百姓現實利益。加上「堅決執行上級指示」，以及基層官員「表現一把」的心理，荒唐便披上層層「合法」外衣，一步步越走越偏。

　　但另一方面，農業局長戴紀群、公社書記宮茂敏領受死刑，無論如何還是太冤，畢竟他們是「黨的好幹部」，忠實執行上級旨意，將他們歸於「反革命分子」、「壞分子」，拿他們的頭「安撫民心」，很像曹操先令糧官王垕小斛分糧。王垕擔心「兵士倘怨，如何？」曹操答：「吾自有策」。王垕依命，小斛分糧，待軍中怨起，曹操向王垕借頭：「吾欲問汝借一物，以壓眾心，汝必勿吝！」

　　一段歪斜的紅色歷史，運行著邏輯歪斜的意識形態，才會結出這麼一枚歪斜的「社會存在」。時至今日，中共仍攔著遮著不讓糾正歪斜的邏輯，不讓拆卸搭建這套歪斜邏輯的意識形態。文革後一直對前三十年的毛時代搞淡化，甚至梳妝成「激情燃燒的歲月」，竭力維護搖搖已墜的老毛形象，還在扶撐歪斜邏輯的「合理性」，寰內士林至少應該「哼哼」一聲吧？

2013年1月4～5日於滬

原載：《爭鳴》（香港）2013年7月號

張瑞芳
──尷尬《李雙雙》

　　「人民公社」被中共暗暗否定悄悄改革，相比推進公社化1950年代的濃腔高調，鋪天蓋地的大張旗鼓，1980年代收卷「三面紅旗」，移換承認私有合法的「包產到戶」，不僅理論上羞羞答答──掛著社會主義公有制的羊頭，暗售資本主義私有化的狗肉，仍用社會主義名詞解釋「一夜退回五一年」，行動上躡手躡腳，只做不說──「不爭論」。前後如此不對稱，當然是自己臉上的疤痕到底難看，只能悄悄擦拭，儘量淡化。因此，「人民公社」的意識形態還在大陸綿延飄舞，「公社化」文藝作品尚未澈底退出歷史舞台。影片《李雙雙》、《五朵金花》；小說《太陽照在桑乾河上》、《暴風驟雨》、《創業史》、《豔陽天》、《金光大道》……雖然越來越尷尬，但還不時閃顯大陸熒屏、書店。

紅伶辭世

　　2012年6月28日，紅色名伶張瑞芳辭世，寰內媒體渲染一時。因為，張瑞芳是「黨的人」，抗戰牌老黨員，親不親，階級分呵！

　　張瑞芳（1918～2012），出生保定軍人家庭，1935年入北平國立藝專，學習西洋畫，後棄美術就演藝，與崔嵬合演《放下你的鞭子》。抗戰爆發後加入「民先」（中華民族解放先鋒隊，共青團新名），參加學生戰地劇團；1938年10月抵渝，同年加入中共。因演出曹禺、郭沫若的話劇，馳名左翼劇壇，重慶劇壇四大名旦──舒繡文、白楊、秦怡、張瑞芳。

　　對我們「五〇後」一代，張瑞芳的名氣來自影片《李雙雙》

（1962），這部配合「公社化」的喜劇片當年熱映城鄉。仲星火飾喜旺，那個逗那個窘！張瑞芳飾李雙雙，那個直那個烈！套用陸游詩句：「身後是非誰管得，全國爭說《李雙雙》」。《李雙雙》獲1963年百花獎（最佳故事片），張瑞芳最佳女演員，周恩來在西花廳請吃螃蟹。[1]那會兒，筆者不到十歲，影票最低0.15元，家裡日子緊，看電影有點奢侈，只能看看影院外面的海報。那時喜劇極少，電台反復播出《李雙雙》，得以免費從鄰居、商店的收音機裡零零拉拉聽到一些片斷，很逗很有趣。此後陰差陽錯，直至張瑞芳去世，竟未完整看一遍《李雙雙》。李准小說《李雙雙小傳》（1960）則於文革後上大學時讀了，感覺一般般。

尷尬《李雙雙》

2012年7月2日，網上搜出《李雙雙》，利用晚餐時間完整看了一遍。從藝術角度，該片劇情起伏、矛盾衝突、人物性格、土語鄉味，較好調動各種喜劇元素，達到一定藝術水準。郭沫若捧評——

> 反映了新時代的農村面貌，表現了大公無私、敢於鬥爭的集體主義精神，生活氣息濃厚，喜劇色彩繽紛，贏得大眾喜愛，是一首農村集體經濟的頌歌。[2]

但與所有「紅色經典」一樣，《李雙雙》的致命傷是「價值病」。人民公社都不存在了，三十年前就被否定了、改革了。沒了「公社化」這一價值核心，《李雙雙》恍若隔世，所有喜劇元素盡失依憑，與當今價值完全相悖，已無法為今天的社會現實服務了。今天再觀看《李雙雙》，只能從中審出紅色荒謬與時代差距。

1　樓乘震：〈張瑞芳離去，《李雙雙》永存〉，載《深圳商報》2012年7月1日。
2　郭沫若為第二屆《大眾電影》「百花獎」題詞，載《大眾電影》（上海）1963年第5、6期合刊（6月26日），頁5。

其他「合作化」作品也進入蕭瑟寒冬，越來越麻煩。柳青紅極一時的長篇小說《創業史》，醞釀與投入前後十餘年，生活底蘊可謂相當厚實，藝術方面亦精工細雕，相當精緻，公社化作品最高峰，1960年代被譽中國當代文學上上品。進入1980年代後，《創業史》的「政治方向」漸成問題，一點點尷尬起來，如今也與《李雙雙》一樣，淪為那個時代的陪葬品。

影片《李雙雙》結尾插曲，主題句「日子一年勝一年」，可惜人民公社這一「生產關係」嚴重悖扭生產力，造成農業大凋敝，生生引出空前絕後的大饑荒，直接餓死四千餘萬人。[3] 寰內前180～1949年，氣候導致旱澇颮疫饑等致死萬人以上記錄203次，死亡人數總共也才2991萬。[4] 1959年盧山彭德懷冤案，也在於對「人民公社」的抵制。公社化如此「業績」，依託這一運動的文藝作品，表現手法再好、藝術水準再高、演員再賣力再出彩，終因內質太糟、價值無托，只能與「八個樣板戲」一樣，成為反映那段歷史的「負號」作品。時代隔得越遠，尷尬度越大。它們只有一點歷史記錄作用：噌，那會兒如此這般呢！這些「走錯道」的作品，還能向後世提供什麼「歷史正能量」？

價值錯擰

《李雙雙》竭力嘲笑喜旺的自私心理，批判「老好人」，鼓吹鬥爭哲學，慫恿「敢於向壞人壞事做鬥爭」，以李雙雙對丈夫喜旺的「家庭批判」為戲眼。將正當的個人與集體權益視為「壞人壞事」，這一以公社化為襯墊的價值支點，與如今日益私有化的社會價值走向完全相悖，相當相當尷尬了。

---

[3] 裴毅然：〈四千萬餓殍──從大躍進到大饑荒〉，載《二十一世紀》（香港）2008年4月號，頁44～56。

[4] 陳玉瓊、高健國：〈中國歷史上死亡人數一萬人以上的重大氣候災害的時間特徵〉，載《大自然探索》（成都）1984年第4期，頁160～162。

　　星移斗轉，滄海桑田，「包老爺」（包產到戶）進門，農村經濟因「私」復興，近年全國人大已在醞釀「土地流轉」——允許農民買賣土地。明確個人權益、保護個人權益早上了《物權法》，就差沒在《憲法》載明那句「資產階級憲法」的標誌語——「個人財產神聖不可侵犯」。個權私益已不再是見不得人的過街老鼠，已經平反正名，光明正大地成為不可褫奪的人權地基。

　　「私」當然是「公」的組成部分，無「私」何以「公」？否定「私」等於否定「公」，北京中宣部今天都已認識到這一點、前進到這一步，再籠統嘲笑「自私」，再宣揚「狠鬥私字一閃念」，再批判嘲笑有點私心的喜旺，今人啞然失笑，一道疤痕式的「時代落差」——標示「激情燃燒歲月」的鑿鑿硬傷。

　　影片《李雙雙》有一場重頭戲——老娘們評工分。今天看來，這不是「挑動群眾鬥群眾」麼？無事生非麼？這麼擺評起來，怎會沒矛盾？如何保持和諧？誰願評得少？尤其通過「爭取」有可能得到更多工分，誰會不「積極爭取」？所謂群眾評議，本身就是製造矛盾，破壞和諧。相比當代中外企業普遍實行的模糊薪制——員工收入各不相知，滅不和於暗箱，招糾紛於未萌。管理水準孰高孰低？和諧度孰強？效果孰佳？實踐檢驗真理呵！

　　影片中，村裡運輸隊順便替別人運西瓜，提高運能，既幫助別人，順便自己掙幾個，將副隊長金樵、孫有的小貪小占批判成那樣，好像犯了什麼大罪，不得了似的，反倒空趕大車，浪費運能才是「堅持社會主義」？！既有悖節約能源，浪費效率，亦不合公私兼顧的當代理念。

　　總之，無論大節小處，影片《李雙雙》都不能看了，只剩下一點夫妻鬧逗的喜劇場面，還帶著種種無法掩飾的苦澀。

經驗教訓

其他「公社化」作品與上山下鄉主題的豫劇《朝陽溝》、小說《征途》、階級鬥爭主題的話劇《千萬不要忘記》、《年輕一代》……這批「前三十年」作品，主幹歪斜，病在肌髓，只能成為赤潮陪葬品、「走歪路」的尷尬座標。當年對政治的每一寸配合，都成為今天的每一寸尷尬。為政治服務的文藝作品，倚政治大紅大紫於一時，也隨政治一風飄去，落笑柄於後世，長歎息於無奈。

說到底，馬克思主義對人性認識膚淺，硬不承認「人性本私」，原點錯誤，毛共捏著這張圖紙「改天換地」，整個歪擰中國，弄得社會價值失據、舉措無憑，一路走至「史無前例」的文化大革命，估計也將「後無來者」。

遙想1950～70年代，歪理歪言叫得那麼山響，還不是應了那句老話：名不正而言不順，言不順而事不成。

2012年7月3~4日於滬
原載：《揭露》（香港）2014年2月號

「劉少奇的苦」

　　1959～61年大饑荒，筆者5～7歲，雖在江南杭州，吃苦不大，仍有一些烙印很深的記憶。長大後，聽到不少有關這場大饑荒的憶述，驚心不已。

　　童年饑荒記憶中，最清晰最典型的是「一斤雞蛋」與「一箱土豆」。1960年「六一」兒童節，我尚在杭州郵電幼稚園，每童發一斤雞蛋，母親小心翼翼提回家。正值上海外婆來杭，直說這斤雞蛋極珍貴，至今還記得外婆盯看雞蛋的驚喜眼神。其時年幼，不知外婆「珍貴」之意，後來才明白那是因為她餓，「市面上啥格都嘸沒賣」。

　　「一箱土豆」則是1961年東北小舅舅托運來的，約25公斤。小舅舅1950年代初畢業於上海財經學院，因出身不佳（外公1949年前曾任揚州教育局長），從財政部下放至安達（現大慶）。得知魚米之鄉的江南居然也挨餓，他那邊正好土豆敞開供應，便鐵路托運來一箱土豆。母親得訊便記掛起來，火車托運很慢，將近一個月才盼來這箱土豆。第一次煮吃，全家激動不已，個個臉上放光。東北土豆很粉很香，實在好吃！很長一段時間，這箱土豆成為全家記掛之物。母親每次取食，數著點著，儘量延長「服務期」。不過，一箱土豆還是很快吃完，盛裝的木箱成為墊撐碗櫥的「家具」。母親一直說：「那段日子，全靠這箱土豆！全靠這箱土豆！」

　　由於營養不良，全家四口三人患肝病，父親、姐姐肝炎，筆者「肝腫大三指半」，注射整整一學期「葡萄糖」，每天下課帶針劑去省中醫院推注半小時。那段災難歲月，作為「祖國花朵」，我十分幸運了，僅僅「肝腫大三指半」，還有葡萄糖可注射。較之中西部重災區，杭州畢竟地處杭嘉湖平原產糧區，中共又力保城市，尤其省會大城市（關乎政治形象），杭州市民終於在半饑餓中維持下來。

1960年冬，西安食品普遍短缺，人們見面禮改為「習慣動作」——用手指去摁對方前額或小腿內側，相互鑒定浮腫程度。[1]由於饑餓，上海拖鼻涕小孩發現：鼻涕的味道很鮮美。

（上海中學）農村來的學生就表現出一種對食物的狂熱，經常聚在宿舍裡談論吃喝。離開飯還久，他們就在食堂門外探頭探腦，打聽食譜，然後奔相走告。有一回，聽說早餐吃烘餅，一個同學高興得發了瘋一樣，不知如何發洩才好，當眾把褲子拉下來，露出下體。[2]

1980年代初，筆者供職浙江省政協，一位川籍同事乃副主席何克希女婿，一說起「三年自然災害」，三十六、七歲的他十分動容——

我們村裡很多人餓死，不少人家甚至都絕戶了。隔壁家一位老婆婆向我家求食，真可憐，我是真想幫她，給她一點吃的，但實在是無力呵！自己也餓得不行啊！有什麼辦法，只好眼睜睜看著那位婆婆餓死！唉！真不知道怎麼會搞成這樣！社會主義怎麼還會餓死人？！

1970年底，筆者上山下鄉東北大興安嶺，多次聽到同一版本的「憶苦思甜」——

村裡舉行當時全國流行的「憶苦思甜」，指定「苦大仇深」的老貧農上台訴苦。臨上台前，村幹部怕他搞混年代，一再叮囑：「千萬記住了，今天是訴蔣介石的苦，舊社會的苦，不是1960年劉少奇的苦，勿要搞錯了！」不料老貧農上了台，還是實話實說——

我這輩子吃了那麼多的苦，但最苦的還是劉少奇的苦！劉少奇的苦，那是叫真苦！真是一點吃的都沒有。以前替地主扛活打工，至少還能吃飽飯嘛。不吃飽肚子，怎麼給他家幹活？……

村幹部急忙上台，將越說越離譜的老貧農哄著拉著弄下台，連連埋怨：「怎麼搞的？跟你說不要訴劉少奇的苦，怎麼還要訴呢！」純樸真誠的老貧農一臉不解：「不是讓訴苦麼？劉少奇的苦就是最苦的苦嘛！不訴他的苦，訴誰的苦？」劉少奇是那時的國家主席，老百

[1] 康正果：《我的反動自述》，明報出版社（香港）2005年第二版，頁33。
[2] 周國平：《我的心靈自傳》，三聯書店（香港）2004年版，頁10、60。

姓眼裡最高的Number One。

復旦大學中文系吳中傑教授（1936～）回憶錄──

「四清」工作組在鄉下搞憶苦思甜活動，老農們卻大憶其三年困難時期之苦，令人有些尷尬。[3]

學者周國平（1945～）也有一段類似記載──

我負責寫一個老雇農的家史，他在解放前給地主扛長工，在我的引導下，他大訴其苦，我如獲至寶，趕緊筆錄。可是，到頭來我終於聽明白，他訴的是在三年困難時期的苦。我追問他扛長工時生活怎樣，他的表情頓時舒展開來，說那時可好了，吃得飽，活不重。這個家史當然沒法寫了。[4]

那幾年，富庶的江蘇常州地面也挨餓。鄉親們為找活路，來杭州投奔當小官的筆者岳父。其時，岳父三十出頭，浙東「三五支隊」出身，接收《東南日報》（即後來《浙江日報》）軍代表，18級副處，月薪八十餘元（已屬高薪），但他能做的，只有「大出血」讓鄉親們下一頓館子（七十餘元只能吃全素席），再給鄉親們一點盤纏，讓他們回鄉。拙妻回憶，那時每人一月一斤糕餅票，珍貴極了，大人都捨不得吃，全省給子女。這麼多年過去了，丈母娘一提起「三年自然災害」，第一念叨的便是「糕餅票」。

拙妻一位親戚，大饑荒時在瀋陽讀大學，二十剛出頭的女生，胃口按說不會怎麼大，但她有關大饑荒的記憶：就想吃饅頭！每次上食堂，眼睛直直盯住小窗裡那一隻隻白麵饅頭，最大的願望就是什麼時候能沒限制地吃那一蒸屜饅頭，她覺得能吃下整屜饅頭！

還有一則經典情節：一位饑餓青年一口氣狂吃滿滿一罐豬油（約一公斤）。當晚，這位老兄狂泄不止，腸子都快拉下來了，第二天仍希望再吃一罐豬油！陝西「反動分子」康正果回憶：一位餓極了

3　吳中傑：《復旦往事》，廣西師大出版社（桂林）2005年版，頁159。
4　周國平：《我的心靈自傳》，三聯書店（香港）2004年版，頁60。

的勞教犯貪吃一年一度敞開供應的土豆，腸胃堵塞，活活撐死。[5]南京大學中文系一個班竟一半學生同時戴黑紗。

最悲慘的是那些掙扎在死亡線上的政治勞改犯。「胡風分子」何滿子在寧夏勞改，每頓只有一二兩糧食，卻得幹背土磚這樣的重活。上海外語學院右派學生王升陞回憶安徽勞改農場：「我們勞改隊400多人，差不多都餓死了，最後活下來的只有二十多人。」[6]

安徽亳縣人委辦公室副主任晚年撰文——

由於糧食高估產，引發了連年糧食高徵購，致使購糧年年過頭，季季過頭，樣樣品種過頭。加之1959年夏秋旱災，致使糧食徵購連年完不成購糧任務，採取了年年季季戶戶搜糧，幹部強迫命令違法亂紀普遍發生，從而出現了全縣性的荒、逃、餓、病、死，更嚴重的出現了人吃人。……因餓而引發的多種疾病達50萬人次以上。全縣農村71萬人口，據多點調查推算，死亡人口達20萬人以上，人吃人多處發生。耕畜減少50%以上，雞鴨大減，許多村莊貓狗絕跡。農民房屋扒拆倒塌近10萬餘間。80%以上的林木被砍伐，全縣農村面貌全非，一片淒涼。……全縣28000多戶農民家庭毀滅，30%左右農民死亡。[7]

陝西通渭縣，「1959年和1960年，餓死了全縣人口的三分之一，出現了『人相食』的慘景。」[8]羅瑞卿岳父母不得不從河南臨漳老家趕至北京女兒家投食。[9]

白樺——

1959年初理髮師告訴我：他的故鄉蘇北餓死了很多人，他的親戚

5 康正果：《我的反動自述》，明報出版社（香港）2005年第二版，頁214。
6 丁抒：《陽謀》，九十年代出版社（香港）1991年版，頁362。轉引自魏承思：《中國知識分子的浮沉》，牛津大學出版社（香港）2004年版，頁177。
7 梁志遠：〈「大躍進」中的亳縣人大、人委、政協〉，載《炎黃春秋》（北京）2006年第3期，頁18。
8 楊繼繩：〈通渭——曾是「苦甲天下」的地方〉，載《炎黃春秋》（北京）2005年第12期，頁67。
9 羅點點：《紅色家族檔案》，南海出版公司（海口）1999年版，頁91。

跑到上海來找他求救，希望他把枕頭裡的礱糠（也就是稻穀的殼）倒出來給他們帶回鄉下充饑。許多故鄉人生了怪病，浮腫而死。醫生都不敢診斷，因為那些人的疾病是饑餓。我不相信他說的是真實的事情，是謠言。1958年全國大躍進，從中央到地方的黨報的報導歷歷在目，畝產萬斤、數萬斤、十餘萬斤……那些糧食都到了哪兒了呢？後來，和我同宿舍的一個退伍軍人是我的老鄉，黨員。他在1959年夏天回了一次家，我注意到他回來以後變得沉默寡言起來。他的鋪位在我的鋪位的上面，平時從來不敢和我說話（按：白是「右派」）。有一天晚上，他開始慢慢地向著屋頂敘述著他返鄉的故事——

　　俺家鄉的人差不多餓死光了，我幾乎沒見到什麼親人。那麼多人餓死，沒有一個人敢說他們是餓死的。我只見到一個姑姑，她還活著。連他的小兒子都餓死了，為什麼她還會活著呢？說起來，讓人難以置信。有一天夜裡，狂風暴雨，霹靂閃電，俺姑聽見一頭牲畜把大門撞開了，她推開窗戶一看，是一頭餓瘋了的豬。她馬上跑出去關上大門，那頭豬在院子裡飛奔，俺姑拿起一根大門杠迎上去把豬擊倒在地，她自己都不知道自己拿來的這股勁。她趁著小兒子沒醒來，挖了坑把死豬埋在地裡。她不敢告訴兒子，也不敢給他吃豬肉，因為他太小，不懂事，會露出口風。別人要是知道了，為了搶豬肉能把她娘兒倆活吞了。她總是在深夜裡挖開泥土，割一小塊肉燒熟咽下去。她眼睜睜地看著小兒子一天天地消瘦、浮腫，最後死掉……

　　我沒有搭話，我裝聾作啞。他當然也希望我是聾子。在全國人民在毛主席的領導下高舉三面紅旗大躍進的時期，散播這樣的故事得到的懲罰將是最嚴重的。我心裡明白，他實在是痛苦之極，又無人訴說。說給任何一個職工聽，都有可能被告密。只好說給一個階級敵人聽，這個階級敵人不會揭發他，也不敢揭發他，即使揭發了，他也可以不承認，同時反打一耙，說是階級敵人對黨員的誣陷。[10]

---

[10] 白樺：〈暴風中的蘆葦〉，載金薔薇編：《作家人生檔案》，中國工商聯合出版社（北京）2001年版，上冊，頁176～177。

1959年末，賈植芳之妻任敏關在青海化隆縣監獄，一女犯帶著孩子蹲監。問起案由，女犯不說話，孩子回答：媽媽將一歲多的弟弟殺死煮熟，同他一起吃了，被鄰居看見，押送入監。孩子對媽媽說：「這裡有饃饃吃，我們不要回去了，就住在這兒吧？」[11]上海百貨商店因貨架久空，竟用《毛澤東選集》填充，火柴煤球、針頭線腦都要配給供應。[12]

其時，出國訪問普遍在國外購買食物，包括級別很高的大幹部。有人買了黃油放在箱內，以致黃油融化髒了衣服。1961～62年，外交部不得不規定：出訪人員不得在外購買食物，以免「不良國際影響」。[13]

事情當然很清楚：強制推行公社化，剛剛得到土地沒幾年的農民，再次失去土地。「一大二公」的政策使所有勞動成果均須通過集體分配，硬性抹平強弱勤懶之別，勞動績效無法體現於收成，嚴重挫傷農民生產積極性，普遍「磨洋工」，消極對抗公社化。按馬克思主義經濟學，即生產關係嚴重不適應生產力，公有制生產關係嚴重脫離現實生產力，社會意識悖離社會存在。同時，「集體食堂」打亂了農民對糧食的自主安排，秋後短期的放開肚皮撐吃，造成後面無糧可吃的「春荒」。所謂「天災」，中共推責詞耳，當然是「人禍」。

此外，中共為製造原子彈，在國力極其有限的基礎上，耗資411億美元購買蘇聯核技術，原定16年歸還的「抗美援朝」債務硬逞強五年還掉，「蘇聯老大哥」給的糧食援助也不要。大饑荒初期，周恩來居然還向專家請教如何儲存糧食，因為各省虛報產量，中央在為糧食

---

[11] 賈植芳、任敏：《解凍時節》，長江文藝出版社（武漢）2000年版，頁443。

[12] 白樺：〈暴風中的蘆葦〉，載金薔薇編：《作家人生檔案》，中國工商聯合出版社（北京）2001版，上冊，頁179。

[13] 資中筠：〈在胡志明家做客〉，載劉小磊編：《遲到的故事》，廣西師大出版社（桂林）2004年版，頁199。

太多發愁呢！[14]

　　大饑荒發生時，由於報喜不報憂的「體制病」，大陸媒體還是形勢一片大好，還在「趕英超美」。本該實話實說的《內部參考》，仍沒一篇真實報導，只有一二篇閃爍其詞的相關簡訊，饑荒的專用代稱「浮腫病」。

　　這場史無前例的大饑荒，完全源於中共為證「偉光正」的瞎折騰，出於對「主義」負責而非對人民負責的國際共運。中共至今仍未承認這場罪惡「人禍」，還在托詞「三年自然災害」、「蘇修逼債」。所謂繳納「社會主義學費」，那可是4000餘萬條生命呵！河南信陽、安徽鳳陽、甘肅夾邊溝……那些可憐的餓斃者，願意成為「學費」麼？

　　歷史不會僅僅只是隨風飄去的日子，一切必將得到「最後審判」。最最重要的是：中國人民同意失去這一段記憶麼？在齊太史簡，在晉董狐筆，偌大吾華會缺一二「直筆」史家麼？

　　　　　　　　初稿：2005年8月14～15日；增補：2006年5月23日
　　　　　　　　原載：《開放》（香港）2005年9月號（初稿）

---

[14] 杜維明：〈反思文革先要超脫集體健忘〉，載《明報月刊》（香港）1996年6月號，頁13。

四千萬餓殍
——從大躍進到大饑荒

走偏的第一步：合作化

中共建政之初，因連年戰爭，農村凋敝，全國人均擁糧僅370斤／年，1952年增至395斤／年。[1]1949年前某地山農一年吃十頓白麵，1953年每月可吃四五頓，薄一波作為「社會主義成績」彙報給毛澤東。[2]就這點底子，農民剛剛過上一二年太平日子，紅色意識形態決定的合作化便開始了。「老大哥」蘇聯一直力主土地國有，認定土地私有不利於建立公有制。

1953年6月15日，急於建功立業的毛澤東在政治局吹響合作化號角——

通過農業合作化，逐步建立農業中的社會主義生產關係，限制和消滅農村中的資本主義。[3]

1955年，農村合作化進入高潮。但合作化並不像中共描繪的那般美妙，農民憑直覺就認定合作化走不通：失去利益驅動必然導致懈怠刁懶，平均分配更無法保證公平公正。由於強迫入社，農民入社前儘量私產變現——砍樹殺畜賣牲口。某生產隊原有生豬300多口，公

[1] 許全興：《毛澤東晚年的思想與實踐》，中國大百科全書出版社（北京）1993年版，頁126。
[2] 薄一波：《若干重大決策與事件的回顧》，中共中央黨校出版社（北京）1991年版，上卷，頁257。
[3] 辛平：〈徐水：「共產主義」試點記〉，載杜導正、廖蓋隆編：《重大決策幕後》，南海出版公司（海口）1998年版，頁47。

社化後只剩下9口，雞鴨更是幾乎全殺光了。[4]歸社的大牲口也因飼養不善多多病死，全國牲畜銳減200萬頭以上。一向惜財的農民因共產失去利益驅動，「船漂出去三十多里沒人管，耕牛走出三十多里沒人找，社內耕牛死亡占60%。」[5]

　　主管農業的副總理鄧子恢向周恩來彙報：「出現比較普遍的不利於生產的現象……大批出賣牲畜、宰殺豬羊，有了錢不買生產資料。」[6]全國農村普遍「懶的人一天天多了，勤的人一天天少了。群眾在呼喊：『天天困在田裡，困死了，困死了！做功做德把我們解開吧！』」[7]極其碎屑的農活一經隊長統一安排，根本無法達到精細化。農民原本自行安排活計，繁簡搭配粗細錯落，自動實現效率最大化，現在卻要等著幹部派活，幾個幹部的腦袋哪裡抵得上每家每戶「開動機器」？

　　合作化過程中，不少地方變相「劫富濟貧」，富隊非要搭配合併窮隊，富隊不願意，上面硬不讓，強行合社併隊。[8]

　　鄉諺──

　　秋天分配來了平均主義，男女老少半信半疑；幹部們沒有主意，老漢們聽了唉聲歎氣；青年人是大不滿意，懶漢們是歡天喜地。

　　社員年終實際所得越來越少，1958～60年某隊人均年收入從37元降至10元、5元，勞動日值僅5分錢。[9]湖南省委第一書記張平化──

---

[4]　高王凌：〈「大躍進」時期的農民行為〉，載《當代中國研究》（美‧普林斯頓）2006夏季號，頁114。

[5]　辛平：〈徐水：「共產主義」試點記〉，載杜導正、廖蓋隆編：《重大決策幕後》，南海出版公司（海口）1998年版，頁47～48。

[6]　丁抒：《人禍》，九十年代雜誌社‧臻善有限公司（香港）1997年版，頁35。

[7]　艾豐：〈已是山花爛漫時〉，載《人民日報》（北京）1984年10月12日，第二版。

[8]　《新文學史料》編輯部編：《我親歷的文壇往事‧憶大事》，人民文學出版社（北京）2004年版，頁507。

[9]　高王凌：〈「大躍進」時期的農民行為〉，載《當代中國研究》（美‧普林斯頓）2006年夏季號，頁113、110。

農民反映，社隊規模大了，「不是共同富裕，而是共同遭殃」；

「田種好種壞，反正攤到我頭上只幾粒穀，怕懶得！」（湘語：怕什麼）

浙江桐廬環二大隊，1960年工分值僅0.0302元，社員勞動一年除了口糧僅得2.53元。一個壯勞力還不如一隻老母雞，母雞下蛋一枚可賣五角，壯勞力出工一天僅三角餘。[10]北方某縣農村壯勞力，「好年頭才一角五、六，欠年只有七、八分錢。」[11]這就是「社會主義新農村」勞動力一天的身價。

合作化挫傷了生產積極性最大的富裕中農。薄一波承認——

據1957年估算，全國富裕中農人數在1億以上。這些人勞動致富的積極性受限制和挫傷，對農村生產力的發展是很不利的。[12]

孟德斯鳩（1689～1755）竟有預言——

大自然對人類是公道的。它按照人類的勞苦給與報酬。它以較大的報酬給與較大的勞動，它就這樣鼓勵人類勤勞。但是，如果專制的權力把大自然的報酬奪走的話，人們便將憎厭勞動，而怠惰便彷彿是唯一的幸福了。[13]

一億富裕中農乃農村精英，最主要的生產力，挫傷了他們的生產積極性，自然一併摧毀了農業生產基礎。依照薄一波提供的資料——

1960年，糧食實產2870億斤，比1957年的3901億斤減少26%以上；棉花實產2126萬擔，比1957年的3280萬擔減少35%以上；油料作物實產3405萬擔，比1957年的7542萬擔減少一半多；豬的年底存欄數

---

[10] 薄一波：《若干重大決策與事件的回顧》，中共中央黨校出版社（北京）1993年版，下卷，頁921、931。

[11] 馮驥才：《一百個人的十年》，江蘇文藝出版社1991年版，頁266。

[12] 薄一波：《若干重大決策與事件的回顧》，中共中央黨校出版社（北京）1991年版，上卷，頁362。

[13] （法）孟德斯鳩：《論法的精神》（1748），張雁深譯，商務印書館（北京）1961年版，頁214。

8227萬頭，比1957年的14590萬頭減少44%；大牲畜年底飼養量7336萬頭，比1957年的8382萬頭減少12.5%。這些農牧業產品的產量，大都退到1951年的水準，油料作物的產量僅及1951年的一半。[14]

　　蘇聯強行推進集體農莊也造成類似惡果：1933年集體化全面確立，蘇聯農產量和家畜減少一半以上，直至1941年仍未恢復1928年集體化以前水準。1953年蘇聯耕牛數量仍少於1913年。1946年，糧倉烏克蘭發生大饑荒，也出現人吃人和父母吃子女的慘事。[15]據《蘇聯國家經濟年鑑》，1913年全俄穀物產量8600萬噸，1953年僅8250萬噸。[16]

　　李立三俄妻李莎回憶錄──

　　對於蘇聯農村集體化中的強制性做法等偏差以及集體化運動給農業所造成的破壞，所有蘇聯人都懷有深深的反感。我就親眼目睹了從新經濟政策轉向全面集體化之後農產品急劇減少，商店櫃檯空空如也，各種食品均開始憑票供應的慘境。更為悲慘的是莫斯科街頭出現了骨瘦如柴的男女，他們衣衫襤褸，伸手向路人乞討。莫斯科人悄悄傳說，這些乞丐都是烏克蘭農民。烏克蘭，這個全國糧倉在集體化後發生了大饑荒，千百萬人死於饑荒，倖存者紛紛逃命，一路遭到內務部士兵的阻攔和警察的無情追捕。[17]

　　出於政治需要，蘇聯長期封鎖饑情，片面宣傳「社會主義巨大成就」，致使毛共認為「公有制」乃絕對正確的歷史發展方向，一開國就確立「一面倒」學蘇聯。

14　薄一波：《若干重大決策與事件的回顧》，中共中央黨校出版社（北京）1993年版，下卷，頁884。

15　丁抒：《人禍》，九十年代雜誌社‧臻善有限公司（香港），1997年7月修訂本，頁317。

16　薄一波：《若干重大決策與事件的回顧》，中共中央黨校出版社（北京）1991年版，上卷，頁487～488。

17　李莎：《我的中國緣分》，外語教學與研究出版社（北京）2009年版，頁245。

　　無論如何，合作化運動乃是造成大饑荒的第一步原因。而決定這一「國家方向」的，當然是「偉大的馬列主義」與中共政治力量。

「反右」失去理性過濾層

　　「反右」前，朝野對合作化弊端已看得很清楚，反對聲浪漸大。1957年初，毛澤東清晰感受到這一聲音，在省委書記會議上說——

　　1955年上半年，黨內有相當多的人替農民叫苦，跟梁漱溟之流相呼應。

　　1955年後，若再替農民叫苦，再反對統購統銷與合作化，便是十分危險的「走資本主義道路」。河北省委副書記薛迅（女）被毛斥為「社會主義這一關過不去」而撤職。[18]1957年「反右」、1959年「反右傾」，打掉150萬精英，鎮壓抗議極左政策的反對派，社會失去理性過濾層。由於只能說好不能說壞，全社會對中共只能「歌德」（謳頌）不能「缺德」（批評），失去糾錯必需的制衡力量。一黨專政缺乏制衡，天然不易糾錯，「反右」前已然綻露。千家駒——

　　「反右」以後，中國的知識分子鴉雀無聲，不要說指鹿為馬，即說一個螞蟻比象還大也沒有人敢說一個「不」字了。[19]

　　經濟外行的中共，偏偏打跑各路專家，盲人瞎馬。1958年1月，毛澤東在南寧會議上發表著名謬論——「冒進是馬克思主義」[20]。9月，劉少奇視察江蘇常熟和平公社，公社書記說畝產可打一萬斤，農家出身的劉竟說：「一萬斤，還能再多嗎？你們這裡條件好，再搞一搞深翻，還能多打些。」[21]鬧出笑話多多。劉少奇：「外行領導是原

<hr/>

[18] 《毛澤東選集》第五卷，人民出版社（北京）1977年版，頁331、336、335。
[19] 千家駒：《自撰年譜》。轉引自〈千家駒筆下的反右內幕〉，載《開放》（香港）2007年6月號，頁41。
[20] 辛平：〈徐水：「共產主義」試點記〉，載杜導正、廖蓋隆《重大決策幕後》，南海出版公司（海口）1998年版，頁48。
[21] 〈少奇同志視察江蘇城鄉〉，載《人民日報》（北京）1958年9月30日。

則」。還有拆卸函谷關城樓、浙江龍泉古寺、江西崇義古塔、薊縣長城，向古蹟要磚。為一點廢鋼鐵，毛甚至想拆杭甬線與膠東線。[22]盡顯中共低下能力——顧頭不顧腳的小農式管理水準。

1960年3月12日，烈屬何明淵在天安門廣場白日點燈籠，路透社短訊稱寓意「暗無天日」。何的叔叔、大哥均為紅軍烈士，何被捕後——

大不了一個死了罷了！我如果不離開家鄉，這會兒恐怕也已經餓死了！人民政府竟會讓自己的人民餓死，這叫什麼人民政府？

彭真向周恩來、劉少奇彙報此案，劉難過得久久不語。[23]

1960年6月，湖南郴州電廠女青工劉桂陽（三代貧雇農、團員），憤貼標語十數張於中南海北門——

為了挽救全國人民，打倒人民公社！剷除人民公社！消滅人民公社！[24]

1960年底，毛澤東表弟賀曉秋之子闖中南海向毛面訴——

倉裡沒有幾粒穀，還硬說畝產達到幾千斤……鬼都笑落牙齒。做假事說假話的是那些人，作官受表揚的也是那些人，吃好喝好的還是那些人。……老百姓餓得要死，只能在背後沖天罵娘。

民間反對合作化的聲浪，中共高層完全清楚。但為體現「革命績效」，為證明武裝奪權的必要性、證明社會主義優越性，毛共生生悖離古訓「觀俗立法」，硬將中國趕往「共產主義」，各種警報統統視為「前進中的暫時困難」，甚至歸為「資本主義阻力」。

失去理性隔濾，公開造假的大躍進得以肆虐橫行。事實證明，哪兒「反右」積極、「白旗」拔得乾淨，哪兒災難就越大。安徽濉

22 丁抒：《人禍》，90年代雜誌社‧臻善有限公司（香港）1997年版，頁58、65～66。
23 沈河：〈發生在1960年的「白日點燈案」〉，載《藍盾》（天津）2006年第11期。
24 黃崢：《王光美訪談錄》，中央文獻出版社（北京）2006年版，頁266～267。

溪縣為「反右」積極縣，共抓「右派」、「中右」、「反社會主義分子」1600餘人，全國兩千餘縣中首屈一指。大饑荒三年，濉溪縣死亡人數也名列前茅，人口銳減1/4以上，僅1960年就減少12萬。[25]「反右」發燒度較低的省份，餓死人的情況相對較輕。吉林是少數幾個沒餓死人的省份，省委第一書記吳德應記一功。[26]

大躍進對社會生態的大破壞

按中共理論，大躍進乃生產關係大飛躍，生產力因公有制而大解放大發展。但農村的現實卻是生產力大破壞大萎縮。所謂「大躍進」，即猛刮共產風、浮誇風、幹部特殊風、瞎指揮風，大搞「一平二調三收款」（全公社範圍內一律均產、無償調撥財物、銀行收回全部貸款），雞飛狗跳。安徽舒城縣城北公社古城大隊，1958年秋後賣糧24萬斤，糧款全被公社拿去支援窮隊。古城大隊幹部編諺──

累了一頭汗，賣糧二十萬，分文未得到，傻瓜也不幹。[27]

大躍進另一大折騰是大煉鋼鐵，六千萬壯勞力上山採礦伐木，農田勞力嚴重不足，稻棉大熟無人收割，豐產無豐收。1962年，四川省委第一書記李井泉──

五八年公社成立，男勞動力大批外調，婦女說只是「人民母社」。

水利部副部長李葆華去京郊密雲水庫，沿途棉花無人採摘，棉桃隨風漫飛，大雪一般。山西陽城潘莊公社，年底糧食還爛在地裡，柿子掛在樹上。陝西安康大片紅薯無人收穫，不僅爛在地裡，還延誤

---

[25] 丁抒：《人禍》，90年代雜誌社•臻善有限公司（香港）1997年版，頁268、135、244。

[26] 張素華：《變局──七千人大會始末》，中國青年出版社（北京）2006年版，頁183。

[27] 薄一波：《若干重大決策與事件的回顧》，中央黨校出版社（北京）1993年版，下卷，頁760。

了冬小麥播種。1958年底彭德懷到湖南平江調查，發現稻子沒收紅薯沒挖。1959年5月，羅榮桓：四川拋撒浪費的糧食占總產量10%，河南50%秋糧棄地，1960年河南農業產值下降1/3。[28]

中共官方資料——

受損害最慘重的還應算農業。1957年糧食產量為3900億斤，1958年的糧食產量為4000億斤，1959年為3400億斤，1960年又下降到2870億斤，比1957年下降了26.4%，跌到1954年的水準。棉花產量1960年為2126萬擔，比1959年下降了37.8%，也和1951年相當。由於許多農田被改種糧食，油料作物的種植面積和產量更加減少（1959年至1962年間，經濟作物的種植面積下降了35%），1960年為3405萬擔，比1959年下降50.9%，較之1957年下降了54%，跌到建國以前的水準。豬存欄數下降了43.6%。

另一方面通貨膨脹，貨幣貶值，人民生活困難加劇——

國家財政出現大量赤字，必須用多發鈔票來彌補。1957年的貨幣投放量為53億元，1959年上升到75億元，1960年上升到96億元，1961年更高達125億元。貨幣投放過多，國家商品庫存又被挖空，結果必然是物價大幅度上漲，人民生活陷入嚴重困難。[29]

合作化與大躍進夾擊下，大饑荒不可避免。1960年全國糧產量較之1957年下降26.4%，還能不出現大面積饑荒嗎？

至於吃飯不要錢的公共食堂，不僅沒有吃出「共產主義意識」，反而吃出鄉諺：「放開肚皮吃，藏起力氣做。」上海浦東農民在公共食堂之初因吃得太飽，撐得難受，只能出工不出力。[30]但毛澤東認為公共食堂是「必須固守的社會主義陣地」、「農村中階級鬥爭

[28] 丁抒：《人禍》，90年代雜誌社•臻善有限公司（香港）1997年版，頁143、134～136，289。
[29] 楊先材主編：《共和國重大事件紀實》，中央黨校出版社（北京）1998年版，上卷，頁609。
[30] 張振國：〈當年吃飯不要錢〉，載《檔案春秋》（上海）2007年第3期，頁26。

尖銳所在」，1960年發佈一系列文件，要求各級黨委將辦好食堂「提高到階級鬥爭的地位上來」。[31]公共食堂挖盡農民存糧，秋後短暫的「放肚盡吃」消耗了儲糧，及至春荒，上下皆空，無糧熬荒。如果農民自己開灶，量入為出，半乾半稀，算計著吃，不會大面積出現不顧一切的「前吃後空」——秋後吃得死撐，冬春饑餓斃亡。

「一大二公」的人民公社極大挫傷農民生產積極性，全國大面積消極怠工，糧產量大幅滑減，乃大饑荒第二層致因。1962年2月26日「西樓會議」，中央財經小組長陳雲承認：經濟遭到如此嚴重破壞，一兩年無法恢復，尤其農民積極性難以調動。[32]1962年全國人均擁糧329斤，1965年365斤，還沒恢復到1952年的395斤。[33]國家統計局數據：1949年人均208.9公斤，1950年239.37公斤，1952年285.16公斤，1959年252.47公斤，1960年217.27公斤，1961年人均207.26公斤。[34]持續減產，一目了然。

反右傾失去糾錯機會

1959年廬山會議本是一次糾錯良機，毛為維護個人威信，硬從反左轉為反右，再唱高調，否定逼到眼前的現實。「反右」使黨外閉嘴，「反右傾」則使黨內也閉嘴。1959年春，黨內老五陳雲也不敢講話，私下說——

現在提意見還不是時候，一定要吃虧吃得更大一點，才能轉過

[31] 薄一波：《若干重大決策與事件的回顧》，中央黨校出版社（北京）1993年版，下卷，頁925。

[32] 張素華：《變局——七千人大會始末》，中國青年出版社（北京）2006年版，頁305。

[33] 許全興：《毛澤東晚年的思想與實踐》，中國大百科全書出版社（北京）1993年版，頁126。

[34] 國家統計局國民經濟綜合統計司編：《新中國五十五年統計資料彙編（1949-2004）》，中國統計出版社（北京）2005年版，頁6、45。

來……不能說話，我還想保持我這張三十多年的黨票子。[35]

1962年初「七千人大會」，毛發出邀請，陳雲還是沒敢在大會上發言，因為「不能給毛主席難堪。」[36]

1960年下放湖南湘潭的胡耀邦，回京向毛彙報的前一晚，思想鬥爭一整夜，抽煙踱步，最後還是沒敢將餓死人的真相完全告訴毛。1960年陳毅上南方轉了一圈後回京感歎：「在下面跑了幾個省，誰也不敢說老實話。」[37]楊獻珍說了幾句：「有些人的想法不對頭，想把好事一年辦完……客觀上是反動的。」遭到毛迎頭痛擊。[38]被打下去的「右傾機會主義分子」達三百幾十萬。[39]

浮誇風下，官員腫臉硬充胖。1959年中央會議，陝西省委第一書記張德生對甘肅省委第一書記張仲良說：甘肅如缺糧，陝西願支援一些。張仲良反說如陝西缺糧，甘肅可支援。當周恩來得知甘肅出現饑荒，打電話給甘肅省委詢問是否需要中央調撥糧食，省委書記何承華竟答：「甘肅農民連大餅油條都吃不完」。[40]如此膽大包天放大話，若非吃準最高領導層心態，若非道德品質惡劣，會這麼不顧人民於水火麼？河南信陽已出現餓死人，地委書記路憲文指令各縣：「不准農民生火做飯、不准外出逃荒要飯、不准向上級反映情況。」[41]派民兵封鎖交通要道，防堵饑民外逃，信陽地區餓死者至少百萬（官方承認50萬）。[42]

[35] 丁抒：《人禍》，90年代雜誌社‧臻善有限公司（香港）1997年版，頁170。
[36] 金沖及、陳群：《陳雲傳》，中央文獻出版社（北京）2005年版，下冊，頁1292。
[37] 惠浴宇：〈司令‧嚴師‧兄長〉，《人民日報》（北京）1986年1月18日，海外版。
[38] 丁抒：《人禍》，90年代雜誌社‧臻善有限公司（香港）1997年版，頁172。
[39] 許全興：《毛澤東晚年的思想與實踐》，中國大百科全書出版社（北京）1993年版，頁239。
[40] 丁抒：《人禍》，90年代雜誌社‧臻善有限公司（香港）1997年版，頁248。
[41] 張樹德、侯志英主編：《當代中國的河南》，中國社會科學出版社（北京）1990年版，上冊，頁137～138。
[42] 河洛：〈漫說中原〉，載《民主中國》（美洲）1993年7月號，頁22。

　　安徽無為縣有的幹部甚至不准農民採摘野果，理由是野生植物從地裡長出，歸屬共產黨。[43]鳳陽規定死人後「四不准」——

　　一不准淺埋；二不准哭；三不准埋在路旁；四不准戴孝。[44]

　　除了民兵把守要道，指令郵局截扣告狀信件，地方幹部長期瞞壓餓死人的訊息。各級幹部都明白「上下有別」：農民的肚子問題遠不如上司印象重要，完成計畫遠比農民生計重要。柳州地委書記賀亦然放出大衛星——水稻畝產13萬斤，公然聲稱：「不管死多少人，柳州地區也要爭個第一！」[45]1958年，湖南一副省長上省人大作報告，聲稱1962年湖南可生產800萬噸鋼，超過日本。當時鞍鋼年產才十幾萬噸。[46]

雪上加霜的「反瞞產」

　　為防止高徵購，一些地區為保口糧，不得不瞞產私分。1958年7～10月，全國糧食徵購下降440萬噸，城市、工礦的糧食供應頓時緊張。10月22日中央發出「緊急指示」，要求突擊收購農產品，全國農村掀起「反瞞產」運動。1958年實際徵購數量高達1175億斤，比上年增加了22%。[47]「七千人大會」上，糧食部檢討：1959年全國糧食產量3400億斤，徵購就拿走1200億斤，傷了農村元氣；1960年已出現大面積餓死人，糧食部還以為天下太平，實屬見事太遲，徵購過頭是大

[43] 謝貴平：〈安徽無為縣的「大躍進」運動及其後果〉，載《當代中國研究》（美・普林斯頓）2006年夏季號，頁124。
[44] 杜導正、廖蓋隆主編：《重大決策幕後》，南海出版公司（海口）1998年版，頁68。
[45] 丁抒：《人禍》，90年代雜誌社・臻善有限公司（香港）1997年版，頁291、226。
[46] 向繼東：《歷史深處有暗角——中國現代名人訪談錄》，秀威資訊公司（台北）2013年版，頁118。
[47] 朱榮主編：《當代中國農業》，當代中國出版社（北京）1992年版，頁161～162。

饑荒重要原因之一。[48]

　　中共官方權威史料披露——

　　由於高估產而高徵購，1958年至1959年度（1958年7月1日至1959年6月30日）共徵購糧食1123億斤，比正常年景增購了200億斤，使農民手中的存糧數急劇下降，1959年有些地區就開始出現糧荒，造成公共食堂停伙，部分社員外出逃荒，浮腫病和非正常死亡問題也出現了。1959年度徵購糧食達到1348億斤，占了實際數量的33.7%，農村留糧由1957年的2940億斤下降到1959年的2052億斤。1959年的糧食減產，如此之高的徵購量，這是農民難以承受的重擔。即使如此高的徵購，但在高銷售的情況下，國庫周轉糧還是日益減少。1958年6月底，國庫存糧386億斤；1959年同期下降到343億斤；1960年6月底僅為127億斤，連正常情況下鋪底糧和運轉狀態的周轉糧數都不足。農村糧食短缺，國庫存糧無多，全國大約缺少3000萬人一個月的用糧，一些大城市幾乎脫銷。[49]

　　3000萬人缺糧一月，還能存活嗎？

　　經過「反瞞產」，山東1600萬農民全年人均擁糧只剩142.7斤，每人每天不足4兩，還不夠兩隻雞吃。[50]甘肅定西地區「反瞞產」運動，幹部指揮民兵在農家掘地挖牆找糧食，「把拿不出糧食的婦女，剝光衣服，用繩子紮起陰毛拉出去遊街示眾！」類似獸行，省委工作組統計竟達128種。[51]

　　丁抒先生分析——

---

[48]　張素華：《變局——七千人大會始末》，中國青年出版社（北京）2006年版，頁185。

[49]　楊先材主編：《共和國重大事件紀實》，中央黨校出版社（北京）1998年版，上卷，頁611～612。

[50]　《當代中國》叢書編輯部編：《當代中國的山東》，中國社會科學出版社（北京）1989年版，上冊，頁193。

[51]　張尚質等編寫：〈《通渭縣誌》所記載的1959年之事〉，載《十月》（北京）1988年第5期，頁17。

　　盧山會議後全國性的「反瞞產」、高徵購是導致數千萬人餓死的關鍵一步。譬如廣西龍勝縣1957年徵購975萬斤，1958年增至1362萬斤，1959年竟增加到3364萬斤，是57年的三倍半！……又如廣西陽朔縣，1959年糧食比1958年減產23%，國家徵購數卻比1958年高了24％。[52]

　　1959年秋，安徽符離區委書記武念慈匆匆進城，向縣委報告餓死人並申請救濟糧，不料不僅沒弄來糧食，還挨了縣委一天加半夜的批評，說他謊報災情，給「大躍進」與社會主義抹黑！非但不給救濟糧，還向他要糧食，說符離區秋季徵購任務沒完成！[53]

　　1961年，江西省委向全省農村派出千餘工作組，全力暗查是否瞞產私分。工作組員四處亂逛、黃昏炊煙升起時尋聞米香（農民早已「瓜菜代」，米香處便是可疑點）——

　　難聽點說就像警犬尋味一樣，天黑後還分兩班夜遊巡邏，探訪有無半夜煮乾飯偷吃的農戶，完全像破案的探子一樣。如果聞到乾飯米粥香，就報告駐公社的工作大隊，組織人馬突擊搜查，氣氛頗為緊張，不光工作組累，農民社員戶戶神經緊張。想起此事，真是對基層和百姓不信任到極點了，而且不擇手段地來對付農民，既無人權也無法紀。這樣足足堅持三個月，我們沒有抓到一起瞞產私分糧食的小隊、工作組，也沒發現農戶定量外的其他可疑糧食。任務沒能完成，工作組無成績交帳，反倒覺得與群眾關係緊張之極。我們工作組的人一出門，群眾就關門閉戶，宛如鬼子進了村。

　　工作組成員（江西大學新聞系師生）也很餓，某晚聞香至堤坡茅棚，兩口大鐵鍋正在煮細米糊糊，斷定瞞產私分之物，不吃白不吃，吃飽了再上報也不遲。每人幹了一大碗，「真香！這種撿來的冬

---

[52] 丁抒：《人禍》，90年代雜誌社・臻善有限公司（香港）1997年版，頁227。

[53] 陳大斌：〈一份引起鄧子恢重視的萬言書〉，載《百年潮》（北京）2007年8月號，頁15。

天『宵夜』簡直太美妙了！」他們派三人守住兩口大鍋，一面派人向公社報告「戰果」。次晨，飼養員挑著木桶過來，公社也派來兩幹部。原來是大隊餵養種豬的豬潲，放了點細米糠，比皮糠有營養，為下崽母豬補奶水。「工作組半夜偷豬食」的新聞不脛而走。[54]

「反瞞產」挖空了農民的囤底，農民失去維持生存的基本口糧。

城市居民得以存活的前提是中共「棄鄉保城」。城市如出現倒斃街頭的餓莩，影響太大，關乎「國際觀瞻」。1962年初之所以召開「七千人大會」，起因於中央要從地方徵糧150億斤，各省叫苦連天，無奈之下，只得召集大區第一書記會議「統一思想」，大區第一書記在壓力下領受任務，但表示困難重重，這才決定召開地委書記會議（後擴至縣委書記），強調顧全大局，反對本位主義與分散主義。[55]

1960年春，饑饉剛剛蔓延，各地縣長如像舊時稟報請賑，國庫還有糧，準備出口的265萬噸糧食尚未運出，至少能抵擋一陣。山西陽城縣委書記趙樹理堅請「返銷糧」，及時分發，救下不少人。有的公社幹部祕密動用儲備糧，也救了一些人。但這樣的幹部少之又少，絕大多數幹部都怕被扣右傾大帽，既然將農民口糧交了餘糧，不願自打巴掌再要回來。地縣一級坐失及時施救的最後機會。

宏觀上，1960年12月14日國家統計局提交市場分析報告，當年10月糧食收購下降34％、食油下降42％、生豬下降31％、食糖下降64％、棉花下降23％；全國生活用品供應極其困難，至9月底，各地憑票證供應商品達30多種；據全國42個大中城市統計，11月豬牛羊肉銷量比10月減少29.4％，家禽減少51.3％，鮮蛋減少30.4％。[56]警鐘已敲得很響很響了。

54　韓寅：〈吃豬潲的「香味」〉，載張大芝等主編：《陰晴雨雪旦復旦》，香港華泰出版社2008年版，頁169～172。

55　張素華：《變局——七千人大會始末》，中國青年出版社（北京）2006，頁260。

56　曠晨、潘良編著：《我們的1960年代》，中國友誼出版公司（北京）2006年版，頁12。

致命的高出口

1959年1月，武漢只剩下一天存糧。情急之下，武漢市委扣下從四川水運上海的糧食。中央辦公廳大發雷霆，要嚴肅處理武漢市委，幸賴湖北省委第一書記王任重斡旋化解。[57]1960年5～6月，中共中央連續發出京津滬等省市糧食供應告急文件，6月6日發出〈關於為京津滬和遼寧調運糧食的緊急指示〉，北京存糧僅七天、天津十天、上海已無存糧。[58]

外貿部在「七千人大會」上檢討：1959～60年多出口糧食幾十億斤，饑荒既起仍盲目出口，以致國內糧食供應雪上加霜。[59]大量出口糧食，乃是導致4000萬農民餓死原因之一。自己日子都過不下去，還要援助亞非拉。截止1960年6月底，中共向22個國家提供經援，無償援助和貸款40.28億人民幣。[60]僅一個外蒙，截止1960年，中共就給予超過兩億盧布（約合八億人民幣）的無償援助與貸款，蒙古用這筆錢修建工廠、電站、橋樑、住宅。[61]1961年，毛澤東在中央工作會議上說：「這幾年我們掠奪農民比國民黨還厲害！」[62]

1959年較之1957年減產1500萬噸，卻出口糧食415萬噸，比1957年出口增加223萬噸。僅這223萬噸，可供4000萬國人吃四個月，足以熬過1960年春荒。1960年再出口265萬噸。千萬國人餓死，他們打下來

---

[57] 張素華：《變局——七千人大會始末》，中國青年出版社（北京）2006年版，頁182。

[58] 吳聰靈：〈五萬「上海孤兒」的尋親路〉，載《南方人物週刊》（廣州）2007年第18期。

[59] 張素華：《變局——七千人大會始末》，中國青年出版社（北京）2006年版，頁186。

[60] 楊麗瓊：〈新中國的對外援助〉，載《新民晚報》（上海）2006年7月29日。

[61] 易萱、張帥：〈蒙古那麼近，又似乎那麼遠〉，載《看天下》（銀川）2015年第21期。

[62] 張素華：《變局——七千人大會始末》，中國青年出版社（北京）2006年版，頁123。

的糧食卻被一船船運走。如能將兩年間出口的糧食留下一半，饑民就可全部得救。當時，大管家周恩來對糧食情況的急迫性兩眼一抹黑，仍根據各省虛報數據，還以為糧滿囤穀滿倉呢！因此，周恩來犯下致命錯誤：當外貿部主張向國際市場拋售黃金，換外匯買糧食，周卻認為黃金價位較低，財政赤字雖高達80億，仍決定不賣黃金，反而買進幾十萬兩黃金。此後，年年買進，一直買到1970年。周恩來說：「我們要以黃金作後盾。」[63]這一不買糧食買黃金的決定，失去中央一級最後的補救機會。

1960年底，鑒於形勢實在嚴峻，一再拒絕進口糧食的毛澤東，只得同意從澳洲進口440萬噸（可供一億人吃三月）。糧食部副部長楊少橋：「吃進口糧，這在當時可是個禁區！」「這些衝破禁區來的糧食在當時不知救了多少人的性命。」但若1959年、1960年不出口680萬噸糧食，又可挽救多少萬人的性命？一進一出，運來運去撥來調去，又耽誤多少時日。[64]饑民們即便千辛萬苦逃到城裡，城鎮居民也吃不飽，「盲流」也很難討到食物。其時美國糧價最低，因政治敵對不能去買，得「爭氣」多花錢去買中立國澳大利亞、加拿大的糧食。[65]

新聞封鎖則是中央一級喪失及時賑荒的另一致因。新聞可將一地饑情很快成為全國全球的問題，大大提高賑饑能力，但硬不讓說──絕不能為社會主義抹黑，奈何？1964年，光緒舉人、浙江文史館長、全國政協委員馬一浮（1883～1967）渾然不知大饑荒，題贈毛澤東：「使有菽粟如水火，能以天下為一家。」[66]

---

[63] 林海雲：〈關於周恩來外貿思想的片斷回憶〉，載轟榮臻等：《不盡的思念》，中央文獻出版社（北京）1987年版，頁261。

[64] 丁抒：《人禍》，90年代雜誌社‧臻善有限公司（香港）1997年版，頁315。

[65] 徐焰：〈解放後蘇聯援華的歷史真相〉，載《炎黃春秋》（北京）2008年第2期，頁34。

[66] 俞澤民編著：《西湖楹聯與景典》，杭州出版社2015年版，頁50～53。

　　筆者還是太書生氣，將毛周等赤共要角想得太善良了，直至2015年10月還以為中共高層不是頭腦發熱就是被蒙蔽，不知下情。其實，復旦新聞系學生黨員劉作根，1957年9月就致函毛澤東，反映安徽含山賣「過頭糧」，農民餓肚抱怨：「做事一天到晚，肚子都搞不飽，還幹他媽什麼！」「去年我們增了產，還經常吃南瓜、葫蘆！」「我們這裡農民們至少60%二三個月經常吃不飽。他們常常一天吃兩餐糊，搭南瓜葫蘆，一天吃兩餐稀飯的都很少……極少數逃往江西討飯。」[67]

　　中共高層至少1957年就知道農村存在饑情，但為了「紅色功業」，輕輕歸入「一根指頭」。

進入「天堂」

　　「共產主義是天堂，人民公社是橋梁」，報刊上鋪天蓋地用漫畫詩歌向民眾描述預約的幸福。「天堂」裡材料太多，限於篇幅，只能撮精稍述：

　　——1958年10月底，湖北當陽縣跑馬鄉公社書記，大會宣佈11月7日結束社會主義，8日全鄉進入共產主義，一切以共產主義方式來辦。群眾一哄而散，紛紛上街「共產」，先搶空商店，後搶劫私宅，有人上幼稚園拉領孩子當兒子，大呼「不是共產了麼？！」[68]

　　——王任重調查「信陽事件」後：

　　我到光山（信陽地區轄縣）去看過，房屋倒塌，家徒四壁，一貧如洗，人人戴孝，戶戶哭聲，確實是這樣，這不是什麼右傾機會主義攻擊我們，這是真的。[69]

[67] 張大芝等主編：《陰晴雨雪旦復旦》，香港華泰出版社2008年版，頁114～120。

[68] 辛平：〈徐水：「共產主義」試點記〉，載杜導正、廖蓋隆主編：《重大決策幕後》，南海出版公司（海口）1998年版，頁62。

[69] 孫保定：〈「大躍進」期間的河南農村人民公社〉，載《黨的文獻》

鄧力群：

老朋友彭大章從信陽調查回來，對我說：老鄧啊，問題真嚴重啊！說時神色慘然！後來先念同志也去了，回來講，他去過的村莊，婦女沒有一個不穿白鞋的。[70]

公安部副部長徐子榮下信陽調查，回京後只敢在老婆面前痛哭，不敢直報中央。因為毛對信陽事件做了批示：

出亂子（按：死人）是因為民主革命不澈底，全國三分之一政權不在共產黨手上，要開展階級鬥爭奪權。[71]

1960年起，毛澤東對全國大饑荒一律以「壞人破壞」為盾牌，從不承認公社化失敗，總是將經濟問題政治化，其治國思路一直深陷「政治掛帥」。因為，只有將經濟問題政治化，才能避免他承擔「總負責」，才能維護他的「偉光正」。在國家利益與個人權位的權衡上，澈底暴露了此人所謂的「全心全意」。

——張家口地委書記胡開明在蔚縣西合營村，看到：

春播時，前面播上種，後面有人就把種扒出來吃掉。隊裡沒辦法，把種子通通拌上毒藥，並通告全體社員。可是饑餓難忍的人們對糧食的需要大大超過了對毒藥的恐懼，種子照樣被扒出來吃掉，只不過增加了一道工序，即把扒到的糧食先在土裡邊搓搓，然後迫不及待地塞進嘴裡，僅此而已。結果非正常死亡人數大大增加，活著的人甚至沒有力氣把死人從屋裡抬出。[72]

——在食堂工作的生產隊長，每次帶回米飯鎖藏櫃中，獨自享用，兩個兒子幾天粒米未進，嚷叫不停，父親置之不理，小兒子活活餓死。一位姑娘餓死，許多村民看到其二伯父以收屍為名割肉煮食。

（北京）1995年第4期，頁50。

[70] 張素華《變局——七千人大會始末》，中國青年出版社（北京）2006年版，頁328。

[71] 金鐘：〈劉源和父親劉少奇〉，載《開放》（香港）2006年8月號，頁41。

[72] 中共中央黨史研究室編：《中共黨史資料》第39輯，中共黨史出版社（北京）1991年版，頁85。

不少饑民到處打聽誰家最近死人，夜間刨墳掘屍為食，野外常見被剔除皮肉的屍骨。[73]

——1938年入黨的宗鳳鳴：濮陽梨園鄉東韓砦乃抗日模範村，老人多餓死，有的家庭商量餓死孩子還是餓死大人，結論應先死孩子，留大人掙工分，還有一份口糧，否則大人死了，孩子也活不成。[74]河南葉縣舊縣公社各村死亡人口30%，死絕戶7%。[75]

——饑餓犯人一邊拔毛一邊連血帶肉生啖活雞。從墳堆裡挖出死人骨頭，算是好運氣，「人家就這麼隨便在衣服上擦一下泥，就放在嘴裡細細啃嚼，津津有味，若監視的人來了啃不完，就帶到屋裡燒坑的火裡烤著吃，那香味倒是頂饞人的。」[76]錦西勞改礦隊1200多犯人餓死1001人，還沒死的198人骨瘦如柴全身浮腫，臥床不起，另兩人靠吞吃活剝青蛙蚱蜢，勉強下床走動。[77]

——天津東郊茶澱勞改農場，兩名勞教犯各將一根細黃瓜塞藏對方肛門，以躲避下工時的檢查，但被識破，扒下褲子拉出黃瓜。燕京畢業生韓大鈞（後為中科院研究員），挖出一窩剛出生的幼鼠，眾目睽睽下將還沒睜開眼的幼鼠生吞下肚。[78]

——安徽白茅嶺勞教農場餓死不少人，闢出休養隊（定量仍無優惠）與嚴重浮腫者瀕死的「小房間」。

[73] 謝貴平：〈安徽無為縣的「大躍進」運動及其後果〉，載《當代中國研究》（美·普林斯頓）2006年夏季號，頁126。

[74] 宗鳳鳴：《理想·信念·追求》，環球實業公司（香港）2005年版，頁177。

[75] 王泓：〈躍入「共產主義」的悲壯實踐〉，原載《炎黃春秋》（北京）2006年第1期。參見王夢初編：《「大躍進」親歷記》，人民出版社（北京）2008年版，頁225。

[76] 何滿子：《跋涉者——何滿子口述自傳》，北京大學出版社1999年版，頁113～114。

[77] 戴煌：〈我的「右派」生涯及相關芻議〉，載《領導者》（香港）2007年6月號，頁109。

[78] 叢維熙：《走向混沌：叢維熙回憶錄》，花城出版社（廣州）2007年版，頁108、132。

伙房人員往往飽暖思淫欲，借助手中握有糧食支配權，還得讓姘婦及姘婦家屬多吃多占……勞教及解教就業人員每人每月法定口糧20斤半，我們真正吃到口的不過十五六斤，這就是許多人因饑饉而致死的真正原因。[79]

——「七千人大會」上，四川省委宣傳部長明朗匿名致函中央，描繪重災區梁平縣：

跟剛打完淮海戰役、雙堆集附近那些村莊的情況相仿，門窗都沒有了，家具也沒有了，屋子一個個是敞開的，屋裡都是雜草的灰塵，後邊的山坡上是一堆堆的墳，村裡村外看不見一個活人。

——「七千人大會」開得摳摳縮縮。「每次吃完飯，桌子上是光光的，不論副食還是主食，都是光光的。」「會議吃飯也是一件大事……即使是少奇同志去安徽組開會，吃飯時也和大家一樣，憑飯票吃飯。十人一桌坐滿才上飯，坐不滿不行，飯票丟了也不行。」[80]外賓招待會原本請不到的中方高官，這時凡請必到。自助冷餐一端上盤子，一擁而上一搶而光。周恩來不得不輕聲提醒：「注意點吃相！」[81]總長羅瑞卿大將之子：「我們家的生活算最好的了，在困難時期也吃不大飽。」[82]

——國家計委幹部王泓，1960年底任河南葉縣舊縣公社書記，行前幾位副總理動員：要他們既保住社會主義陣地的食堂，又切實解決群眾困難，制止餓死人，恢復農村癱瘓政權。他下去後發現有的一村一食堂還嫌小，兩三村合辦，吃飯得跑幾里路。全集鎮一位寡居老太，攤雞糞餅子吃。

我馬上趕去看她。……那時雞已很少，她怎麼能攢到這麼多雞

[79] 張大芝等主編：《陰晴雨雪旦復旦》，香港華泰出版社2008年版，頁305。
[80] 張素華：《變局——七千人大會始末》，中國青年出版社（北京）2006年版，頁242、30、324。
[81] 資中筠：〈記餓——「大躍進」餘波親歷記〉，載《書屋》（長沙）2008年第1期，頁10。
[82] 羅宇：《告別總參謀部》，開放出版社（香港）2015年版，頁201。

糞呢（小櫃子裡還有半櫃）？……我愧疚得無地自容。我哭了，老太太哭了，陪我去的人也哭了。[83]

——1969年底，學部外文所集體下放河南息縣東嶽鎮，軍宣隊號召訪貧問苦。一位房東告訴鄒荻帆「餓死人那年」如何挖死人吃：「要是你們所長馮至來，我們都會把他吃了。」馮至是個胖子，肉多。[84]

到底餓死多少人？

據2005年北京國家統計局資料，1955年全國人口61465萬，1956年62828萬，1957年64653萬，1958年65994萬，1959年67207萬，1960年66207萬，1961年65859萬，1962年67295萬，1963年69172萬。通過前後數年對比，1959～61年出現大馬鞍型，1960～61年淨減人口1348萬，再據1955～59年均增長率21‰，每年應遞增1400餘萬，1961年人口應為70006萬，缺數4147萬，即非正常死亡人數至少4000萬以上。

合計各省市淨減數，為2137.44萬——

四川：1958年7053.92萬，1959年6960.94萬，1960年6667.8萬，1961年6458.8萬，淨減595.12萬。

安徽：1959年3427萬，1960年3043萬，1961年2988萬，淨減439萬。

山東：1958年5422萬，1959年5373萬，1960年5188萬，淨減234萬。

湖南：1959年3691.95萬，1960年3569.37萬，1961年3507.98萬，淨減183.97萬。

河南：1958年4979萬，1959年4818萬，1960年4803萬，淨減176萬。

貴州：1959年1743.96萬，1960年1642.99萬，1961年1623.53萬，淨減

---

[83] 王泓：〈躍入「共產主義」的悲壯實踐〉，原載《炎黃春秋》（北京）2006年第1期。參見王夢初編：《「大躍進」親歷記》，人民出版社（北京）2008年版，頁212、222～223。

[84] 賀黎、楊健采寫：《無罪流放——66位知識分子五七幹校告白》，光明日報出版社（北京）1998年版，頁45。

120.43萬。

甘肅：1959年1293萬，1960年1244萬，1961年1211萬，淨減82萬。

青海：1959年260萬，1960年249萬，1961年211萬，1962年205萬，淨減55萬。

江蘇：1959年4289.53萬，1960年4245.64萬，1961年4243.4萬，淨減46.13萬。

廣西：1959年2205萬，1960年2172萬，1961年2159萬，淨減46萬。

遼寧：1960年2560萬，1961年2519萬人，淨減41萬。

內蒙：1960年1191.1萬，1961年1163.1萬，淨減28萬。

湖北：1959年3173.14萬，1960年3152.17萬，淨減20.97萬。

雲南：1959年1911.93萬，1960年1894.55萬，淨減17.38萬。

寧夏：1960年213.03萬，1961年203.06萬，1962年198.81萬，淨減14.22萬。

河北：1959年3791萬，1960年3779萬人，淨減12萬。

新疆：1961年710.06萬，1962年698.97萬，淨減11.09萬。

北京：1960年739.6萬，1961年729.2萬，淨減10.4萬。

黑龍江：1961年1897.1萬，1962年1893.5萬，淨減3.6萬。此前三年則分別增長118.3萬，125.1萬，90萬。

上海：1960年1056.3萬，1961年1058.99萬，1962年1057.86萬，1962年比1961年淨減1.13萬。

　　晉陝浙贛粵閩吉津等省市人口雖略增，但都大大低於正常增長數，如福建1961年1597.8萬，1962年1602萬，僅增2.2萬。此前三年則分別增加49.7萬、29.5萬、25.4萬。[85]

　　1998年，中共中央黨校出版社《共和國重大事件紀實》——

　　1959年至1961年的非正常死亡和減少出生人口數，大約在4000萬

---

[85] 國家統計局國民經濟綜合統計司編：《新中國五十五年統計資料彙編（1949～2004）》，中國統計出版社（北京）2005年版，頁6、844、810、470、572、674、606、878、1012、878、402、742、266、232、640、912、1080、164、111、96、344、368、504。

人左右……這可能是本世紀內世界最大的饑荒。[86]

　　據〈中國抗日戰爭期間人口損失總計表〉，整個抗日戰爭，中國軍民傷亡總數34805896人，其中死亡20620939人，即2062萬餘。[87]此前，「據不完全統計，我國自西元前180～西元1949年的2129年之中，共發生203次死亡萬人以上的重大氣候災害，死亡了2991.8萬多人。」[88]（確切資料29918848人）4000萬倒逝的餓殍，無聲矗起「偉大毛時代」的無字碑。

最根本的原因

　　這場人類有史以來最大饑災的原因雖然紛雜，最核心的則是兩點：一、馬克思主義公有制；二、一黨專政（不容糾錯）。對毛共來說，不搞公有制集體化，共產革命還有什麼價值地基？守著私有制，拿什麼證明新舊社會的區別？如何證明無產階級革命「天翻地覆」的必要？何以證明「就是好」？更何況中共是舉著「公有制」的旗幟造的反。聚集中共精英的「七千人大會」，一致認定史達林的社會主義定義──公有制＋計劃經濟。[89]中共高層十分清楚：必須堅持「社會主義優越性」，這一步不能退，因為拴繫「兩條道路」的本質區別。此為中共高層面對災難，仍然形成合力「硬著頭皮頂住」的思想基礎。

　　面對反對合作化的聲浪，1955年5月9日，毛澤東對李先念、鄧子恢說：「農民對社會主義是有矛盾的，農民是要自由的，我們要社會

---

[86]　楊先材主編：《共和國重大事件紀實》，中央黨校出版社（北京）1998年版，上卷，頁608。

[87]　叔弓：〈日本戰犯重到南京〉，載《炎黃春秋》（北京）2008年第3期，頁57。

[88]　陳玉瓊、高建國：〈中國歷史上死亡人數一萬人以上的重大氣候災害的時間特徵〉，載《大自然探索》（成都）1984年第4期，頁160～162。

[89]　張素華：《變局──七千人大會始末》，中國青年出版社（北京）2006年版，頁310。

主義。」[90]毛認定各級幹部中也有「不願搞社會主義的人」。[91]1958年8月,毛澤東對赫魯雪夫說——

　　1949年解放我很高興,但中國還很窮很落後;以後工商業改造、抗美援朝勝利,又愉快又不愉快。只有這次大躍進,我才完全愉快了![92]

　　1958年8月北戴河會議,毛說:「空想社會主義的一些理想,我們要實行。」[93]周恩來拍著榮毅仁的肩膀:「你還年輕,能夠看到共產主義!」[94]同年,毛澤東對王任重說:「不如馬克思,不是馬克思主義者;等於馬克思,也不是馬克思主義者;只有超越馬克思,才是馬克思主義者。」[95]不僅毛求功心切——創立新制度建不世之功,中共高層集體發燒,均為馬克思主義誤導。

　　1961年,中共高層幾乎一致認為只有「包產到戶」才能挽救農村經濟,走出大饑荒,但毛澤東一手遮天,不肯從「社會主義陣地」撤退。解散食堂,毛澤東老大不願意,包產到戶則被他「硬著頭皮頂住」。馬克思主義乃是這場巨災的第一致因,方向路線錯誤才是主要崇源。共產學說遠比列寧、史達林、毛澤東的權威有力,全球上億「共產冤死者」的罪惡根源。

　　面對合作化、大躍進闖下的巨禍,周恩來在「七千人大會」上仍說——

[90] 林蘊暉:〈試探1955年夏季以後農業合作化不斷加快的原因〉,載《黨史研究》(北京)1984年4期,頁7。
[91] 薄一波:《若干重大決策與事件的回顧》,中央黨校出版社(北京)1991年版,上卷,頁372～373。
[92] 林蘊暉:〈論中國國情與馬克思主義中國化〉,載《中共黨史研究》(北京)2000年第1期,頁92。
[93] 杜導正、廖蓋隆編:《重大決策幕後》,南海出版公司(海口)1998年版,頁56。
[94] 任繼愈先生語。央視4套「大家」欄目採訪任繼愈,2007年2月25日0:30分播出。
[95] 許全興:《毛澤東晚年的理論與實踐》,中國大百科全書出版社(北京)1993年版,頁145。

「三面紅旗」經過實踐的考驗，證明是正確的。從建設社會主義的整個歷史時期來看，今後將會更加證明「三面紅旗」的正確和光輝。我們的缺點和錯誤雖然嚴重，但是它是屬於執行中的具體政策和具體工作的問題，不是「三面紅旗」本身的問題。缺點和錯誤，恰恰是由於違反了總路線所確定的正確方針，違反了毛主席的許多寶貴的、合乎實際而又有遠見的意見才發生的。[96]

這樣的認識，這種必須維護毛澤東個人權威的政治環境，能夠糾正錯誤麼？還是「人民的好總理」麼？

當然，毛的個人品質必須譴責。何方揭發——

那些造神者和造假者們……說的和寫的毛澤東如何艱苦樸素，多半是片面和偽造的。例如關於毛澤東在三年困難時期有幾個月不吃肉，就被宣傳得神乎其神。事實是，醫生鑒於豬肉膽固醇含量高，建議他改吃牛羊肉。而毛本人六十年代初也一度喜歡吃西餐。所以1961年4月26日工作人員會同廚師給他製訂的一份西餐菜譜中，就有牛羊肉菜十多種，西餐湯十六七種。[97]

1959年，江青在上海宴請趙丹夫婦、鄭君里夫婦。黃宗英回憶

——

這些美味珍饈令我們既開眼界，又感驚異。……許多農村此時已經出現嚴重的非正常死亡，而他們的家宴卻奢華依舊。[98]

老毛各地行宮，如杭州西湖劉莊、上海西郊賓館，均建於「自然災害」期間。[99]毛澤東喜動，經常出巡，各地紛紛為毛建造別墅：長沙「蓉園」、成都金牛壩賓館、南京紫金山賓館、濟南南郊賓館、

[96] 張素華：《變局——七千人大會始末》，中國青年出版社（北京）2006年版，頁213。

[97] 何方：《黨史筆記》，利文出版社（香港）2005年版，上冊，頁101。
韶山毛澤東紀念館編著：《毛澤東生活檔案》，中共黨史出版社（北京）1999年版，下卷，頁701～702。

[98] 黃宗英：〈夾縫中的趙丹、黃宗英夫婦〉，載《檔案春秋》（上海）2006年第4期，頁33。

[99] 徐鑄成：《徐鑄成回憶錄》，三聯書店（北京）1998年版，頁352。

天津迎賓館（謔稱「天津釣魚台」）……

（天津迎賓館）東區有一汪湖水，背面是一大片樹林，園中溪水曲折、小橋臥波、竹木森森。當時正是隆冬季節，若是春暖花開之日，必將是另一番景象。園中主建築為四座別墅，據說分別為毛、劉、周、朱提供的。我們後來參觀，這四座別墅，建築的規模、豪華的程度、內部的陳設，呈梯形的差別，絕不雷同，令人驚歎等級之森嚴。[100]

1962年，毛入住占地千畝的上海西郊賓館（柯慶施專為毛興建的「馬屁工程」），不僅當時未斥責柯於餓殍遍野之際大興土木，此後也沒為一連士兵為他長年看守這所別墅而內疚。韶山滴水洞賓館，毛要求興建的，1960年下半年開工，1962年底建成，毛僅於1966年入住12天，長期空關，一連士兵守衛。[101]鄧小平後來說：「影響極壞！」周恩來一面為工程撥款，一面批評下面的省級官員——

國家困難時期，上馬這麼一大批脫離群眾的工程，很不好。人民會怎麼看？對我們的黨不利啊！[102]

即便從最善良的角度，大饑荒之前還可寬宥毛澤東，也許毛真是「好心辦壞事」，敢叫日月換新天，以為替國人謀了大福利行了大仁政，沒意識到領著全國走進地獄。但當大饑荒結結實實逼到眼前，已支付巨額「學費」，當百姓生死與政治理想、黨派利益、個人威信發生衝突，毛澤東堅持不下「罪己詔」，已處地獄，猶謂天堂，堅持「公有制」，非要走社會主義道路，還能說是「全心全意為人民服務」麼？！李銳指出：「在毛的性格中，死多少人都無所謂。」[103]1961年9月廬山中央工作會議，毛說：「錯誤就那麼一點，

[100] 顧驤：《晚年周揚》，文匯出版社（上海）2003年版，頁35。
[101] 高凱、于玲主編：《毛澤東大觀》，中國人民大學出版社（北京）1993年版，頁999。
[102] 權延赤：《走入聖壇的周恩來》，光明日報出版社（北京）2004年版，頁257。
[103] 李銳：〈懷念同趙紫陽的交往〉，載《開放》（香港）2006年4月號，頁47。

沒有什麼了不得。」[104]1962年初「七千人大會」，會場流諺「白天出氣，晚上看戲」，毛澤東加一句「都是放屁。」[105]如此輕視生民、如此「政治第一」、如此骯髒私心，還是「大救星」嗎？

1963年「四清」運動，劉少奇發現實在不對勁，忍不住勸毛不能再這麼搞捆綁式社會主義，老百姓太困難了。毛向劉發火：「你不搞，有人搞，你不走社會主義道路，有人還要走！」[106]僅此一句霸語，便剝落毛標榜的「謙虛使人進步」、「全心全意為人民服務」、「心中時刻裝著人民」……

大饑荒使共產主義失去基本道義，成為中共由盛轉衰的歷史拐點。一個標榜解放工農的政黨，一個自稱為絕大多數人民謀福利的政黨，居然弄得還不如「萬惡的舊社會」，餓死這麼多自己的「階級兄弟」，言行不一的荒謬性無法遮掩地凸顯。面對這場塌天人禍，中共黨內對毛的領導能力產生質疑，從而引發毛劉分裂，這對延安整風時期締結的政治盟友，終於公開翻臉。毛澤東於此時下決心：必須扳倒劉少奇。

1999年12月，普京（1952～，Vladimir Putin）稱百年國際共運已失敗。[107]可為證明這則赤說的荒謬，人類付出了怎樣的代價！令人更沉重的是：中共至今仍攔著擋著不讓檢視大饑荒，仍未公開承認這一歷史事實，仍在為老毛的罪責東遮西掩。還在維護搖搖欲墜的「偉光正」，黨仍然高於國，並將這些沉澱為集體默認的不可動搖的政治原則，理由是「穩定壓倒一切」。正如前聯合國祕書長科菲·安南所說——

在我們生活的這個世界上，殺一個人比殺100萬個人要有可能受

---

[104] 薄一波：《若干重大決策與事件的回顧》（下卷），中共中央黨校出版社（北京）1993年版，頁1073。

[105] 羅宇：《告別總參謀部》，開放出版社（香港）2015年10月版，頁148。

[106] 溫相：《高層恩怨與習仲勳——從西北到北京》，明鏡出版社（香港）2008年10月第2版，頁505。

[107] 王正泉：〈普京對蘇聯歷史及蘇聯解體的評價〉，載《百年潮》（北京）2006年第11期，頁62。

到審判。[108]

真實評析歷史乃是理性安排今天與未來的前提，阻礙真實只能說明虛假的存在，真正「革命尚未成功」。

初稿：2006年11月下旬；修改：2007年11～12月；後略增補。

原載：《二十一世紀》（香港）2008年4月號（初稿）

收入宋永毅、丁抒編：《大躍進～大饑荒：歷史和比較視野下的史實與思辨》，田園書屋（香港）2009年版

附記：

2010-8-3　15:26　新浪網博客管理站通知：您的文章《四千萬餓殍》含有不適當內容，已被設置私密博文。

2011-8-22　08:28　新浪網博客管理站通知：您的文章《四千萬餓殍》已被管理員刪除。給您帶來的不便，深表歉意。

---

[108] 轉引自劉文忠：《新海國圖志》，崇適文化出版公司（澳門）2007年版，頁40。

第四輯

「反右」紅飆

「反右」前毛澤東心態分析

　　「反右」運動影響深巨，成因諸多，直接崇源則來自毛澤東「聖心」一瞬。對此，史界爭議不大。有爭議的是毛澤東早有預謀的「引蛇出洞」（李慎之、李銳觀點），還是中途「轉折說」（于光遠、朱正觀點）。「引蛇出洞」派認為毛澤東1956年提倡「雙百方針」就是撒布釣餌。「轉折說」則認為毛聽聞鳴放激烈的「反動言論」才轉放為收，轉捩點在1957年5月15日以後。

　　2007年6月，美國普林斯頓大學召開「反右五十年研討會」，大右派章乃器之子章立凡（1950～），認為毛發動整風意在統一黨內分歧，重振個人權威，未必早早定策「引蛇出洞」，但鳴放一起，水漫金山，毛因勢利導一舉實現打掉民主黨派與反冒進的黨內務實派兩大政治目的，同時提升個人權威。[1]

　　無論哪派觀點，從鼓勵「鳴放」到以言定罪，由放轉收，公然失信，彎子轉得太大，舉世驚怒，莫知所以。毛澤東這一時段的心態成為「反右」研究一大懸案。筆者至今無法理解老毛為何發動反右。無論政治必要還是中共信譽，實在沒什麼理由如此失信天下。唯一可理解的只能是：中共根本不理解民主自由，他們的政治思維習慣「槍桿子裡出政權」，延安整風也使他們習慣暴力鎮壓異見。1989年的「六‧四」，也是在毫無必要的情況下動用暴力，與1957年的反右在邏輯上一脈相承。

　　2007年8月，李銳先生在《領導者》發表〈毛主席與反右派鬥爭〉，從毛早年政論〈中國社會各階級的分析〉開始，梳理毛澤東將知識分子劃入資產階級行列的思想脈絡，引了毛澤東在中共七屆三中

---

[1]　金鐘：〈悲愴的歷程——普林斯頓反右五十年研討會散記〉，載《開放》（香港）2007年7月號，頁46。

全會（1950年6月）的講話——

　　知識分子中的一個相當多數，與國民黨、蔣介石反動政權有著千絲萬縷的聯繫，他們崇洋媚外、媚美，與我們格格不入，必須進行思想改造。

　　1956年6月波蘭事件、10月匈牙利事件，李銳認為毛深受刺激，「從這時開始，他就著意考慮怎樣避免中國發生同類事件的辦法了。」李慎之先生（1923～2003）也持這一觀點。按二李邏輯：毛澤東一向視知識分子為敵，見波蘭、匈牙利知識分子鬧事，認為中國知識分子早晚也會鬧事，合作化運動確實引發一些「嘰嘰喳喳」噪音，因此放出大手筆「引蛇出洞」，讓毒草冒出來，然後舉鋤鏟之。先讓知識分子放出「右派」言論，放出各種對中共的不滿，然後指舉為證，發動「反右」，將民盟為首的知識分子政治勢力徹底打下去。二李認為如此這般，毛澤東「反右」前一系列誠邀批評、動員「鳴放」，以及何以大轉彎，才能得到順理成章的解釋。

　　不過，二李觀點乃邏輯推導，不太經得住質證：既然定策「引蛇出洞」，何必遠兜遠繞這麼大一圈？尤其公然失信天下，政治形象大失分。最麻煩的是：得做兩次方向截然相反的社會動員——先鼓勵鳴放「言者無罪」、後大力反擊「以言定罪」。如此悖反的政治大動作，勢必引發思想大混亂與社會大動盪，鎮壓一批人自然多一批敵對者，不到萬不得已，何必主動樹敵？統一戰線可是毛澤東玩得最拿手的，這幾粒算盤珠，63歲的毛澤東不會扒拉不清。再說鎮壓士林要得「暴君」之號（方毅1980年中共「四千人會議」上即指毛為暴君）[2]。毛澤東一向自視甚高，放著一代明君不當，去當肯定「要上書」的暴君，一開始就直奔秦始皇而放棄李世民，符合常態心理嗎？符合寫下氣度甚偉的〈沁園春·雪〉的「雄主」心理麼？

　　筆者認為：毛澤東確有討厭知識分子的「北大情結」（毛曾為

2　李銳：〈毛主席與反右派鬥爭〉，載《領導者》（香港）2007年8月號，頁97、101。

八塊大洋的北大圖書管理員），也有視知識分子為敵的一貫意識——將知識分子劃為「資產階級」，1949年後說過一系列厭惡知識分子太吵太煩的「語錄」。1957年1月，毛澤東在省委書記會議上有一段狠話——

在一些教授中，也有各種怪議論，不要共產黨呀，共產黨領導不了他呀，社會主義不好呀，如此等等。他們有這麼一些思想，過去沒有講，百家爭鳴，讓他們講，這些話就出來了。……他們現在要出來，大概是要掃我們了，是不是想復辟？

……我們敢於改造資本家，為什麼對知識分子和民主人士不敢改造呢？

社會上的歪風一定要打下去。無論黨內也好，民主人士中間也好，青年學生中間也好，凡是歪風，就是說，不是個別人的錯誤，而是形成了一股風的，一定要打下去。

有些民主人士和教授放的那些怪議論，跟我們也是對立的。他們講唯心論，我們講唯物論。他們說，共產黨不能管科學，社會主義沒有優越性，合作化壞得很；我們說，共產黨能夠管科學，社會主義有優越性，合作化好得很。

學生中間跟我們對立的人也不少。現在的大學生大多數是剝削階級家庭出身的，其中有反對我們的人，毫不奇怪。這樣的人北京有，石家莊有，其他地方也有。[3]

確實可嗅出毛澤東的「反右」脈跳，含有「引蛇出洞」的意圖。但是，根據這一時段毛澤東一系列講話的綜合情況，毛從產生「反右」意圖到實施反擊，有一思想發展過程，即從猶豫到決定的醞釀過程。匈牙利事件見報後，毛澤東寫了兩篇語氣磅礡雷霆萬鈞的《人民日報》社論——〈論無產階級專政〉、〈再論無產階級專政〉，一再強調必須百倍加強無產階級專政。中央佈置，全國學習，

---

[3] 《毛澤東選集》第五卷，人民出版社（北京）1977年版，頁333、337～338、350～351。

〈兩論〉持續學習了半年（直至1957年4月），且與以往運動不同，一不停課停業、二不搞人人過關，似乎只要國人反復認識「無產階級專政要加強」，顯然意在加強壓力，要知識分子識相點──「無產階級專政不是吃素的」。這當然也從邏輯上符合稍後的鐵拳「反右」。

毛澤東最終決定下手收拾知識分子，乃多因之果。二李先生確實指出了毛澤東之所以發動「反右」的心理動因與思想脈絡，但真正觸發啟動這些基礎因素，將思想認識轉化為政治大動作，尚需最最重要的現實因素。毛澤東最後下決心「反右」，直接因素是對形勢的判斷，即對「鳴放」的形勢判認。

毛澤東確有規避波匈風險的「遠見卓識」，希望早作準備早行預防，但波匈事件終為外因，至多投下心理陰影，提醒他「知識分子對無產階級專政的不滿」，決定因素還是國內政治態勢。1949年執掌國柄後，從1951年思想改造到胡風案後的「肅反」，已大大抽緊知識分子脊梁，雖有一點「外行不能領導內行」、「黨政不分」的刺耳聲音，畢竟嗡嗡如蚊，低弱邊遠。毛聽到的主要聲音還是大分貝的謅頌。開國七年，中共「一時氣象」，大多數國人尚陶醉在「東方紅，太陽升」的幸福中。所謂「知識分子鬧事」，不過一些量級很低的不同意見，並無高分貝的「惡攻」，更無現實行動。1956年2月，赫魯雪夫做了史達林的〈祕密報告〉，戳到毛澤東最痛處，他不願一世令名得到史達林的下場，形成「〈祕密報告〉情結」，因此提出「雙百方針」。

毛澤東的「雙百方針」，著眼點在於規避波匈事件與「祕密報告」，希望解決知識分子問題。他明白對付士林，除了鎮壓，還有一條更佳途徑──讓他們把話說出來、把屁放出來，說了放了痛快了，就不會惦著去鬧事了。因此，「讓說話」也是解決知識分子問題之一途。從正常心態來分析，毛澤東提倡「雙百方針」，鼓勵鳴放，還是想當明君，各項工作的提高確實也離不開批評。再說，讓知識分子說話，知道他們在想些什麼，洞悉民心明瞭下情，也是雄主明君（更不用說無產階級革命領袖）應有氣度，唐太宗都能做到，我毛澤東還不

能麼？同時，他也要做給反對「雙百方針」的赫魯雪夫看：我毛澤東不像史達林壓著捂著，知識分子的「屁」當面就放出來了，身後不會有人做我的〈祕密報告〉，我們的「民主集中制」可是真民主。一箭數雕，何以不為？

然而問題在悄悄起變化，鳴放一起，很快聽到最不願聽的言論──「黨天下」、「小知識分子統治大知識分子」、「黨的知識分子政策不高明」、「好大喜功、急功近利、鄙視既往，迷信將來」……知識分子確有「異心」，對國家大事確有不同設想，中共一系列政策受到根本質疑，權威遭到極大威脅。北京師範大學出現這樣的大字報──

1949年至今已八年，保障人民民主權利的憲法也頒佈了。有腦筋的人想一想，民主生活是否充分？答案是否定的。所謂「民主」者空有其名。人民除物質生活有保障外，其他一切民主權利概無保障，黨獨攬一切，專斷一切，黨即人民全體，黨即國家，黨即法律。所謂「民主」者實際上已被黨主所代替。

略舉一二事例：

憲法規定人民有選舉權，然而人民代表已由黨內定。人民不認識代表，代表不認識人民。

憲法規定人民有言論自由，然而報刊廣播電台均為黨所壟斷，凡發表有與黨的調子不諧和的言論，概以反革命論罪。

毛主席說現階段我國政權性質是人民民主專政，然而黨包辦壟斷一切，民主黨派只是充當傀儡，人民民主其名，一黨專政其實。

黨的中央委員會是1200萬黨員的代表大會選舉的，然而黨中央向全國六億人民發號施令，人人均得服從。

憲法規定政府向民主機構人民代表大會負責，然而實際上政府的一切政策均由黨來決定，政府只對黨負責，人民代表大會空有其名。[4]

---

[4] 〈反右史料‧北師大鳴放大字報選〉，載《開放》（香港）2007年6月

　　此時，毛澤東才意識到赫魯雪夫攔阻「鳴放」的政治遠見，才真正意識到「專政」的必要性，才橫風斷纜，由放轉收，出手鎮壓。畢竟，維護「專政」是壓倒一切的基本面，鎮壓社會主義的敵人不可手軟，掃帚不到灰塵照例不會自己跑掉。再說老毛一向「寧可我負天下人，不可天下人負我」，為了「宏偉的社會主義目標」，只能當秦始皇了。6月8日，毛以中央名義致函各省委、自治區黨委：「不打勝這一仗，社會主義是建不成的，並且有出匈牙利事件的某些危險。」他還不用論據地說：「國際形勢很好，美國處於困難地位。」[5]

　　綜上所述，尤其根據心理常態，筆者認為毛澤東最初不可能沒有當「明君」的心態，指說毛澤東早有「引蛇出洞」的預謀，缺乏有力史料支撐。于光遠（1915～2013）也不同意「引蛇出洞」，于先生認為毛澤東1958年武漢會議上說佈置引蛇出洞，乃是掩蓋料事失準，遮罩「鳴放」失算，強撐胸有韜略指揮若定，事後諸葛耳。[6]

　　中央統戰部長李維漢（1896～1984）──

　　在民主黨派、無黨派民主人士座談會開始時，毛澤東同志並沒有提出要反右，我也不是為了反右而開這個會，不是「引蛇出洞」。兩個座談會反映出來的意見，我都及時向中央常委彙報。五月中旬，彙報到第三次或第四次時，已經放出一些不好的東西，什麼「輪流坐莊」、「海德公園」等謬論都出來了。毛澤東同志警覺性很高，說他們這樣搞，將來會整到他們自己頭上，決定把會上放出來的言論在《人民日報》發表，並且指示：要硬著頭皮聽，不要反駁，讓他們放。在這次彙報之後，我才開始有反右的思想準備。[7]

　　1957年6月8日《人民日報》社論一個急轉彎，突然鳴「收」，與

號，頁36。

[5]　《毛澤東選集》第五卷，人民出版社（北京）1977年版，頁432～433。

[6]　李慎之：〈對反右派鬥爭史實的一點補充〉，載《李慎之文集》（自印本），頁196。

[7]　李維漢：《回憶與研究》，中央黨史資料出版社（北京）1986年版，下冊，頁833～834。

此前的「鳴放」徹底背反，黨內外一片譁然。宋慶齡致信中共中央

　　黨中央號召大鳴大放，怎麼又收了？共產黨不怕國民黨800萬大軍，不怕美帝國主義，怎麼會擔心人民推翻黨的領導和人民政府？……一些二三十歲的青年知識分子怎麼可能一天就變成反黨反社會主義分子，我很不理解這個運動。我想了兩個多月，還是想不通；有這麼多黨內黨外純粹的人，會站在共產黨和人民政府對立面？要推翻共產黨？[8]

　　根據常識，「反右」如此大規模的政治動作，又幾乎出於毛澤東一人運籌，心理應該十分複雜，原因諸多，不可能簡單一因。「二李」分析為單一原因，顯失妥當。當然，最根本的因素還是文化問題，即毛澤東長期浸染東方專制文化，只熟悉「魚肉刀俎」的專政，不認識「熊掌與魚兼得」的民主，心理承受能力太弱、容異度太低。毛一生玩政治，只熟悉爾虞我詐、你死我活，只知矛盾的對抗性，既不習慣民主的「多元共振」，更不理解民主的價值──調動社會成員積極參與公務，從而集智於眾，民主必須伴隨輿論多聲部。哲學上，也不理解矛盾的「同一性」遠遠大於高於「鬥爭性」。毛澤東一聽「嘰嘰喳喳」，與只熟悉「一言堂」的各省市官員一樣：這還得了！這不是反革命要翻天嗎？將走向民主必須的不同意見不同聲音判為絕對不能容忍的「反革命進攻」。

　　九位省委第一書記致電中南海，要求限制「鳴放」，但他們還不敢提出「堅決反擊右派進攻」。[9]趙紫陽其時也不習慣「鳴放」

　　一讓提意見，各種意見鋪天蓋地，有的很尖銳，這大大出乎他

────────────
8　宗鳳鳴：《理想・信念・追求》，環球實業（香港）公司2005年版，頁239～240。
9　（英）麥克法誇爾：《文化大革命的起源》，河北人民出版社1989年版，頁376。

（指毛）的意料。我當時在廣東管農業，座談會上一些人指著鼻子罵，真受不了呀！後來接到中央電報，說要「硬著頭皮頂住」，鄧小平也到廣東來做報告，說放長線釣大魚，那就是打招呼準備反右派了。對當時的大鳴大放，各級幹部有意見……共產黨各級幹部都沒學會聽取不同意見。[10]

　　土改、鎮反、知識分子改造、三反五反、批胡適、批胡風、肅反等一系列運動，民間積累的怨氣確實不少。但就當時「右派」的整體質地，想要推翻中共政權的「反革命」絕少，大多數國人對中共的紅色圖紙尚存寄望，尚不可能慧眼穿赤。就算想要打倒中共，難道就這麼放幾句「毒」，幾百萬「解放軍」是吃素的？

　　至於「反右」的惡劣性，從思想上劃分階級，不僅回到封建文字獄，還增加了一項現代「思想犯」，為大規模鎮壓知識分子提供了「方法論」──可以根據「莫須有」的思想推測定罪。儘管毛澤東已意識到階級論有偏差，放出大逆之言：「馬克思主義就是個扯皮的主義，就是講矛盾講鬥爭的。」[11]但估計毛澤東沒想到會出這麼多反黨反社會主義的「右派」。但既然大力提倡反擊右派，氣可鼓不可泄，只有硬著頭皮在政治上「一面倒」，接受「擴大化」。為維護「反右」正確性，唱出「右派分子想翻也翻不了」。

　　直至「四人幫」倒台，文革結束，赤色意識形態才被踩剎車。這場曠時持久的「赤潮禍華」，根本之因還是文化問題──中共黨人沒有能力辨識馬克思共產設計的烏托邦之弊。如此天翻地覆的社會改造，僅憑馬恩理論設計與蘇聯片面資訊，便認定「最新最美」，借助政治暴力強推硬銷公有制、計劃經濟。然而公有制既悖扭人性，也違反「觀俗立法」歷史理性，整一個南轅北轍。行至文革，連中共高層都沸反盈天，最後只得返身走回頭路，迎回「萬惡之源」的私有

---

[10]　王揚生：〈叩訪富強胡同六號〉，載《明報》（香港）2005年1月30日，A4版。

[11]　《毛澤東選集》第五卷，人民出版社（北京）1977年版，頁344。

制與資本主義市場經濟。為了馬列主義，中共迫使中國繳納高昂
學費。

具體到毛澤東個人，雖然老毛一直指說別人不懂馬列，全黨
沒幾個人懂馬列，其實他自己對馬列也不甚了了。李德：「毛澤東
的馬列主義知識十分膚淺。這是我對他的印象，博古也同意這種看
法。」[12]二李先生也說毛可能終身未通讀《資本論》，床頭多為線裝
古籍，封建的東西遠比馬列裝得多。當然，馬列主義本身亦為謬說，
充其量為一種社會學說，提供一種社會改造方案，需要實踐檢驗。列
寧、史達林、毛澤東捏著舉著自己也一知半解的學說當絕對真理，只
准膜拜不准質疑，只准照辦不准修正，只准讚揚不准批評，絕對教條
＋暴力專制，當然只能製造赤災巨禍。

中共開國後的所謂「一邊倒」學蘇聯，其實自己也不知道怎麼
搞社會主義，只能照著人家葫蘆畫瓢。如此缺乏經驗支撐的社會大變
革，又完全鄙視歷史理性凝結的傳統，不承認各種客觀條件的現實制
約，所謂天翻地覆的社會主義改造，真正盲人瞎馬，夜半臨深池矣！
「反右」又打掉士林發言權，國家失去理性濾網，由大躍進走向大饑
荒，由「七千人大會」走向文革，實為赤色思潮與獨裁專制結合的一
種歷史必然。

「反右」罪責自然非毛莫屬，毛澤東握權一言九鼎，其認識能
力與政治氣度也就成了最根本的制約因素。他認定「右派」乃是推進
社會主義的阻力，有礙他的「敢叫日月換新天」，必須鎮壓。如此這
般，「反右」便成了「歷史前進的必然」，他也只能自認秦始皇。

對比歷史，個人作用之強、能量之大，毛澤東遠超秦始皇，他
為此十分自豪。「反右」對毛澤東晚年心理影響甚大──既然已成
「秦始皇」，一不做二不休，乾脆硬撐到底，走向極端。否則，怎會
上演文革大戲──再演殘殺功臣的歷史老劇？

---

[12] （德）李德：《中國紀事》，李遠六等譯，東方出版社（北京）2004年
版，頁67。

　　不過，如此公然失信，如此不顧忌政治形象，雖然達到「專政」目的，畢竟以支付道德信譽為代價，毀損的自然不僅僅是中共本身，全社會走向虛偽化。「反右」以後，虛矯偽飾堂皇出行，人人必須戴上面具，全社會運行在虛假之中，一切價值基點都傾斜了，失去正確立論的前提，越走越偏，國家長達二十餘年生活在恐怖之中，人人自危。中共中央調查部副部長王濤江（1915～1995）──

　　這桌子上原本沒有茶杯，偏偏說這桌子上確實有一個茶杯，有時還會把桌子上的杯子說成是茶壺。[13]

　　「反右」後，一句「請提意見」，立刻使人不寒而慄，馬上聯想到「釣魚」、「引蛇出洞」。君子視政治為畏途，小人揣著明白裝糊塗，培養出一大批只會宣誓不說真話的各級官吏。2007年11月22日上海白天鵝賓館810室，著名「右派」朱正先生提醒筆者：「兩個人說話可以隨意，三個人說話就得注意。」人心如此，國家自然只能走向現代化的反面。「反右」實為反真，貽禍之烈，懸垂至今。讀書人只能一聲潼關長歎！

　　至於毛澤東的歷史評價，雖然今天「屍在堂，像在牆」，畢竟「已懸一線」，距離澈底清算的「最後審判」不遠了。很簡單，老毛的所有政治邏輯都被推翻：抗美援朝、三反五反、三大改造、肅反反右、三面紅旗、十年文革，無一「正能量」，無一能夠繼承，連金光閃閃的「毛澤東思想」都被請出「指導思想」，除了等待審判，老毛還有什麼值得國人「永遠懷念」？

　　　　　　　　初稿：2007年5～6月於滬；增補：11月22日
　　　　　　　　原載：《領導者》（香港）2007年第6期（刪削稿）

---

[13] 魏小蘭：〈「我信天總會亮」──康生祕書談「沙韜事件」〉，載《百年潮》（北京）2007年第9期，頁56。

紅色才女楊剛自殺之謎

楊剛（1905～1957），祖籍湖北沔陽，生於江西萍鄉。1943年與費正清見面時38歲，已是聲譽卓著的《大公報》文藝編輯，與彭子岡，浦熙修、戈揚並稱新聞界「四大名旦」。她告訴費正清自己成長於父母失和家庭，很早就有「男女平等」意識。費正清品評——

她不具龔澎的魅力，也未公開以共產黨員的身分出現，但是她以更鋒利的筆調、更廣闊的哲學背景來探索中國的前途問題。這就是楊剛。[1]

辛亥前後，楊父歷任武昌守備、江西道台、鄂省政務廳長、湖廣漕運使、湖北代省長，還是古籍字畫瓷器收藏家。北伐期間，農民燒毀楊宅（包括藏書），分掉田產，監禁楊父。1939年，楊父逝世於川。楊母乃大地主幼女，沒讀過書，但聰明頑強，生育11個孩子，丈夫娶妾，婚姻無幸福，吃齋念佛為寄託，1921年去世。

楊剛自幼在家塾誦習古籍，讀了商務版新式教科書。1922年，17歲入南昌葆靈女中（美國教會學校），1927年高中畢業，成績優異，葆靈女中薦入燕京大學英文系。

少女時代，楊剛愛上老師林源，她的思想啟蒙者，武漢學運領導人之一，後參加北伐。她與林老師志同道合，感情相通。但為了革命，他們沒時間徜徉在愛情的林蔭小道。1927年「七‧一五」寧漢合流前，林源失蹤，據說裝麻袋丟進長江。

---

[1]　（美）費正清（John King Fairbank）：《費正清對華回憶錄》，知識出版社（上海）1991年版，頁324。

改名・婚姻

1928年，楊剛在燕京加入中共，北方「左聯」發起人之一，與潘漢華、謝冰瑩、孫席珍等作家交往。這一期間，北大經濟系男生鄭侃熱烈追她，性格豪爽的楊剛問——

你真的愛我嗎？我有我的志向和追求，又有男人般豪爽的性格，我可不是一個賢妻良母型的女人啊。

鄭侃信誓旦旦——

只要你答應我，接受我的愛，這就是我的幸福，別的我不計較。

1932年秋，楊剛燕京畢業前改名「剛」，表明思想傾向——史達林說共產黨員具有「鋼」的品質。費正清說這一改名是「史達林的幽靈」。

畢業不久，楊剛嫁給鄭侃，婚後生育一女。因與黨小組長賭氣，楊剛脫黨，但一直參加中共地下活動。1933年春，楊剛赴滬，參加「左聯」，結識史沫特萊。是年秋，應燕京新聞系教師愛德格・斯諾邀請，回北平與蕭乾一起協助斯諾編譯中國現代短篇小說選《活的中國》，中國左翼文學較早譯本，譯介魯迅、茅盾、巴金等人作品，亦收入楊剛英文小說〈日記拾遺〉（後譯中文，改名〈肉刑〉）。1935年，楊剛翻譯英國女作家簡・奧斯丁的《傲慢與偏見》，商務印書館出版。此後，楊剛在報刊發表短篇小說、詩歌、散文和文藝評論。

1936年，楊剛與丈夫參加顧頡剛主持的《大眾知識》雜誌。「七・七」後，楊剛重新加入中共，輾轉武漢、上海，積極救亡，三歲女兒鄭光迪寄養友人包貴思家。由於與鄭侃在性格氣質、信仰追求上存在差異，夫婦裂痕難彌。楊剛決定隨左翼文化人南下，中央銀行職員的鄭侃則要隨單位轉移福建永安。夫婦爭執不下，楊剛淚曰——

我知道你對我有意見，我未能做一個好妻子和好母親。但我有什麼辦法呢？因為時代賦予我的使命，不允許我做一個舊式的賢妻良母，更不允許我做一個依附於男人的平庸女人，關於這一點，當時我

不是就聲明了嗎？

鄭侃回敬——

楊剛同志，我可敬的革命家，我知道在革命的天平上，我的分量比你輕。想當初，我也追求革命真理，探索人生道路，我敬佩你的革命精神。但你不能在家裡也總想著革命，而不把丈夫、孩子放在心上。我請問，這樣的革命給我帶來什麼好處？

楊剛回擲——

自私，可恥的自私。鄭侃先生，沒想到國難當頭，你會說出這樣的話，我替你羞愧。既然我們在認識上有分歧，感情上又產生了無法彌合的裂痕，那還不如快刀斬亂麻，登報離婚。

鄭侃不同意登報，有損顏面。從此，分道揚鑣，各奔一方。1943年，鄭侃在福建永安死於日機轟炸。

《大公報》女傑

1937～39年，楊剛供職《大公報》，後隨報社南遷香港，接替蕭乾主編《大公報》副刊。她擰緊感情閘門，勤奮採訪、發瘋撰稿，在創作中尋找感情寄託，創作了很多文學作品。

一天，楊剛找中華抗敵文藝家協會香港分會主席許地山約稿，談完公事，許夫人將楊剛拉到身邊——

我的好妹子，你和那個不稱心的男人分開好幾年了，不應該再這樣孤獨地生活下去，你應該勇敢地追求自己的幸福生活。

楊剛身邊確有一位熱情追求者，但她覺得他的情分太輕薄，只能是同志，不能成為情投意合的生活伴侶，予以婉拒。見楊剛沉思不語，許夫人再說——

你相識的男朋友中，有沒有你喜歡的？只要你向我吐露真情，我給你做紅娘。

楊剛敬答——

　　我只能先感謝夫人的好意了。夫人是世界上最幸福的女人，對愛情是深有體會的。愛是雙向的，只有互相真誠的愛，才是人類最聖潔的精神生活，如果勉強湊合在一起，就會使夫妻關係變成庸俗的情欲伙伴。我現在寧願孤獨地生活，也不願與不稱心的男人勉強湊合。

　　許夫人又說——

　　你還年輕，三十剛過頭，對待個人愛情生活應樂觀些，不能老是憂心忡忡。聽說有一位德國留學歸來的博士先生，不是與你朝夕相處的親密朋友嗎？一個是有才華的女作家女詩人；一個是學識淵博的哲學家，我覺得你們是天生的一對！

　　楊剛苦笑了一下，知道指的是喬冠華。她與喬冠華確實關係較近，彼此印象良好。喬冠華精通德語兼通英語，知識淵博，談吐不凡，雙目深沉，姿態雍容，風度瀟灑。喬冠華見楊剛性格豪爽，文思敏捷，倚馬千言，對時局分析精闢，同樣精通英語德語，文學創作方面又有熾熱感情，想像豐富優美，很是傾慕。兩人又都是中共黨員，經常一起從事地下活動，共同理想，文化水準相當，很快成為親密「同志」。楊剛感覺這種關係很自然，也很溫馨，但不願再進一步。後來在重慶，楊剛成為喬冠華與龔澎的紅娘。

　　龔澎（1914～1970），燕京歷史系畢業生，1936年加入中共，1938年赴延，馬列學院畢業後分配太行山八路軍總部。1940年8月嫁朱德祕書劉文華（留德工科生），不到一月後，龔澎調重慶南方局，任周恩來外事祕書。1942年5月，劉文華因盲腸炎死於太行山。龔澎聞訊病倒，許多朋友前來醫院探看，「其中不乏每天都會帶著鮮花的仰慕者，而每一天都會帶一束玫瑰花來的，就是爸爸喬冠華。」1943年秋，龔澎再嫁喬冠華，老朋友開玩笑：「斷腸人找到心上人」。毛澤東也有閑評：「天生麗質雙燕飛，千里姻緣一線牽。」[2]

――――――――――
[2]　喬松都口述：〈我的母親龔澎〉，載李菁訪編：《往事不寂寞》，三聯書店（北京）2009年版，頁93～101。

留美‧返國

　　1940年，楊剛在嶺南大學講授文學。1941年《大公報》內遷桂林，她堅持前往，不願為操持家務犧牲事業。1944～48年，她為《大公報》駐美特派員，在美國採訪新聞，兼事中共國際統戰。其間，1945～47年入哈佛大學拉德克利夫女子學院進修，專修文藝。

　　1948年11月，楊剛奉命歸國，經香港到西柏坡。先任天津《進步日報》副總編，平津戰役後參加天津接收，1949年初，天津《大公報》副總編、黨委書記。同年5月南下，上海《大公報》軍代表。1950年調京，外交部政策研究室主任祕書，10月調周恩來辦公室主任祕書。周恩來召集會議佈置話題，會議結束楊剛就擬出文件初稿。吳冷西——

　　在朝鮮停戰談判三年間，她每天晚飯後即去總理值班室上班，通宵達旦，12小時連續作業，出色地完成周總理交付的工作任務，成為總理在處理外事上的非常得力的助手。……她對國際問題遠見卓識，敏感非凡，寫成文稿，分析透徹，邏輯分明，論證說理頭頭是道，鞭辟論敵入木三分，具有很強的說服力和戰鬥力，加以她文字功底深厚，真可謂下筆千言，倚馬可待。我曾幾次在周總理主持的會議上看到，總理在會議開始時佈置下起草聲明，會議剛結束，她就拿出初稿來了。總理常譽之為「快手」。[3]

　　1950年10月，楊剛丟了一冊重要筆記本，內有中共機密。楊剛向周恩來請求處分。周恩來說：不會丟在遠處，會找到的。原來已有人撿到交給周恩來，周看了，裡面除了黨內機密，還記述與美國新聞處駐華負責人費正清的密切交往，包括費正清的聯繫方式。此時，中共出兵朝鮮，與美國處於戰爭狀態。一向很注重「第五縱隊」的中共，當然很擔心人家的「第五縱隊」。周恩來囑中組部長安子文找楊剛談

---

[3]　吳冷西：〈紀念楊剛‧學習楊剛〉，載《新聞戰線》（北京）1997年第11期，頁29。

話，調任中宣部國際宣傳處長。雖是平調，一切待遇不變，楊剛知道已失去周恩來及中央信任，不能「參與樞密」，十分難過。這一「機密」細節，安子文在得到「千萬不要告訴別人」的保證後，透露給中國作協副祕書長黎辛。[4]

1955年春，楊剛再調《人民日報》副總編，唯一女編委，分管國際報導。不久，因車禍腦震盪，無法正常工作，赴廣東從化與杭州療養，療效不佳。1956年7月1日，《人民日報》從四版擴至八版，楊剛辭去國際部重任，分管文藝部，負責籌畫及簽發文藝部副刊大樣，審閱重要稿件。1954年出席一屆人大、1956年出席中共「八大」。

楊剛身材苗條，雖不漂亮，但有知識女性的秀雅，一口流利英語，才智卓越，朋友多為名流：茅盾、夏衍、喬冠華、龔澎、胡繩、馮雪峰、田漢、楊之華、徐遲、蕭乾、邵荃麟、袁水拍等。此時，楊剛單身多年，女兒鄭光迪在蘇聯讀書，家裡只有哥哥楊潮（中共烈士）遺孀沈強（也在報社工作），姑嫂相依為伴，但修養懸殊，話題不多。楊剛精神有些孤寂，晚飯後常常一人散步小院，或到米市大街、王府井大街走走，有時約同院鄰居、《人民日報》女編輯葉遙一起散步。楊剛不願多談自己的過去，也不願談自己的病。但她對袁水拍的評價十分到位——

水拍的政治諷刺詩寫得很好，有才華，他是個老實人。古話說，憤怒出詩人，這話一點不假。他對國民黨的反動統治非常痛恨，寫起詩來諷刺國民黨像個無畏的勇士，但他的弱點是性格軟弱，不太善於應對複雜的人際關係，我規勸過他。他的小兒子出生時，我給他小兒子起名叫剛健，他接受了。但水拍的性格仍然剛健不起來！

袁水拍為《人民日報》文藝部主任，兼任《人民文學》、《詩刊》編委，參加調查武訓歷史，與江青有接觸，後任最敏感的中宣部文藝處長。文革後期，「四人幫」拉攏袁水拍，將他從賀蘭山放牛處

4　黎辛：〈楊剛為什麼自殺〉，載《黨史博覽》（鄭州）2014年第12期。

召回，「上了最後一班賊船，做了一些不應該做的錯事。」（袁鷹語）[5]1976年2月，袁水拍任文化部副部長，四人幫倒台後停職審查，故人疏離，自己也羞於見人，1982年鬱鬱而逝。楊剛確有先見之明。

自殺之謎

1957年10月7日，「反右」運動如火如荼，楊剛服安眠藥自殺於北京煤渣胡同（《人民日報》宿舍），震動京華。原因至今為謎，共有三說。一、病因說。費正清分析：「她發現她的大腦遭受的損壞如此嚴重，再也不能做有用的工作了。她自殺了。」[6]二、丟本說。胡喬木說楊剛不久前丟失一個重要筆記本，一時想不開。顯然，胡喬木對楊剛的「丟本」並不知詳，還以為是近期之事。三、政治說。不是病情也不是丟失筆記本，而是深刻複雜的政治原因。

自殺前兩天，楊剛出席「丁陳反黨集團」批判大會，王府大街（王府井大街北段）中國文聯大禮堂，800餘人，座無虛席，楊剛挨坐丁玲身旁，目睹對丁玲、馮雪峰「歷史錯誤」的嚴厲批判。她當然會想到自己1932年脫黨、1950年丟本。

自殺前一天（10月6日），作為《人民日報》「反右領導小組」第三把手，她寫了一篇批判蕭乾的書面發言，很樸實，調子不高，沒有無限上綱，只是規勸老友蕭乾看問題不要太片面。副總編林淡秋交編輯葉遙校對小樣。過了23點，快校完時，楊剛敲門而入，對葉遙煩躁地說：「沒意思，沒意思，不要發表了。」葉遙回答做不了主，林淡秋交的任務。楊剛說回家後會給林淡秋打電話。葉遙看她態度堅決，答應明天一定轉告林淡秋，勸她早點回家休息。見她一人走，不甚放心，葉遙扶她下樓回家。

---

[5]　袁鷹：《風雲側記》，中國檔案出版社（北京）2006年版，頁182。

[6]　（美）費正清（John King Fairbank）：《費正清對華回憶錄》，知識出版社（上海）1991年版，頁507。

　　我陪她到家大門口，她雙手抓住我的手不放，好像要說什麼，但沒有說。

　　次日清晨，其嫂發現她死在床上。黨員自殺，中共一向視為叛黨。葉遙說——

　　我心裡的問號是：難道她的死和「反右派」鬥爭造成的極不正常、人人自危的嚴峻政治局面無關？當時社會上的頭面人物，包括著名報人、作家、藝術家等等，許多人被打成「右派分子」，公之於眾，其中有她多年共處的老同事和相知的朋友，難道對她沒有觸動？……她是個政治敏感性很強，有情有義的剛強女性，在當時情況下，她只有沉默。這是我自己對自己心裡問號的回答。[7]

　　蕭乾劃「右派」，楊剛十分尷尬，也無法接受。1949年，是她竭力拉勸這位燕京同學「回國服務」。其時，蕭乾在香港接到劍橋大學聘書。現在自己的「好心」使蕭乾得了「惡報」，還要出手批判蕭乾，正直的楊剛如何接受這一事實？但組織正式定性，蕭乾已「右」，她無力回天，只能選擇「回避」。加上出席批鬥丁、馮大會，產生不良聯想。安子文分析楊剛自殺原因，認為中宣部副部長××（估計周揚）想「擴大戰果」，故通知楊剛出席丁陳批鬥會——

　　那種場面使楊剛感到她可能也要像丁玲那樣被批鬥，所以自殺了。其實調動楊剛的工作，事情就處理了，不需要批鬥她。[8]

　　楊剛自殺，病情因素不大。自殺前，她出席會議、撰稿、截回批蕭稿件等，說明病情干擾並不大，可以排除。「丟本說」或為諸因之一，然絕非主因，事隔七年，何至於為之自殺？「政治說」應該是主因，蕭反以來的高壓氛圍，反右運動又如此暴烈野蠻，人際關係沒法看了，正直的楊剛無法繼續「剛強」，因厭世而棄世。「政治說」之所以長期不被接受，或曰長期回避，當然是有需要回避的原因——

7　葉遙：〈名記者楊剛之死〉，載《炎黃春秋》（北京）2006年第12期，頁16～17。
8　黎辛：〈楊剛為什麼自殺〉，原載《黨史博覽》（鄭州）2014年第12期。

豈非否定「偉大的反右運動」？就是為右派平反，但「反右運動」仍定性「必要」。

1940年代新聞界「四大名旦」，1957年全軍覆沒。彭子岡、浦熙修、戈揚「劃右」，楊剛自殺。這一集體際遇，問號垂空，質疑毛時代的「激情燃燒」。

初稿：2007年3月；補充：2012年2月27日；後增補。
原載：《南方都市報》（廣州）2014年3月16日（初稿）

徐鑄成劃「右」祕聞

　　徐鑄成（1907～1991），江蘇宜興人，20歲入新聞界，長期主筆《大公報》、《文匯報》，前後六十年。不過，他之所以聲名大噪，並非其新聞活動，而是那場滿地走石的「反右」運動。毛澤東撰寫了那篇《人民日報》社論：〈文匯報一個時期的資產階級方向〉，以及另一篇收入《毛選》五卷的〈文匯報的資產階級方向應當批判〉。由是，徐鑄成「脫穎而出」，躋身22名中央級大右派，真正「名垂青史」。

北上投共

　　徐鑄成早年畢業於北平師範大學國文系，1927年半工半讀涉足新聞界，供職國聞社與《大公報》，深得張季鸞、胡政之等《大公報》元老青睞提攜，迅速躋身新聞界前沿。1949年以前，出於人文知識分子天性，徐鑄成熱衷社會變革，傾向紅色革命。1949年2月27日，他與陳叔通、柳亞子、葉聖陶、馬寅初、鄭振鐸、王芸生、趙超構、宋雲彬、曹禺等左翼名士，同船自香港被迎北上，參與紅朝開國，首屆全國政協委員。

　　1949年上海剛剛易手，滬版《文匯報》復刊，諸多中共規矩每每使「舊報人」瞠目結舌。如共軍攻佔長沙，無線電已傳確訊，《文匯報》翌日刊出消息，被指「搶新聞」──資產階級辦報作風，因為新華社尚未正式公告。毛澤東發表〈論人民民主專政〉，要聞編輯按章分題，以醒眉目，亦遭斥責，指為「離經叛道」，如此重要文件，必須以經典排版，原式原文，安可自由處理？

莫名劃「右」

1957年春「鳴放」，徐鑄成3月27日率中國新聞代表團訪蘇，5月9日回京，13日回滬，埋頭撰寫「訪蘇見聞」，逐日刊於《文匯報》，並無任何言論。13日，他在家還與友人宋雲彬議論：章伯鈞確有反黨情緒，儲安平的發言可能取得章伯鈞同意，或受章支持。[1]政治立場完全站在「黨中央」一邊。

此時，應上海市委宣傳部副部長白彥再三力邀，徐鑄成出席了即將閉幕的上海宣傳工作會議。會上，中共官員一再鼓勵鳴放，再三央請黨外人士發言，助黨整風。那天，會上有人說黨內黨外需要「拆牆」。一位大專校長發言，抱怨毫無實權，一切黨委書記（兼副校長）說了算；書記赴京公幹，貼出佈告「離職期間，所有校務由校長代理」。徐鑄成從這一發言中獲得「靈感」，次日發言：「拆牆」需要彼此尊重，以自己與黨員副總編欽本立合作甚歡為例，表明《文匯報》並無「拆牆」之需。其中，最「要緊」的一段：黨員領導要懂一點本行業務，完全外行，就會「秀才遇到兵，有理說不清」。這篇發言刊載《文匯報》。徐鑄成「劃右」後，一直以為是這篇發言惹的禍，觸犯「外行可以領導內行」的忌諱。其實，徐之劃「右」另有祕情。

張春橋手筆

據徐鑄成之子徐復侖最近披露：「反右」開始後，上海市委得知毛澤東已撰《人民日報》社論──〈《文匯報》的資產階級方向應當批判〉，點名《文匯報》編輯部──

……該報鬧資產階級方向期間掛帥印的……帥上有帥……說是

---

[1] 宋雲彬：《紅塵冷眼》，山西人民出版社2002年版，頁448。

章羅聯盟中的羅隆基。兩帥之間還有一帥，就是文匯報駐京辦事處負責人浦熙修，是一位能幹的女將。人們說，羅隆基—浦熙修—《文匯報》編輯部，就是文匯報的這樣一個民盟右派系統。

　　如此這般，上海市委就得確定誰為《文匯報》之帥。那天，上海市委宣傳部長石西民（1912～1987）與分管宣傳的副部長張春橋（1917～2005），同車去見市委書記柯慶施。途中，張春橋問石西民：「你看此帥應是誰？」浦熙修乃《文匯報》副總編兼駐京辦主任，能夠領導她的只能是總編徐鑄成與黨委書記兼副總編欽本立，兩者必選其一。

　　1956年《文匯報》復刊，徐鑄成原考慮社址留京，二十年老友石西民與中宣部副部長姚溱力勸徐鑄成回滬，原地復灶，保證盡力「解決一切困難」。更重要的是徐鑄成訪蘇前，剛被毛澤東接見，當面高度評價《文匯報》，說下午起身先看《文匯報》，然後再看《人民日報》等其他報紙。毛對《文匯報》的這番贊揚人所盡知，劃徐為「右」，實在不便轉彎子。石西民對張春橋說——

　　徐鑄成3月27日就出國訪蘇了，這幾個月《文匯報》由欽本立主持工作。徐出國前，毛主席曾親自接見，並對徐和《文匯報》給了很高的評價。這個鬧資產階級方向的帥應該是欽本立。

　　張春橋答曰——

　　你說得不錯，但是老人家（指毛）的心思誰也吃不透，哪天他又要揪欽本立的後台，豈不揪到你我身上來了嗎？還是定徐鑄成，再要揪徐鑄成的後台，往章羅聯盟身上一掛不就了事嗎！

　　石西民覺得有理，隨後「大老闆」柯慶施也同意「定徐」。

　　徐鑄成的「右派」尚未經群眾揭發批判，早早如此這般內定了。而且，為了澈底撇清上海市委與《文匯報》的干係，不留任何隱患，《文匯報》中共黨員一個都不劃「右」，原定要劃右的欽本立與唐海甚至被塑造成「反右英雄」，藉以說明《文匯報》黨委在上海市委正確領導下，與徐鑄成為首的民盟支部一直在做堅決鬥爭。

「反右」後，石西民與徐鑄成再無交往。1981年，徐鑄成增補全國政協委員，文革中飽受磨難的石西民當面向徐道歉，說出徐之「劃右」這段實情。

得承認，張春橋很有從政經驗，前瞻性相當敏感，當時就看透「老頭子」，其日後窺機爬竿應時發跡，確有相當自身素質。或曰：機會總是給有準備的人。

大會吐真

「劃右」後，徐鑄成出席全國人大，遭一個多月面對面批判，發言者包括抗日名將蔡廷鍇。回滬途中，新聞協會主席鄧拓怕他自殺，派員一路陪護。其後，徐鑄成降職降薪（六類處理的第五類）[2]，行政八級（287.5元／月）降至十四級（138元／月），比主帥章羅都降得多（章伯鈞三級降七級，羅隆基四級降九級）。1960年大饑荒，家累甚重的徐鑄成家底塌空，攜長孫郊遊，二角一包的花生米，都要「咬咬牙摸出」，當孩子打開要吃，「我先數了一數，大小整整是十五粒半。自己雖垂涎欲滴，也不忍分嚐半顆了。」回到市區靜安寺，肉餡包子每只半兩糧票、五角錢，「孫兒哭著要吃時，我只能強拉軟哄，把他拉走了。」[3]

文革初期，徐鑄成家四次被抄，每天接受批鬥，趕出上海華山路枕流公寓（葉以群、傅全香、王文娟等均居此寓），四年蝸居延安

---

[2] 「右派」六類處理（1958年1月29日國務院文件）：1、開除公職、勞動教養；2、監督勞動；3、留用查看；4、撤職；5、降職減薪；6、戴上帽子，免予處分。黨團員一律開除黨團籍，多數「極右」戴上反革命帽子，判刑勞改。
戴煌：《九死一生——我的「右派」歷程》，中央編譯出版社（北京）1998年版，頁77。
統戰部長李維漢說55萬「右派」半數以上開除公職。

[3] 徐鑄成：《舊聞雜憶補篇》，四川人民出版社1984年版，頁151～152。

中路873弄不足十平米的灶披間，接受里弄「革命群眾」時時刻刻的監督改造。

1980年8月，73歲的徐鑄成在「改正」大會上仍遭敲打，中共老幹部要他們這些「犯過錯誤」的老文化人必須牢記兩點：一、不忘九個手指頭與一個手指頭的區別；二、勿忘「延安」與「西安」的區別。徐鑄成先致感激，隨即痛言——

含冤二十年，人生有幾個二十年？我們這二十二人中（按：中央級老右），三分之二已經不堪折磨離開人間。至於九個指頭一個指頭之分，有時難以區別，請問像文革十年所犯之失誤，是一個指頭還是四五個指頭？同樣，當時號稱兩個司令部，究竟哪一個司令部是延安，事先誰有識力敢於區別？

言畢落座，滿場「民主人士」，只有一兩位開明者，向他熱烈握手道賀。

囉嗦幾句：九個指頭一個指頭、延安西安，均為老毛用語。意謂：對中共永遠要看「九個指頭」（成績），不要盯著「一個指頭」（缺點）。「延安」、「西安」則指國共之別，指屁股不能坐錯位置、站錯「階級立場」。

一生受桎

1980年9月徐鑄成出訪香港，發表觀感——

回憶1950年我離港時，香港的面貌大體上與上海相彷彿，現在則差距懸殊，香港已成為世界第三金融中心，生產則與新加坡、南朝鮮、台灣並稱亞洲四小龍。神州大陸人民至此，瑟縮變成窮親戚矣！

徐氏參觀香港報社，看到一切電腦化，嘖嘖不已。再看到港民之富，感歎更深——

資本主義制度誠為剝削制度，但開放的資本主義社會，生產力又急速發展，亦有餘力著眼於人民之福利，未可以社會制度落後，而

閉眼否定一切也。[4]

奈何徐鑄成雖「右派」摘帽，帽痕猶在，還陷在「最優越的主義與最先進的制度」這一赤色邏輯方陣。得知1978年大陸合法入港者五六萬，非法入境超過一倍，廣州白雲山「天南第一峰」題額下，眾多青年投幣占卜，投中「南」字預卜偷渡可成，評曰：「這股歪風實在使人不寒而慄」。

終徐一身，自謂「特別熱愛社會主義新中國」，但凡講到「新中國」，一陣「儘管」、「雖然」以後，總要緊跟著「站起來了」、「得到溫飽」，但又提交不出具體的支撐性論據，「新中國」哪些地方體現了「社會主義優越性」？饒是徐先生這樣本應靈通八面的新聞人，在資訊閉鎖與政治高壓的「鐵屋子」待了三十年，也耳塞目閉，既「聾」又「瞎」，對政治「茲事體大，我不敢妄置一辭」，並說香港「因為社會制度不同，在優越性方面，它是根本不能和我們相比的」。若徐先生知道僅僅一場「大躍進」就躍死至少4000萬人，還能說「站起來」、「得溫飽」、「優越性」嗎？

除了資訊閉塞、政治高壓，晚年徐先生的「拎勿清」（滬語：理解力太低），根源還在於喝了那碗「主義」的迷魂湯。1983年，他寫道——

全國解放之初，知識分子也像工農群眾一樣，無比興奮，看到國家不僅在水深火熱、積弱積貧下得救了，從此站立起來了，而且看到黨指引的前進目標，所描繪的未來藍圖，比自己曾夢寐以求的，不知好多少倍。那時感激、興奮、努力學習、探求真理，使自己在黨的領導下，趕上時代的步伐，獻出一切，這種迫切的心情，是難以言傳的。……在批鬥中，我自己承認思想、立場、觀點沒有改造好，但相信我能改好。[5]

---

[4]　徐鑄成：《徐鑄成回憶錄》，三聯書店（北京）1998年版，頁333、338。

[5]　徐鑄成：《舊聞雜憶》，遼寧教育出版社2000年版，頁261、610、622、388。

　　有了這樣的「階級覺悟」，有了「絕對正確」的方向目標，再想掉頭走出來，確乎難度不小。若天假以年，徐先生看到1992年後全面恢復「市場經濟」、看到當年奮力剷除的「剝削制度」澈底回潮，他會「頓悟」麼？只是，即便這一代左翼士林能夠走出極左隧道，歲月留給他們的也只是無盡惆悵無限懊恨——來日無多矣！極左赤潮需要整整三四代人去證謬，時日之長、代價之昂，只能再發「潼關之歎」——主義啊主義！思想啊思想！

2007年1月15～17日於滬

原載：《開放》（香港）2007年3月號

《南方都市報》（廣州）2011年3月30日（刪削稿）

轉載：《各界》（西安）2011年第11期

附記：

　　《南方都市報》（2011-3-30）發表的儘管為刪削稿，仍有「擔心」，尾添一注：

　　【本文僅代表作者觀點，不代表本報立場。】

傅作恭之死

　　近讀西北民族學院女教師和鳳鳴慘烈回憶錄《經歷——我的1957年》（敦煌文藝出版社2001年，錢理群書評載2004年5期《隨筆》），不想讀出一段鮮為人知的情節。國軍反水將領傅作義八弟——傅作恭（1903～1960），居然也是「右派」，1960年3月餓死於甘肅酒泉夾邊溝勞教農場。細細說來，傅作恭之死，還有一些悲上加悲的深層原因。

　　傅作義（1895～1974）兄弟十人，以「仁義禮智信溫良恭儉讓」排名。八弟作恭1945年畢業於金陵大學森林園藝專業，赴綏遠見二哥作義，談了建設家鄉的理想。無奈內戰風雲正緊，二哥忙於軍務，雖然欣賞八弟學成有志，也只能安排他到河套經營一家農場，為發展農業做點事。

　　1949年後，中共任命傅作恭為農場場長，但他的許多想法不合上級意圖，無法伸展抱負。加上老粗管老細、外行領導內行，科班出身的傅作恭當然很有些看法，也不習慣紅色政治環境下「必須聽黨的話」，心情很不爽。他向二哥傾吐抱怨，傅作義通過一起反水的老部下鄧寶珊（甘肅省長），1952年安排傅作恭到甘肅省農林廳。

　　傅作恭性格耿直、脾氣暴躁，到了甘肅農林廳仍不適應，尤其反感1958年「大躍進」的瞎吹牛，認為甘肅在經濟、物質、技術等各方面都不具備上馬引洮工程，得罪了甘肅省委，認為傅作恭的意見乃是階級敵人向黨進攻，補劃「極右」，送入夾邊溝勞教農場。

　　傅作義獲訊，十分難過，又無能為力，雖知老八弟妹潘翠竹在蘭州無工作，帶著五個孩子很困難，但怕別人議論「搞特殊」，不便多寄錢，只能讓她帶著孩子回老家農村「自食其力」。傅作義對晚輩說——

老八女人和孩子在農村就是要讓人同情哩，我不好多寄錢給他們，絕不能顯得一個右派家裡比別人強。

潘翠竹苦熬苦盼，巴望二哥救出丈夫。不料竟等來一張死亡通知書——「患病死亡」。[1]

中共奪國之初，擺出「聯合政府」的樣子，安排一些「民主人士」入閣。水利部長傅作義，當然明白自己的地位，一切尊重中共黨組。另一位糧食部長章乃器也是「民主人士」，每件事都要問清中共意見才簽字，公認工作做得最好，經常得到毛澤東、周恩來表揚。[2] 傅作義雖為部長，實權卻握於副部長李葆華。李葆華乃李大釗之子，1962年初升任安徽省委書記。

傅作恭這條山西大漢，一米八以上，身材魁梧，國字臉，濃眉大眼，一表人才。但個大消耗也大，一到夾邊溝，伙食粗質惡劣且供量不足，吃不飽肚子，活路又繁重苦沉，很快體力透支，身體迅速垮下來。從沒吃過苦的人，哪受得了這份裡外夾攻的折騰消耗？傅作恭只得向二哥傅作義寫信告急，述說饑餓難耐，勞動太重，頂不住了，盼望援救。傅作義接信，不相信弟弟所言，認為這是誣衊黨的改造政策，往社會主義臉上抹黑，義正詞嚴地回信訓斥弟弟，要他老老實實接受改造，云云。為此，傅作恭遭到農場狠狠批鬥，他絕望了。

傅作恭死前，連續八天清晨五點半起床背草筐，第五天拉稀，實在背不動，難友高爾泰（1935～）向管教趙來苟求情——

傅作恭是真不行了，我看見他拉的黑屎！

此時，夾邊溝大批「右派」餓斃，都知道拉黑屎是「不行了」的信號。然而，這位管教卻說——

我拉的也是黑屎！誰叫他當右派？他如果不是右派，就到北京住他哥哥傅作義的公館，想吃什麼吃什麼，誰能管到他頭上？傅作義

1 崔增印：〈傅作義與右派八弟傅作恭〉，載《炎黃春秋》（北京）2010年第7期，頁39～40。
2 章立凡：《君子之交》，明報出版社（香港）2005年版，頁146。

與人民為敵，殺了不知多少人。傅作恭從國外回來，也不是個好東西！（按：一直誤傳傅作恭是留美水利工程博士）

於是，傅作恭被逼背著草筐繼續掙扎走了十幾里路，實在走不動，向趙來苟抱怨——

我實在走不動了，在資本主義國家，有事還允許申辯嘛！

趙來苟大怒：我看你就是資本主義！

趙硬要傅作恭負重前行，傅作恭腿上沒勁，寸步難行，無力邁步，趙來苟便叫其他犯人用草繩套勒著傅作恭的脖子，前後各拉一根繩子，逼著傅作恭背著草筐一步步挪走，傅作恭往前倒，後邊的人拽一下繩將他拉起，若往後倒，前面的人拽一下繩再將他拉起。三天後，傅作恭走到背草筐處再也站不起來，領工的管教捨不得多費勞力抬他，找來一隻草笆子，把傅作恭放上去，由一名勞教分子用繩子拉著，「多快好省」地將傅作恭一路顛簸拉回住地。前蘭州醫學院教授、「右派」劉逢舉過來一看：「已經死了兩三個小時了！」

1960年底，全國大面積餓死人已是「公開的祕密」，無法再捂蓋子，北京只得派出檢查團分赴各地視察「災情」。甘肅檢查團由監察部長錢瑛帶隊，團員公安部副部長王昭及部分「民主人士」。水利部長傅作義向周恩來請行，隨團前往甘肅。深秋一天，檢查團來到酒泉夾邊溝農場，場部聽取彙報，傅作義插問：「這裡有個傅作恭沒有？」呂教育股長答道：「可能已經死了。」傅作義再問：「請問埋在哪裡？」場長劉振宇推託責任：「聽說他可能跑了。」傅作義忍無可忍，怒目圓睜——

你這哪是共產黨做事？國民黨死了人也要交代清楚。你說他跑了，他50多歲的人怎麼跑？再說他就是有些右派議論，沒有別的問題，他為什麼要跑？

畢竟，手足情深，66歲的傅作義深負愧疚。到達夾邊溝後，當他暸解到這裡嚴酷的生存條件，回想弟弟的求救信，自己非但沒援助，還嚴詞訓斥，能不垂首飲泣嗎？

　　據可靠消息，「夾邊溝農場原來有勞教人員2800多人，能夠回來的只有六七百人，是個零頭。」

　　和鳳鳴的《經歷——我的1957年》，記錄不少饑餓細節：吃生麥脹死、100公斤清漆被全部喝光、煮食人腿、草根樹葉、老鼠螞蚱、生食牛腦牛肉、刨吃死人內臟骨頭、屍體被吃得只剩下一副骨架一顆頭顱……

　　饑餓中的人際關係難以想像——

　　哪怕舉步難艱，也要自己掙扎著去打，如果讓別人去打飯，代打飯的人就有可能不顧一切後果地了了飯搶吃個淨光。對掙扎在死亡線的人來說，哪怕是被吃掉一兩口也是不行的呀！因為這和了許多鹹菜子的麵條雖然不值幾個錢，許多奄奄一息的生命卻全靠它來維持呀！每個掙扎在鬼門關上的可憐人，誰都絕不放棄能帶來生的希望。任何微乎其微的可能，即便是碗邊上的半根麵條、半口湯、半片菜葉。我們同屋的四個女伙伴，一向都是自己打自己的飯。

　　當時全國糧庫並不是沒有糧食，農場也並不是必須將糧食限定於每月15斤，讓這麼多人去熬度鬼門關，因為「在管教幹部心目中，勞教分子餓死若干個，又算什麼？！」[3]

　　　　　　　　　　初稿：2005年2月21日；增補：2010年7月
　　　　　　　　　　原載：《開放》（香港）2005年4月號（初稿）

---

[3]　和鳳鳴：《經歷——我的1957年》，敦煌文藝出版社（蘭州）2001年版，頁364、371、289。

「右派殺人犯」與白茅嶺冤案

出身雇農的黃宗奇（？～1958），1948年加入中共，1954年以調幹生入學北京大學哲學系，成績優秀。因是1949年以前的黨員，甚得重用，「反右」領導小組長。「反右」伊始，他反對人身攻擊、允許批判對象申辯、不搞動手武鬥，被指「同情右派」，竟亦劃「右」，從革命力量淪為打擊對象。怕他想不開，安排同學看押，限制自由。1957年6月下旬被捕，1958年槍決。案情如下——

黃宗奇劃「右」後，實行「群眾專政」，同學輪流看管。他情緒激動，因冤而憤，無法轉彎子，吵著嚷著要自殺。一天，他企圖從廁所跳窗，看管他的同學從後面一把抱住，情急之下，黃宗奇掏出鉛筆小刀，向後一劃，劃破「看守」的臉，破了一點皮、流了一點血。一把削筆小刀怎能殺人？但為證明「右派」的兇殘與反撲、證明「反右」的必要性，這點小事硬被渲染成「右派殺人」，做足文章，槍決鎮壓！綁縛刑場前，黃宗奇交待妻子——

我死後你不要守著，早一點找一個人家，好好教育孩子，永遠跟著黨、跟著毛主席走社會主義道路。

1979年「右派」改正，落實政策，承認殺錯人，賠償其子兩千元。[1]

法院為判刑「右派」平反，前提原單位必須先撤銷「右派」，法院再根據原單位的「錯劃」宣佈「錯判」。原單位如「堅持真理」不予改正，法院也愛莫能助。而各單位掌權者多為1957年「反右」中青年骨幹，正年富力強，申冤者又是自己一手打下去的「階級敵人」，要他們自糾錯誤，向受害者賠禮道歉，拖拖賴蹭，最後再要一把當權者威風，不到萬不得已，絕不會痛快給你辦「改正」。黃宗奇

---

[1] 申淵：《五七右派列傳》第四卷，香港五七學社出版公司2009年版，頁59～62。

因「錯劃」而「錯判」而「錯殺」，錯度越大，糾錯越難，阻力越強，衙門層層，關隘重重。

中共名義上「全心全意為人民服務」，羊頭掛得很高，口號響徹雲霄，實質向無追責制。「反右」乃全國政策性錯誤，「右派」改正並不具體追責任何個人，所有罪誤都歸於一個詞──「擴大化」。一場塌天大禍的當代文字獄、殃及至少55萬「右派」及其家人的赤難，最後竟無一人擔責！能夠為「右派」改正，恢復你身分待遇，替死者恢復名譽，已是我黨又一次「偉光正」，55萬右派及其家人領到的所有補償只有三個字──「朝前看」！

與黃宗奇一字之差的清初黃宗羲（1610～1695），與滿清皇朝對抗到底，屢拒清廷徵召（包括康熙欽點），白紙黑字寫下大逆之語：「天子之所是未必是，天子之所非未必非」（《明夷待訪錄》），康熙也沒拿他怎樣，85歲天壽終老，且以明臣殯儀安葬。三百年後的黃宗奇，所謂「反動」不過自殺時劃破阻攔者一點皮，「待遇」相差如斯！毛共自稱澈底反封建，竟遠比封建時代更封建更殘暴。

北大西語系學生「右派」顧文選（1934～1970），1966年夏從河北清河勞改農場逃走，越境後引渡回國，以「叛國罪」（叛變投敵、出賣情報）處死。北大化學系學生「右派」張錫琨，1977年企圖越獄被處死，遺體由妹妹領回。[2]北大西語系學生「右派」賀詠增，大會宣佈逮捕，文革在京郊勞改隊屢挨批鬥，生不如死，爬上幾十米煙囪，大呼口號，當著圍觀者躍身而下，拍地而死。[3]

白茅嶺冤案

皖東南郎溪與廣德兩縣交界的白茅嶺勞改農場，隸屬上海勞改

---

[2] 辛子陵：《紅太陽的隕落──千秋功罪毛澤東》，書作坊（香港）2008年第二版，上卷，頁168。

[3] 張強華：《煉獄人生》，中國三峽出版社（北京）2004年版，頁63。

局，文革期間既看押服刑勞改犯，也為「勞改釋放犯」提供就業，俗稱「二勞改」。1977年，白茅嶺總場公判大會，「現行反革命」姚蓮蒂（26歲姑娘），判決死刑，就地正法。案情如下──

楓樹嶺分場關押女犯，發現「反標」（反動標語），獄方如臨大敵，對筆跡、查檔案，上海勞改局也派來專案組。但在專案組開來的吉普車上居然也出現「反標」，頂風作案，氣焰囂張。專案組豪稱：不獲全勝，絕不收兵！摸排過篩，出生反動家庭的姚蓮蒂浮出水面。姚父乃國民黨軍官，判刑八年，刑滿後就業白茅嶺農場「二勞改」；姚母因對抗文革被槍斃。姚姑娘與無產階級專政有「血仇」，被捕後，情緒極其抵觸，常嚷嚷「你們送我去見我媽媽好了！」因此，認定姚蓮蒂既有階級根源，也有「相關口供」，最可疑。

審訊中，姚蓮蒂對指控並不推託，一口嚷嚷：「你們送我去見我媽媽好了！」於是，這位上海女初中生成了辦案者的立功資本。執行槍決時，上海開來醫院麵包車，停在刑場邊，行刑一結束，兩位白大褂立即挖去眼珠（可能要角膜），麵包車迅速絕塵而去，大概某高幹有「革命需要」。

行刑當晚，楓樹嶺農場一女場員自殺而亡，她才是「反標」作案人──一位被「政府」絕對信任的積極分子。此人良心發現，自行了斷──「一命抵一命」。據說，上海方面有「停止執行」的急令，晚到一天，未能刀下留人。[4]

2008年4月下旬於滬，後增補。
原載：《前哨》（香港）2008年第11期（初稿）

---

[4] 張強華：《煉獄人生》，中國三峽出版社（北京）2004年版，頁285～287。

蘭州《星火》案

　　北大聖女林昭（1932～1968），之所以被捕、重判二十年及最後處決，案由並不在「右派」，而是一份祕密刊物──《星火》。這份祕刊《星火》姿容如何？有何「反動性」？全案實況如何？一直深掖史褶，霧罩塵封，未得展世。

　　1960年1月，《星火》第一期在甘肅武山縣油印30餘份（16開本），第二期已組稿，但未及印出。9月，蘭州大學三名學生「右派」告密，案發天水，列為全國「第四大案」，定性「反革命集團案」。是案，42人被捕，其中大學教師1人、研究生1人、大學生12人（蘭州大學8名）、幹部3人、農民25人；判刑25人（刑期三年至無期），另有三位農民管制，兩位戴帽，12人釋放。1968年，林昭槍斃；1970年，蘭大學生「右派」張春元、武山縣委書記處書記杜映華同時殉難。

　　1980～81年，《星火》案艱難平反，但不可查閱檔案，「案犯」無法獲得當年判決的「罪證」依據。法律上平反不等於這批學生右派持守的立場一併平反，他們當年的言論仍相當「過激」。2010年2月，《星火》案唯一女犯譚蟬雪在香港出版《求索──蘭州大學「右派反革命集團案」紀實》（天馬出版有限公司），五十年前的「第四大案」終呈於世，以下只標頁碼。

　　北大教授錢理群序言──

　　這本拿在手裡都會顫抖的好沉重的書，我們將如何面對呢？

　　這瓣陳年花葉，「毒液」尚濃、芒刺猶銳，大多數今人仍不敢近前。

　　譚蟬雪（1934～），出身廣東開平職員家庭；1950年入廣西革大，後留校，再入越南留學生中文專修學校、桂林文化館；1956年以

調幹生入蘭州大學中文系，1957年劃「右」，被稱「蘭大林希翎」；《星火》組織內負責聯絡境外（擴大影響、爭取援助），1960年6月偷渡香港未遂被捕，判刑14年；1973年底出獄，進酒泉「二勞改」安置性小廠；1980年平反，任教酒泉師校；1982年調敦煌研究院，副研究員；1998年退休，定居上海。

主要「案犯」（除林昭）

張春元（1932～1970），《星火》核心，河南上蔡人，1948年底參加共軍，入朝志願軍汽車兵（技工班長），王首道司機；1956年蘭大歷史系調幹生，1957年淪「右」；1959年6月號《電影文學》發表文學劇本《中朝兒女》（筆名司馬章），出席長春電影製片廠新片攝製計畫會，天水馬跑泉公社黨委致函「長影」，「司馬章」右派身分暴露，投拍作罷。1960年7月被捕，1961年8月10日越獄，9月6日再次被捕，關押天水第三監獄，上手銬腳鐐；原判「無期」，1970年3月因「在監內進行第二次反革命活動」（與杜映華遞紙條），處決於蘭州。（頁132）

杜映華（1927～1970），甘肅隴西土店子村人，隴西師範學生地下黨員，歷任中共漳縣副書記，武山縣委書記處書記、城關公社第一書記，1959年劃「右傾」，開除黨籍，下放勞動；1960年2月被捕，原判五年；1970年與張春元同時罹難蘭州。

胡曉愚（1929～1999），九江人，北大化學系研究生，留校助教，1955年調蘭大，化學系講師，「右派」，判刑15年；平反後為蘭大教授。

顧雁（1935～　），上海人，北大物理系畢業生、蘭大物理系研究生，「右派」，判刑17年，服刑青海，平反後任教蘭大，1985年教授，後調中國科大物理系。今不願憶舊。

苗慶久（1932～2015），北京人，出身地主，公安司令部邊防保

衛局中尉，1955年復員後考入蘭大物理系（調幹生），「右派」，判刑20年；平反後蘭州連城鋁廠中學高級教師、校長、廠教辦主任。

向承鑒（1938～），江西武寧人，1956年考入蘭大化學系，「右派」，判刑18年；平反後分配蘭州連城鋁廠中學，高級教師、教導主任、校長。

何之明（1936～），長沙人，1956年考入蘭大物理系，「右派」，判刑15年；平反後任教蘭州連城鋁廠中學，1982年移居美國。

楊賢勇（1933～2003），四川人，1955年蘭大中文系調幹生，「右派」，判刑十年；平反後蘭州三十四中高級教師。

孫和，上海人，1949年春參加共軍，1956年考入蘭大歷史系，「右派」，判刑八年；平反後蘭州連城鋁廠中學高級教師、教導主任。現今不能見「同案」，一見就腦梗。

陳德根（1932～2009），四川達縣人，師範畢業生，1956年考入蘭大生物系，「右派」，判刑八年，平反後分配蘭州連城鋁廠中學，中教一級，1989年退休。

賈啟賢，農民基層幹部，判刑八年。

梁炎武（1935～2012），廣州人，北大研究生，留校助教，因顧雁受牽連，判刑七年。

羅守志，甘肅武山洛門羅坪人，武山縣委農工部長，1960年2月被捕，判刑五年；平反後武山四門中學校長、縣人大祕書長。

胡學忠（1936～1972），武漢人，1955年考入蘭大化學系，「右派」，判刑五年；刑滿就業，夭歿胃癌。

田昌文，武漢人，1955年考入蘭大數學系，「右派」，判刑五年，平反後回武昌中學任教，現不詳。

謝成，隴西人，1954年考入蘭大中文系，「右派」，判刑三年，出獄後捲入另一「現反」案，再遭捕；1980年兩案皆平反，天水四中高級教師、校長、甘肅省政協委員，現居天水。

七位涉案農民判刑：王鳳岐死於武山看守所；劉武雄被判15年；

雷煥章、雷振華、謝思敬七年；雷岩家三年；管制三人、戴帽兩人。

幾位受牽連者——

馮淑筠（1931？～1968？），蘭大化學系學生「右派」，關押近一年，無罪釋放後蘭大拒絕接受，四處流浪，文革中被遣煤礦，死於礦難。

鄧得銀（1932？～1968？），蘭大化學系學生「右派」，1961年畢業，分配通渭中學任教，文革中被打死。

呂綏生（1935～），蘭大化學系學生「右派」，1961年畢業，分配蘭州西固第六中學，勞役打雜；文革遭毒打，妻小趕入農村，備受歧視近二十年，1981年任教蘭州教育學院，1985年甘肅中醫學院教授。

思想根源

五年制全國重點理科蘭州大學，劃「右」195名（學生143名），全校師生員工14％。隴省雖窮僻，然「左」狠異常。1957年隴省人口1200萬，僅全國人口1/50，揪「右」五萬餘名，全國「右派」1/11。

譚蟬雪的「右派」言論為引用民諺——「國民黨貪汙，共產黨貪功」，以及日記中的「愛情自私論」。這些馬列青年劃「右」後，滿腦子問號，無法接受愛黨之心竟結反黨之果，希望在下放勞動中找到是非答案，期待重返蘭大。因為，全校處理大會上宣佈：「保留學籍，農村監督勞動一年。」他們並不知道中共一向說話不作數。

思想資源上，這批蘭大學生「右派」除了馬列主義，並無其他西方現代思想，甚至從未接觸西方人文名著，只能「打著紅旗反紅旗」，舉著馬列之旗批駁馬列叛徒——「當代統治者」。他們認為

（需要）填補馬列主義學說在闡明資本主義向社會主義過渡時期的理論空白，發展科學的馬列主義學說並指導我們今後的行動。（頁35）

　　他們最主要的思想資源是「事實」，喚醒他們的是大躍進的造假、大饑荒的慘狀。公社化對農村的破壞如此直觀強烈，報紙上的「偉光正」與社會現實完全悖反。他們在「廣闊天地」接受真正的再教育，起疑「偉大的黨」、「反右」、「反右傾」、「三面紅旗」，認清「偉大的混賬」與「血淋淋的荒唐」，從而產生「反潮流」的價值自信與邏輯支撐。對這些絕對擁共的紅色青年來說，得出這樣的結論，自己都十分震驚——

　　事實的結論是：共產黨叫人民受饑餓！共產黨害死人！（頁74）

　　林昭——

　　正因為我本來是黨的追隨者擁護者，所以才更要反黨！（頁26）

　　向承鑒——

　　自從知道廬山會議揪出彭德懷「反黨集團」後，我已心灰意冷，對毛為首的黨不再抱幻想，將我偷偷寫成的〈給黨中央的上書〉憤怒地撕成粉末。（頁237）

　　但青春使他們不願沉默，良知使他們鐵肩擔道義。1959年10月，饑情蔓延，乞民遍地。向承鑒的哥哥（山西化工設計院工程師）勸弟弟不要去管農村饑情——

　　這些事你管得了嗎？你不去想它不行嗎？

　　向承鑒回答——

　　不是管得了管不了的問題，是應該管不應該管的問題，是該不該想的問題。如果人人都採取回避態度，「匹夫有責」就成空話，這正是當前局面得以發生的原因。

　　向承鑒赴京看到「十大建築」——

　　這些建築的豪華氣派與農民啼饑號寒的景象該有多大的反差啊！民以食為天，國以民為本。這些建築是供人觀瞻、供人享用的，理應人先物後，物為人用。為何不先解決人的溫飽生存而後再蓋它們呢？難道臉面比起農民的死活更重要、更值得優先嗎？我疑惑惶恐。即使北京，即使在天安門廣場，在刻意鏤雕的繁榮背後，雖是不斷收

容、遣送與驅趕，還是能發現饑寒交迫的身影。（頁233～234）

最起碼的良知呵！《星火》的麻煩也在於此：這群青年不僅追問農村饑貧的原因，還要探求農民無產化貧窮化的根源。

《星火》誕生

1959年5月，蘭大學生「右派」張春元、顧雁、胡曉愚、孫和聚會天水馬跑泉公社拖拉機站。分析形勢後，張春元提出活動方針——「鞏固地位、擴大組織、聯繫同志」，並形成意向——通過串聯成立組織。他們對社會變革作出兩種估計：一、自下而上的農民暴動；二、自上而下的宮廷政變。為交流看法、溝通思想，顧雁提出內部必須有經常性刊物，是為《星火》，寓意「星星之火可以燎原」。

林昭與《星火》有聯繫源於北大女生「右派」孫復（下放青海民族學院），其兄孫和為蘭大學生「右派」。孫和一開始以其妹名義與林昭通信，後直接聯繫，林昭寄去詩歌〈海鷗〉。張春元意識到林昭的能量，很快聯繫林昭，數次上蘇州面談。林昭最初並不同意冒險刻印小冊子，但最後還是同意將詩作〈普洛米修斯受難的一日〉發表於《星火》首期。

1960年起，林昭一直關押於上海提籃橋監獄，寫下二十萬字日記、血書，控訴毛共的殘酷迫害、表達追求自由平等的人權信念。1968年4月29日，林昭被祕密槍決。1980年8月，上海高級法院以「精神病」平反此案，認定冤殺無辜，撤銷原判。1981年12月，上海高院再次複核，認為「精神病」定案不妥，宣佈無罪。北大追悼會，一副挽聯——上聯「？」，下聯「！」。

1960年1月，《星火》第一期在甘肅武山縣由蘭大學生「右派」苗慶久、向承鑒油印三十餘份。1960年4月，顧雁、張春元、苗慶久在上海南匯瓦硝公社黑橋顧家聚會，議定《星火》散發至最高政要層，計畫8月從五大城市（京滬漢穗西安）郵出，使中共高幹相互猜

疑,有些高幹受刺激後或會有所表現。同時議定:〈論人民公社〉寫
成後,印發全國公社書記以上幹部。(頁62、96)

　　1960年5月,張春元路過武山見到向承鑒,囑向承鑒抓緊組稿,
儘快印出《星火》第二期,爭取寄到每位縣級幹部。(頁244)第二
期尚在組稿,未及印出,密洩案發。

主要觀點

　　《星火》發刊詞「放棄幻想,準備戰鬥!」(顧雁)──

　　是清醒的時候了!假如你曾經為了將來的溫飽而勒緊褲帶……
勒緊褲帶的結果是口糧的進一步減少,日夜苦戰的結果是供應的全面
緊張。兢兢業業的結果是殘酷的鬥爭與無情的打擊……幾年來倒行逆
施的結果,目前的統治集團已經陷入了一個無可救藥的惡性循環,一
步步蹈著秦始皇的覆轍。為什麼曾經是進步的共產黨執政不到十年就
變得如此腐化反動?在國內怨聲鼎沸叛亂四起,在國外陷入處處楚歌
的境地呢?這是由於把全民的天下當做私有財產,事無巨細,清一色
由黨員來管理的結果。……正是這一次比一次激底的反右運動,正是
這一天等於廿年的躍進,加速了目前統治集團的死亡。……為激底摧
毀目前的強權統治而奮鬥!(頁28)

　　向承鑒的〈自白〉、〈目前形勢及我們的任務〉──

　　我們反對的是已腐朽透頂而自己標榜為英明偉大的所謂共產黨
的現政權,並且矢志不移地為激底地摧毀它而奮鬥。

　　個別社會主義國家由於思想壟斷和國家集權(其實就是黨的絕
對領導)的惡性發展……中國共產黨統治者(它們假借無產階級專政
的名義),對國內人民實行反科學反人性的法西斯官僚獨裁統治……
反右運動是中國共產黨質變的起點,從此它就失卻了改好的可能性,
開始公開走上與人民為敵,與道義、人性為敵的道路,步入反動的
深淵。

人民公社的最反動性在於它拆散家庭，使父母妻兒東西南北，這是對人性最基本特徵的否定。……反右傾運動證明：在統治集團內部已有很大一部分不同意繼續執行這種反動的政策。它的實質和表現是：共產黨統治集團內部的空前大分裂。……當代統治者已經澈底背叛了工農群眾利益，騎在人民頭上作威作福，使自己失去了群眾基礎，得下了不能診治的極症。……小規模的農民暴動已滿地星火了。……當代統治者的死期也愈加逼近了。

當代統治者在國內外已經陷於空前孤立、四面楚歌的境地，它的地位已經搖搖欲墜。……工人農民是推翻現政權的力量保證。我們應該大膽而果斷地在工人、農民中展開工作，啟發他們對當代統治者本質的認識，引導他們將暴亂自發的行動變成統一自覺的行動。……全國的百姓們！趕快醒來吧！民主、自由和科學社會主義的曙光已經升起了，讓我們團結一致，為迅速澈底地摧毀當代的法西斯化的官僚統治而奮鬥！（頁29～32、35）

張春元的〈糧食問題〉、〈論人民公社〉（二期）──

當今的統治者和歷史上任何統治者一樣，利用農民革命爬上了天安門，登上了寶座，一隻手接過農民所賜予的王冠──主席，另隻手卻狠狠地一拳，把農民大眾打倒在地，踐踏在腳下，用政治愚弄、超經濟的剝削、強制性的奴役勞動等政策，採取了誘惑脅迫、黨棍恐怖、饑餓等手段，奪去了農民的土地、耕畜、農具、種子等生產資料，給農民帶上了比中世紀封建社會還要沉重的鎖鏈，使廣大農民處於依附農奴的地位。……農民在這種殘暴措施下，對與自己沒有絲毫利益的生產活動，怎能發生興趣？……用這種數字來麻木自己、恭維自己，用自己編造的帳單，來歌頌自己的「豐功偉績」。……欺騙、撒謊、吹牛、誇張，沒有一句真話，是當代政治最突出的特點之一，也是這種政治發展的必然結果。從上到下，大家都盡力打腫臉充胖子，把臃腫說成是「發福」……當今統治者用庸俗的暴發戶的資產階級的虛榮心理（呸！還有臉自稱為「社會主義者」呢！）不惜讓國內

人民犧牲一個人的起碼物質需要，放棄人的生活權利──吃飯！……
「為人民服務」這個招牌是多麼的虛偽和無恥。（頁51〜53）

在高壓的氣氛裡，同志們都不得不附和與服從。這種虛假的統一使少數高高在上的領導人日益狂妄和驕傲，不顧一切地推行種種倒行逆施的政策，把先烈們以鮮血換來的政權當作實現個人野心的資本，而終於走上專橫獨裁的道路。（頁80）

武山縣委書記處書記杜映華的認識──

推翻蔣家王朝主要是農民的力量，多少農民家庭送子送夫為革命捐軀。革命勝利了，我們給帶來了什麼？是饑餓！是死亡！歷來封建統治者對反抗它的人都施以無情的鎮壓，蔣介石不知屠殺了多少共產黨人，但社會上還有不同的聲音，例如魯迅的聲音，中國共產黨的聲音。現在一切不同聲音都沒有了，變成一個鬼話、假話世界！明明天天在大量餓死人，還要逼人天天喊形勢大好，多麼奇特古怪的現象呵！古今中外，絕無僅有。我不知道世道為何變成這樣，變得如此快！（頁255）

何之明的〈論「政治掛帥」〉（二期）──

剝去畫皮，原形畢露，原來所謂「黨的絕對領導」只不過是法西斯式的獨裁政權的變種而已，正是這種所謂的「絕對領導」，從經濟上、政治上、思想上把全國禁錮得比罐頭還嚴密，實現了前所未有的絕對統治了。……人為地製造思想上所謂「兩條路線的鬥爭」，製造人們思想上的緊張局勢，以便合法地對人們的精神方面實現前所未有的法西斯式的統治，窒息人們思想的自由發展，使人民成為它絕對馴服的工具。（頁76）

重要資料

向承鑒的〈不打自招──評人民日報社論「南泥灣的方向」〉（二期）──

　　當局者說：我們中共是絕對正確的，你們要絕對服從，閉上眼睛跟著我走。所以我們一直不敢睜開眼過，因為知道許多試圖睜眼的人都倒了霉，我們再不敢了。（頁63）

　　由「解放」了的貧農、黨團員歌手唱出〈社會主義好〉改編版——

　　社會主義糟、社會主義糟！社會主義國家人民餓死了！吃樹葉，吃野草，人民政府都把糧食刮光了！人民政府害人民，六億人民活不了，活不了！（頁72～73）

　　顧雁對社會形勢的概括——

　　專制統治的魔影籠罩全國，到處是鞭梢劍影，到處是淚痕血跡。人與人的關係已到了空前虛偽的程度，為了名利地位一切卑鄙的手段皆已使，什麼真理、什麼道義、什麼愛情、什麼友誼，這一切都不如統治者的意志那樣能立即兌現。（《星火》二期・跋）

　　《星火》二期未發表的〈告全國人民書〉（向承鑒），還揭露土共進城後忙於換妻，指斥中共澈底變質——

　　劉少奇、陳毅的老婆為什麼只有二十妙齡、漂亮無比，可是他們自己卻是五十開外的老妖魔了！……無數的幹部老爺們強霸民家妻女，在他們工作過的地點設下10～20個暗窯，恣意作樂！他們變了，在他們身上連每根毫髮都不是人的東西了，這些畜牲！……唯有戰鬥、無情的鬥爭，把那些殺人的統治者、在我們面前橫行霸道過的畜牲統統消滅絕，才是我們生命的唯一出路！（頁71～72）

　　《求索》證實了林昭、張春元等確有「組織」之議，但因林昭、顧雁的謹慎而擱置。1960年5月，杜映華、羅守志等地方幹部加入，向承鑒竭力主張擬出組織名稱與綱領，議擬「中國共產主義者聯盟」、「中國共產黨革命（或革新）委員會」、「中國勞動農工同盟」，因意見不一，未正式擬定。（頁97～98）

　　譚蟬雪還記述了農民賣人肉包子、換屍相食、食母食子等「新社會新氣象」。（頁11～12）1960年9月上旬，隴西東鋪、土店子一

帶農民結伙盜搶火車糧食。（頁102）大饑荒時期，監獄人滿為患。廣東開平看守所關了不少「故意犯」，一些饑民特意上看守所門前尋釁滋事、打架鬥毆、吵鬧謾罵、搶吃搶物，以便「就近收監」，進來後賴著不肯出去，「意在沛公」——吃上有保證的牢飯。（頁106）囚犯的飯碗舔得比洗得還乾淨，蘭大「右派」副校長陳時偉入獄，最初因不會舔碗還挨批鬥。譚蟬雪獄中唯一欲望：出獄後只要飽餐一頓窩窩頭。（頁122～123）

向承鑒記載：饑民唯一能決定的是死亡次序。為傳宗接代續香火，女保男，長保幼，先死奶奶後死爺，繼之死母死父，千方百計保住新生代，尤其男娃。（頁237）

蘭大數學系畢業生丁恒武，陝籍學生「右派」，下放天水甘泉公社勞動，饑餓難耐，計畫逃到緬甸，沿湄公河鳧水偷渡，行前對譚蟬雪說——

與其活活餓死不如拼搏一下，不成功便成仁。成功了我會和你們聯繫，不幸被捕，我就把自己的舌頭咬掉，一輩子成為啞巴，休想從我嘴裡得到什麼。

一米八的旱鴨子天天到水庫練游泳，練成後偷偷走了，至今音信全無。（頁13～14）

蘭大中文系學生黨支委孫自筠，劃「右」後用菜刀剁下自己一截舌頭。（頁14）中文系某班七位女生，男友全劃「右派」，七女生齊刷刷琵琶別抱——投入「反右」英雄懷抱，其中不乏前男友情敵。全國各大學都有此類化公為私的「五七愛情」。「右派」學生的政治課，規定一律不及格，其他課程學得再好也只給及格，教師若給「良」，即有同情偏袒「右派」的政治風險。反之，「革命學生」學得再差，也不敢不給及格。（頁178～179）此謂：「堅決貫徹階級路線」。

案件花絮

東窗事發，「要犯」們都明白一定出了叛徒，但一直只能猜測「疑似」，無法坐實。2006年，通過查閱檔案，終於從武山縣公安局1979年〈關於張春元、苗慶久右派反革命集團案件的複查材料〉，得到案件線索來源。該案起於1960年4月蘭大歷史系學生「右派」陳幼達（與張春元同班），他向甘肅公安廳告發張春元、譚蟬雪、孫和等人經常回蘭州，與「右派」學生來往頻繁，交談祕密，散佈反動言論，行跡可疑。5月2日，武山縣公安局接到蘭大下放學生「右派」鄭連生、柴志德書面揭發：「右派」張春元、譚蟬雪、孫和、向承鑒、苗慶久等十五名「右派」在搞反革命組織。

1963～65年，蘭大下放武山的「右派」學生大組長馬啟凱與蘭大寢友江先國，根據種種跡象，排查出鄭連生為告密者。再根據鄭連生摘帽最早，一畢業即分配工作，其他人則等待很長時間，判定其「無功不受祿」。

1979年「右派」改正，鄭連生回校辦理手續，馬啟凱、江先國趕到招待所，鄭剛想握手言歡，馬、江質問：「武山的事是不是你告的密？」「沒有！沒有！我怎麼會幹那種事呢！」「蘭大清理階級隊伍時是不是你打的黑報告？」「絕對沒有！」江先國上前啪啪兩個大嘴巴：「我們代表受害人來懲罰你這個敗類！你害死了多少人！」鄭不敢還手，抱頭鼠竄找到保安，保安問明情況後，連說：「打得好！打得好！該打！該打！該打！」（頁110～112）馬啟凱後為蘭大中文系教授。

獄中，刑事犯甚得「重用」，獄警動員刑事犯監管政治犯——

你們殺了人無非是一條人命，而政治犯是要千百萬人頭落地；你們屬於人民內部矛盾，他們是敵我矛盾，所以你們必須嚴格監督他們的一言一行，靠近政府，爭取早日回到人民隊伍中去。（頁116、128）

1962年7月，武山召開萬人公判大會，判決在武山抓捕的所有

《星火》案犯。天水抓捕的四名案犯——張春元、譚蟬雪、胡曉愚、胡學忠，因張春元越獄在逃，1965年1月才在天水體育場召開萬人公判大會。（頁114）五花大綁的譚蟬雪被推出來，她在獄中得到一些女囚尊敬。文革後，譚蟬雪多次赴天水搜集資料，當地人聽說她就是當年宣判大會上「那女的」，立刻圍上來緊緊抓住她的手，愛撫地從上到下邊看邊憐：「受苦了！受苦了！」這位堅強的「蘭大林希翎」淚流滿面，像是回到母親懷抱。

1964年，天水第三監獄，杜映華刑期將滿，遞紙條徵求張春元釋放後怎麼辦？張春元給杜回紙條，要他到農村去，囑其——

抓緊學習毛主席著作，以其人之道還治其人之身。學習馬列主義要對照中國現實，以其人之矛攻其人之盾，不登堂入室就不能同室操戈。（頁130）

1979年，《星火》案犯們握持55號文件申訴平反，天水中院複查後：「原案定性不變，維持原判。」因為，法院還是當年原班人馬。受難者將案子捅至省委，省高院成立專案組，拉鋸數回合，終於艱難平反。（頁133～135）1979年遼寧複查張志新案，一開始交由原辦案者複查，認定沒錯，後請原辦案人員回避，換人重審，很快平反，成為烈士。

《星火》得以保存至今，得感謝中共檔案庫。1960年9月底武山縣大逮捕，澈底搜查負責印刷的苗慶久住處，翻找出《星火》原稿、裝訂好的首期及第二期稿件，作為「反革命鐵證」封存，這才將這批珍貴的「歷史文物」放進「保險箱」。（頁115）否則，凶年亂世，兩期「反革命地下刊物」何以得存於今？

仍然領先

大陸政諺：領先三年是先進，領先三十年成先烈。《星火》的「反動性」至今效力猶烈，依然領先。對中共的譴責銳度依然使筆者

心驚肉跳，與五十年後大陸意識形態口徑相距仍闊。林昭當年就意識到——

我們是殉道者、光榮的囚犯，這鐐鏈是我們驕傲的勳章！（《海鷗——不自由毋寧死》）

2007年2月，向承鑒晚年回首《星火》——

一部真正的中國二十世紀中期的《青春之歌》。（頁265）

錢理群評曰：面對公社化運動的慘敗、面對農民的饑餓，絕大多數各級幹部以「維護黨的大局」說服自己，保持沉默——

其實他們所要維護的「大局」，不過是黨的執政地位，而執政地位的背後，就是既得利益。這就是說，當農民的利益、人民的利益和黨及自己的既得利益發生衝突的時候，幾乎所有的共產黨的幹部都選擇了後者，儘管許多人內心依然充滿著矛盾。

如果沒有他們，這段歷史就只剩下了卑劣的屈辱和沉默，我們將無法向祖先向後代交代。在這個意義上，林昭和她的《星火》戰友們是拯救了我們民族的靈魂的，他們才是魯迅所說的中國的「筋骨和脊梁」。（頁4）

就言論的直接性與銳烈度，《星火》遠超中共黨內反思第一人顧準。

張春元戀人譚蟬雪女士歷經12年，數赴蘭州、天水搜集資料，終於為《星火》、為蘭大學生「右派」留下一本《求索》，一塊為歷史留證的碑石。合上此書，揣上《星火》，撫摸一顆顆年輕的靈魂，深感「歷史不能承受之重」。面對這群先行半個世紀的青年「右派」，面對只能成為先烈的一條條背景，面對《星火》墊襯著的「三面紅旗」、「路線錯誤」，一聲浩然潼關長歎，一陣凜然覆身的歷史責任感。

2010年5月22～25日於滬

原載：《開放》（香港）2010年6月號

附記：

2014年，「星火」案要犯之一向承鑒，在香港出版《馬克思主義之異見與反思》，全面否定馬克思主義──

在馬克思主義理論的誤導下，給人類造成空前浩劫。馬克思「科學社會主義」本質是新宗教。世界上幾乎所有的宗教教義都是自律自省、以善為本、自愛愛人，唯獨這一新教拼命鼓吹階級鬥爭、革命暴力、無產階級專政，是人類社會迄今為止最大的邪教。我對馬克思的評價只能是：歷史罪人。……馬克思主義是當代世界動亂的主要根因之一，也是獨裁制、恐怖主義、法西斯主義的溫床。[1]

筆者讀到的「右派」老人反思中，向承鑒的馬克思主義即「邪教」，最「反動」也最深刻，真正戳到點子上。也只有反思起步較早的「右派」，晚年才有可能達到這一高度。

---

[1] 向承鑒：《馬克思主義之異見與反思》，九江文化出版公司（香港）2014年版，頁470。

張春元越獄記

　　《星火》確實「很反動」，這批蘭大學生「右派」面對悲慘的大饑荒，認為「中華民族到了最危險的時候」，號召起來鬥爭，結束暴政。以今天大陸形勢，《星火》「毒液」仍濃，「毒刺」猶銳。

　　《星火》案核心人物張春元（1932～1970），1960年7月中旬因搭救戀人譚蟬雪（偷渡香港未遂被收容），被捕於廣東開平。1961年8月10日成功越獄，9月6日再次被捕，改判無期。1970年3月因「在監內進行第二次反革命活動」（與同案犯遞紙條），處決於蘭州。

越獄經過

　　張春元越獄脫逃乃《星火》案重大插曲。到案後，張春元關押於蘭州貢元巷看守所──押禁省級政治犯老監獄。像絕大多數囚犯一樣，一進獄便琢磨如何「重獲自由」。他先用苦肉計──不進食，後吃什麼吐什麼，連一口水也要吐，甚至吐血，兩三天後昏厥休克，奄奄一息。看守所只好將他送到黃河北岸大砂坪第一監獄對面的省勞改醫院。

　　貢元巷看守所81號囚犯沈源，在張春元去醫院前一小時，向張介紹了勞改醫院情況：警衛比看守所鬆弛得多，逃脫機率較大；18點以後，外部警衛撤除，只要出了醫院就沒人盤問，還介紹可信任的醫院人員李××。沈源的「密囑」為張春元的逃跑創造了條件。

　　1961年7月底，張春元入勞改醫院，經治療，體力得到恢復，但他仍裝出尚未痊癒的樣子。8月10日約20時，整個醫院靜悄悄，天氣熱，蒼蠅猖獗。三名警衛，兩位站上桌子打蒼蠅，一位倚在床上拉胡琴。張春元抓住機會，拿上準備好的衣服，從病房迅速穿越走廊，奔

到對面伙房，炊事員開會去了。他換好衣服，衣冠整潔、儀容端莊地冒充下班大夫，堂堂正正走出醫院大門。一出大門即奔公路，醫院地處荒郊，漆黑一片。他身無分文，躲在溝邊樹叢，一有動靜，一個翻身即可滾向溝底。

過了一陣，遠處出現亮點，憑多年汽車兵經驗，知道是一輛汽車，並判斷出是一輛貨車。一陣狂喜，心知有救，他脫下衣服，使勁向汽車揮動。汽車停下，張春元向司機訴說母親病重，亟需趕到汽車站。司機見他焦急萬分，問他家在哪裡？「在定西」。「正好我這批貨要送到定西，你也不用坐火車了，順路把你捎過去吧。」張春元連忙道謝，默念「天助我也！」上車後，他對司機說：「我也當過幾年司機，我看咱們倆輪流開吧，免得過度疲勞。」到達定西，已是次日上午十時多，謝別司機，他步行去19公里外的巉口。巉口山勢險峻，光禿禿的荒山，人煙稀少，晚上狼群出沒，勞改局絕不會來此搜捕。

朋友相助

之所以逃向巉口，乃是投奔譚蟬雪摯友王漢光，北大出身的林業局「右派」。王漢光參加平津南下工作團，輾轉入隴，進了林業局。省林業局在此辦林場，乃是為了名正言順申請國家項目資金、綠化試驗費等。王漢光劃「右」後，一家人發配至巉口林場。女孩兩歲、男孩四歲，兄妹一日餓急，鑽進地裡吃豆子，中毒暈厥，送到定西醫院，哥哥救回，妹妹歸西。

張春元進了王漢光窯洞，說明情況，王漢光拉著張春元的手——

你放心吧！有我的一個饃就有你的一半！你先在這裏休息好以後再說。

張春元長舒一口氣，這才感覺肚子餓了，拿出身上僅有的兩個饅頭。王漢光一把奪下——

今天晚飯我們大家吃頓熱的，一來給你壓驚，二來祝賀你逃出了天羅地網，三來祝願你今後旅途平安！

這一頓青菜麵條，王漢光在張春元碗裏熗一勺油，真香！張春元吃完後，大睡一覺。

次日，張春元要走，王漢光堅決不允——

你無論如何得在這裏再住幾天，這是為了養精蓄銳，否則會前功盡棄。

一周後，張春元堅決要走，王漢光贈送二十塊錢、五斤糧票：「我只有這點能耐了，路上多珍重。」從不掉淚的張春元淚花閃爍：

風蕭蕭兮易水寒，壯士一去兮不復還！

夜幕中，巡遊著狼群幽綠的目光。張春元趕到定西，扒上火車直奔上海，先到顧雁家。顧雁乃北大物理系畢業生、蘭大物理系研究生，學生「右派」，此時被捕，後判17年，服刑青海。顧母接待了他，帶他上餐廳吃飯，不敢留納家中。因為家裡來客，必須上派出所報臨時戶口。

從顧雁家出來，轉到蘇州林昭家，才知林昭也被捕，便以林母名義給林昭寫明信片（寫信也要拆檢），林昭熟悉他的筆跡——

林昭，我不能去看你，只能圍繞著紅色的高牆轉上兩圈，聊表寸心，請接受我這不成體統的慰藉。……我們的生活，其材料之豐富多趣是能寫一本書的，而且是古今中外所沒有的。願你能抱著「既來之則安之」，自己一點也不著急的態度，很好地讀完這本有用的、難得的書，將來為人民更好的服務。……我們光明磊落、心胸坦然、敢於鬥爭，只有敢於鬥爭的人才能敢於勝利。

這張明信片未能到達林昭手裡，但進了張春元的檔案，故得保留。

兩名臥底

張春元脫逃，公安全力搜捕。為得線索，分別派出兩名臥底。一名男臥底偽稱顧雁朋友，上顧家求租住房，顧家母女以女眷不便接待男客，予以拒絕。另一名女臥底為女囚張茹一，遣入林昭監號，許諾如完成任務，出獄後安排工作。這位女臥底奉命摸清哪些人與林昭有聯繫，特別有關張春元的信息。其實，此時張春元已再次被捕，上海這邊尚不知情。張茹一信以為真，對林昭百般照顧，逐步建立感情，林昭不識其奸，天真地把蘇州方面的組織、人員、住址，都透露給她，引發又一椿冤案。

主動投監

從林昭家出來，張春元思想鬥爭激烈，認為雖獲自由，但這份自由鄙俗可恥，自己成了苟且偷安的卑賤者，況且有親不敢投，有友不敢靠，淪為無家可歸的流浪者。前途、命運一片茫然。一番思慮後，他決定不躲躲藏藏，致函《人民日報》，把自己一切活動原原本本告訴編輯部。要點如下——

一、我之所以從一個大學生走到這一步，實為客觀環境所逼。「反右」中，我並沒有攻擊黨和政府，僅在鳴放中根據學校情況提出並系的要求，希望把蘭大辦得更好，後來院系調整也證明我的意見完全正確，但我卻因提了這一意見淪為階級敵人。

二、下放農村後，目睹餓殍、浮誇、謊言等實況，本想向中央反映，但因「反右」前車之鑒、盧山會議彭老總之「榜樣」，使我只能組織一些志同道合者開始活動，並以我們自己認為合適的方式手段反對現政權。

三、說真話講實際的人都打下去了，難道不是中國政治日趨反

動衰退的表現嗎？如果說我們有罪犯法，那造成這一局面的人就應該是罪魁禍首。

如此這般打定主意，張春元準備辦完私事後，直接赴京投案。他先扒車南下，想先上廣州一家旅社取回遺留在那兒的衣服（北方較冷），再上粵西開平看守所探望戀人譚蟬雪。剛到杭州，路遇警察押著一群盲流，看看他也像盲流，警察要他出示證件。他當然什麼證件也沒有，連吃飯的錢也沒有，警察將他趕入盲流群，送入收容所。接著，得接受審查，他明白後果——他無法提供可供查實的「原籍」。晚飯時，收容所較混亂，張春元鼓動一些盲流衝門，已衝過小門，大門處被攔下。警察包圍上來，揚言要開槍，其他人都後退，張春元暴露了，立刻送往杭州小車橋監獄（前國民黨陸軍監獄）。審訊中，張春元冒名高澄清，工作單位蘭州地質隊，很快被識破，甘肅省公安廳向全國發了通緝令。1961年9月6日，張春元再次被捕，先送回蘭州貢元巷看守所，1962年入天水第三監獄，上了腳鐐手銬，受盡折磨。

1970年3月，因與同案犯、武山縣委書記處書記、城關公社第一書記杜映華互遞紙條，堅持「反動立場」，「再次進行反革命犯罪活動」，一起拉出公審、處決，祭旗文革。杜映華年長五歲，地下黨老幹部，居然惟「反革命分子」張春元馬首是瞻。杜映華原僅判五年，他與張春元遞條，內容竟是向張春元請示獲釋後「如何活動」。張春元的「反革命能量」，實在不可小覷。

艱難平反

1978年55號文件，「右派」一風吹。張春元等蘭州大學七名《星火》「右派」得到改正。但「反革命集團案」仍難平反。《星火》「案犯」分別向武山、天水兩地法院提出申訴。由於承辦複查的為當年原判者，1979年7月，天水地區中院回復——

原判事實清楚、罪證確鑿，原案定性不變，維持原判。

此時，「右派」學生久歷風塵，已入中年，他們要求得到母校蘭州大學的「關心」。據說省委《內參》刊載「《星火》案」，省委責成省高院成立專案組，加之「案犯」中有海外關係，向中央統戰部和甘肅省委詢問親屬下落，施加壓力。幾經拉鋸，1980年1月天水地區中級法院分別向天水市法院、武山縣法院發出平反通知。3月，天水中院再函告上海靜安區法院——

經複查，原判事實出入不大，但由於該案的起因動機的特殊情況（右派錯劃和當時的實際情況），對該案不以反革命集團定性，其處理情況是：張春元定反革命罪，維持原判；向承鑒以反革命煽動罪，免於刑事處分（原判十八年）。對其餘案犯撤銷原判，宣告無罪。

仍留尾巴，張春元、向承鑒還是「反革命罪」。向承鑒多次抗訴，要求重審。1981年4月，天水中院組織合議庭再審張春元、向承鑒一案，宣告無罪。對張春元一節判決詞——

……張春元在下放天水勞動期間，於一九五九年多次書寫文章和散佈言論，內容是對其被錯劃為右派不滿和對當時農村一些問題的看法，雖然這些文章和言論中有某些政治性錯誤，但未構成反革命罪；張春元在服刑期間，對原判不服，堅持其觀點，在犯人中進行串連、傳遞字條屬違法行為，再次以反革命集團定罪判處死刑不當。據此，特判決如下：對張春元宣告無罪。本判決為終審判決。

作為那個時代的標誌性高度，《星火》的尖銳度超過已發現的當時所有「反動文字」，兩期十餘篇詩文至今仍使絕大多數國人心驚肉跳，至少領先五十年。因此，《星火》必將載入中國現代政治思想史。張春元會像林昭一樣，成為底層抗暴英雄，躋身「右派」英烈長廊。

2010年5月31日於滬

原載：《開放》（香港）2010年8月號

濃春時節送壯士
——與張元勳深談北大學生「右派」

　　2013年4月15日傍晚，京友Email：張元勳先生12日去世，追悼會都開過了。急忙上網查詢，證實噩耗，電叩曲阜張宅，向馬姨（張妻）弔唁，得知元勳先生最後狀況。過年時還好好的，三月起的病，無法起身，不久生了褥瘡，每次翻身不易，臨終前早上連米湯也不願喝，12日13點51分走的人。吃得苦頭不大，沒在醫院折騰，享壽八十，「善終」於家，也算最後的「好報」吧！曲阜師大文學院、老幹部處主喪，14日追悼會，近千人出席。

　　筆者與元勳先生有一段接觸，起因是我在香港購得他的《北大1957》。為研究北大「右派」，多次叨擾，函電交馳，積有數年。張先生與我座師周艾若先生相熟，得知我在研究現代知識分子，讀了港美刊物上的拙文，大力支持，向我提供一系列「北大細節」。2009年10月下旬，借參加曲阜師大文學院主辦的學術會議，登門拜訪元勳先生。

　　見到元勳先生，大吃一驚。胡傑光碟《林昭之死》中那條老而彌堅的山東大漢，一頭白髮，面頰消瘦，軀體枯槁，寂坐客廳，旁立拐杖。2002年，元勳先生患上兇險的食道癌，體重160斤減至120斤，垂垂一病翁矣。1933年出生，不過76歲。2009年10月23日下午、26日上午，兩度入寓訪晤，元勳先生精神尚濟，思路清晰，憶力強勁，表達流暢，向我詳述北大學生「右派」種種逸聞，一一錄下，回滬後整理成文，呈先生過目審定，投給港刊《開放》。其時，《開放》編輯部顧忌「右派」團結，訪談稿壓下未刊出。如今，人逝事遠，這篇拙稿既作為資料也作為悼文，追思元勳先生。

處理等級＝當年表現

元勳先生說：他們那幾屆當年留校的，並非學習優秀，但絕對得是「左」派；北大學生「右派」林林種種，嘴臉不一，須具體辨析，不宜籠統視為純一整體。

辨別右派當年的表現，很簡單，只須看看他的處理等級即可得知。共產黨論功行賞、論罪行罰，這種要害處，一點都不會搞錯的。尤其那些「著名」右派，罪大罰輕，何故？均因「立功」矣！

寥寥數語，對研究「反右」則是一把辨析右派門類的入門之鑰。一尺在握，等級可裁。學生「右派」，雖然同為受害者，但也內情複雜。

1957年5月19日，張元勳與沈澤宜以詩篇〈是時候了〉點燃北大「五·一九」運動。20天後，《人民日報》「六·八」社論。風向一轉，沈澤宜迅速轉身，反戈一擊，立功獲赦，7月20日全校大會上發表長篇淚書〈我向人民請罪〉。北大數學系學生「右派」陳奉孝憶文〈北大整風反右運動回顧〉——

沈澤宜第一個在全校大會上做了檢討，並宣佈跟張元勳絕交。[1]

2015年6月9日，陳奉孝先生來函確認：沈澤宜不僅在大會上檢討，而且還檢舉揭發。沈澤宜處理等級最輕——免予行政處分，留校察看一年。僅僅行政處分，隨屆畢業，拿到畢業證，分配工作，每月領薪。另一著名北大學生「右派」譚天榮因毛澤東欽定「當反面教員」，未開除學籍，北大花圃勞動。如此「輕處理」，當然事出有因。6月12日，譚天榮反戈一擊發表聲明：與《廣場》編輯部脫離關係。其後，譚天榮之所以被勞教，並非政治而是刑事。張元勳指說譚天榮一向自稱「現世享樂主義者」——不要家庭不要子女只要自己，屬於「三天不打，上房揭瓦」的不安定分子。譚在北大花圃勞動，以

---

[1]　陳奉孝：《夢斷未名湖》，勞改基金會黑色文庫編委會（華盛頓）2005年版，頁349。

為風頭已過，故態復萌，某晚熊抱人家姑娘，揪至黨委。「右派」還如此不老實，老賬新賬一起算，以流氓罪送勞教。張元勳在曲阜，譚天榮在青島，居一省而從無來往，「畢業後就沒見過面」。

對學生「右派」的處理，根據情節、表現也分六類：最重的「情節嚴重、態度惡劣」，判刑；其次為勞教；再次保留學籍勞動考察；下面是留校察看、行政處分，最輕「情節輕微，態度很好」，只戴帽不處分；沈澤宜本為第一種「情節嚴重」，因反戈一擊有功，最輕處理──只戴帽不處分。[2]

陳奉孝、張元勳等被構織「現行反革命集團」，陳奉孝「首犯」，判刑15年，剝奪政治權利五年；張元勳判刑八年，剝奪政治權利三年；賀永增判五年，剝奪政治權利三年；趙清和林樹果被判四年，剝奪政治權利兩年；譚金水反戈一擊有功，教育釋放。張元勳刑滿後，押送山東勞改煤礦，挖煤四年；再押至山東濟寧勞改農場，進行「勞改後」，直至1977年「政策性鬆動」；44歲結婚；1979年11月北京中級法院平反。

元勳先生對同校「右派」陳奉孝十分認可，對筆者說：「陳奉孝人品不錯。」

陳奉孝回憶錄中──

投機不成蝕把米，這種人在北大的整風反右運動中我遇到過，在監獄、勞改隊裡我也遇到過，儘管這種人是少數，但確實存在。坦白地說，我並不認為當年被打成「右派」的人，心靈全都是高尚的，儘管他們也受了委屈，也應該平反。

另一名因檢舉揭發而獲輕處理的北大學生「右派」譚金水，所有同案判刑4～15年，唯他「有立功表現，教育釋放」。而從事所謂「組織活動」的過程中，譚金水是「最積極一個……許多主意都是他出的」，被他出賣的陳奉孝──

2　王書瑤：《燕園風雨鑄人生》，勞改基金會黑色文庫編輯部（華盛頓）2007年版，頁217。

我才知道原來是譚金水把我們出賣了！這真出乎我們意料之外。……為了爭取寬大處理，卻把我們都出賣了。我能不恨他嗎？[3]

林昭戀情

林昭近年名聲鵲起，事情多起來。前些年，避居美國的其妹彭令範抱怨──

怎麼一下子冒出這許多姐夫？

張元勳雖然對沈澤宜印象極差，但仍據實告知筆者：林昭戀情，只有與沈澤宜與甘粹實有其事，其他都是胡扯。與沈澤宜，還是林昭主動追沈。林昭個矮膚黑，並不漂亮，衣飾亦不合時，既缺少「江南佳麗」傳統風韻，也不具備「陽光女孩」現代風采。沈澤宜當年可是浪漫倜儻的江南小生，對林昭不屑一顧。至於譚天榮，雖然譚講他與林昭如何如何，純屬謊言。林譚相認於1958年以後，同在北大苗圃勞動才相識，此前並不相識。鳴放初期，林昭對譚的狂妄十分厭惡，譚近年連續撰文稱述與林相識於1954年，一派謊言。

我問：「您怎麼知道林沈之間的私密？」張答：「因為我們是好朋友，無話不談。」再問：「既然林昭連這種事都對您說了，那你們之間……」再答：「我們之間確實沒那層意思。只因在《紅樓》編輯部共事而有交往。」

2013年6月，筆者再次訪學香港中大，才讀到陳奉孝先生的《夢斷未名湖》，內有一段──

聽張元勳講，林昭原本不是右派，她與張元勳有一段戀情，張被打成右派後，團組織叫她與張元勳斷絕關係，她不但不與張斷絕關係，而且多次為張鳴不平，就這樣一步步升級成了右派，進而成了「反革命」。她堅貞不屈，受盡折磨，最後被逼瘋了。六八年被槍斃

---

[3]　陳奉孝：《夢斷未名湖》，勞改基金會黑色文庫編委會（華盛頓）2005年版，頁127、61。

前，張還冒充是她的未婚夫前去探過監，結果張回到就業的勞改農場後被關了禁閉。[4]

可惜已無機會向張先生證實這一「有趣」細節了。

張先生十分反感將林昭說成「才女＋美女」，他說林昭既非美女，更非「江蘇省狀元」，乃一調幹生。1950年代高考不公佈成績，更沒有「狀元」之類名堂，「江蘇省狀元」從何說起？至於說林昭「北大第一才女」更屬荒唐，此六字本身就十分模糊：「第一才女」指「全校第一」還是「全校女生第一」？此六字來自沈澤宜的「創造」。張元勳先生說：林昭原本很左，應該算是那種「紅苗子」，歷次運動都積極參加，反右初期也很左，她的反思是逐步展開，漸漸深入。

痛斥沈澤宜

張先生語筆者：「一些人在等我死！因為我是他們底細的知情人。」2005年春，沈澤宜得知張元勳患癌症，打電話至張家，張先生接的電話。沈問：「張元勳家嗎？」「我就是張元勳。你是誰？」「我是沈澤宜。」「哦，什麼事？！」沈即掛斷電話。

張先生說沈乃打探虛實，「想知道我是否死了」。張先生再告知：香港首版《北大1957》前夕，沈聞訊跑來曲阜，央我手下留情「放他一馬」，我心一軟，對他當年積極反戈的告密甚有保留。不料他對我載錄其〈請罪詞〉仍不滿意，頻頻電話糾纏，指責我「不夠朋友」。2008年《北大1957》修補版，「這回不再留情，一概照實錄出」──

望著在講台上表演著的沈澤宜的作態，他似乎從「末路」中又得到了一次「中興」！不管是什麼姿態，他似乎都很自賞自戀，正是聲色俱佳！要的就是這麼一種「爆炸」效果！……〈是時候了〉的那

4　陳奉孝：《夢斷未名湖》，勞改基金會黑色文庫編委會（華盛頓）2005年版，頁354～355。

個「爭名於前」的「詩人」，竟首先自辱、賣友求赦，立於危岸、袖觀無數落水者——這叫做「欺世」，也叫做「盜名」！……其實沈澤宜確確實實地不應該是「右派」，但也不是「左派」，因為這二者令他扮演，皆不會演好，皆不酷似，他最合適的角色是「風派」！……風性難改，乃欲易轍嫁左，這正是他愈演愈醜、愈演愈劣的秉性的表現！[5]

2015年6月11日陳奉孝先生濰坊來函——

當年北大「右派」大都對沈澤宜有這樣的看法（按：指「風派」）。沈當年在北大非常喜歡出風頭。

談及沈澤宜至今獨身，張元勳謂之：「此為其本性所致！」1985年，北大校友會，幾位老大姐勸52歲的沈澤宜「實際一些」，趕緊找伴，不要再講究文化和漂亮什麼的，能生養後代即可，終究得防老。

沈一嗤鼻——

庸俗！我都堅持到今天了，一定要找個年輕漂亮、會唱歌跳舞、會寫詩會浪漫的姑娘！

老大姐們被激怒了：沈澤宜，你改不了！那你去找吧！

張元勳告知——

沈澤宜現在並非無人照顧，他來我家時親口對我說，現在有保姆母女倆侍候他，他認那女孩為乾閨女，並把她弄到嘉興師專中文系學習。

林昭如在，沈並不會要她的——一個76歲的老太婆！

也巧，1994年秋筆者在杭州教過一位湖州師院中文系女生，她得知我認識「沈老師」，一臉詭秘：「對沈老師，我們可是集體回避喲！」我在電話裡向元勳先生不經意提起，張先生對「集體回避」四字留憶深刻，說是對沈最簡潔的評語，隨口告知沈澤宜的一段「師生戀」。

---

[5] 張元勳：《北大1957》（增補本），明報出版社（香港）2008年版，頁313～314。

必須交代一下，筆者與沈澤宜先生亦熟，也有一些來往。2005年初，其時Email尚未普及，我初次訪學香港，為沈澤宜帶稿子給《開放》。2006年，曾攜妻專赴湖州探訪。但這次曲阜訪張，張元勳先生既然這麼說，我只能照實錄出，懇望沈先生見諒。同時，我還得說：1989年5月沈澤宜先生數天在天安門廣場，以老學長身分支持「八九學運」，封從德回憶錄中說他們在廣場上受沈影響很大。

聲名走響

近年，《北大1957》、獄訪林昭，張元勳在港美知識界聲名漸起。1966年，張先生剛出獄即赴滬探監林昭於提籃橋，北大學生「右派」之唯一，元勳先生此生最大亮點，港評：「燕趙遺風」。眼前的張先生廉頗已老，傷病纏身，令筆者無法不生風霜之歎。贈元勳先生一本拙著，題詞：「永遠銘記您1957年的支付」。

元勳先生還告知或值記錄的當年高考細節：1954年，他以青島一中畢業生參加高考，文科考四門：語文、政治、外語、史地。四檔志願（每檔一個專業，可報四所學校），第一檔第一學校為第一志願。錄取通知書只通知錄取與考取學校，沒有成績。錄取名單仍舊時登報，他從報紙上得知錄取北大，後才收到北大通知書。落榜者則無音訊，沒有後來的「安慰信」。

三天後再訪張寓，元勳先生告知翻閱所贈拙著《歷史皺褶裡的真相》，說書中所寫的太平天國暴行是真實的。他幼時聽祖母說過「長毛賊殺人放火」，當時哄嚇孩子都說「不要哭，長毛賊來了！」張先生家鄉婦女怕長毛強姦，帶著草秸編席躲難於海灘，長毛騎兵上不了海灘。

「北大右派」，張先生終身為之「特殊關注」。在曲阜，張先生自然是「重點人物」（有可能Number one），尤其關注他與海外的來往，電話、信函……有關方面都有「興趣」。一日劃「右」，終身

另類啊！

歷史無情亦有情，林昭、張元勳的「五七支付」終究還是化為社會前進的推力，擁有我輩「後來者」。元勳先生的《北大1957》成為最珍貴的「實錄」。林昭的願望實現了——

我隨時都會被殺，相信歷史總會有一天人們會說到今天的苦難！希望你把今天的苦難告訴未來的人們！[6]

元勳先生走了，又少了一位「右派」。中共至今仍未賠償「右派」22年的苦難——補發工資，文革後對「走資派」則是全部補發的。這位在中共紅塵裡苦熬一生的「五七壯士」，無法在自己的土地上說出最後的話，《北大1957》只能出在香港。一聲長歎，多少悵恨付東風！元勳先生，走好，繼承遺志已有人。

初稿：2009年11月4～5日；　修改：2013年4月16日

再增補：2015年6月

原載：《開放》（香港）2013年5月號（初稿）

附記：

2015年6月9～11日，陳奉孝先生就上文真實性數函電復筆者，並同意將其回復整理收錄於下——

裴先生：您好！

您對張元勳的採訪基本正確，張的回答也基本正確。張元勳與沈澤宜的矛盾始於《廣場》刊物出版之初。當時，大家選張為主編，沈為副主編。此後，沈便很少再參與《廣場》的事。反右後期，沈在全校大會上痛哭流涕做了檢討和檢舉。

張寫的回憶錄初稿拿給我看過，除個別地方有記憶性錯誤，內容基本屬實，但他對沈澤宜和譚天榮用了許多諷刺挖苦的語言，我建

---

[6]　張元勳：《北大一九五七》修補本，明報出版社（香港）2008年版，頁401。

議他出版時刪去。我勸他只把事實如實寫出來就行了，照你現在這樣的寫法，肯定會引起你們三人的矛盾，親痛仇快，何必？我們是對歷史負責，不是寫小說。他口頭答應了，但出版時仍用了原稿。不出我預料，此後他們三人便打起筆墨官司。他們三人都到過我家，都希望得到我的支持。我誰也沒支持，只勸他們不要再這樣互相攻擊下去，他們不聽我的勸告，我也就不再過問他們之間的事了。大體情況就是這樣。

沈澤宜出版回憶錄後寄給我，但他很大程度上是為自己辯解，回憶錄中多有不實之處。

陳奉孝

2015年6月9~11日

關肅霜與李廣平

　　中國戲劇家協會副主席關肅霜（1929～1992），雲南京劇名旦，出身漢口滿族，上三旗正黃旗籍。辛亥後，沒了「鐵杆莊稼」——清廷每年撥給的皇糧旗銀，滿人普遍落魄。其父為漢口新市場大舞台京劇鼓師，關肅霜自幼得到薰陶，約幾個小姐妹一起練功。小姐妹中有後來的名角趙燕俠、趙豔秋。關肅霜聰明伶俐，無師自通，見了大人，輒拉住求教，吊嗓甩袖、走步亮相、耍棍弄刀，什麼都學。一些演員見女孩可愛，常常教她一兩手，日積月累，打下基礎。14歲那年，父親感覺女兒確有天賦，領她先後拜大舞台演出的當家花旦為師，正式取名關肅霜。先拜「雪豔香」門下，雪豔香辭班而去後，再拜師戴綺霞。按行規，跟隨師姓，稱戴肅霜。

　　四年勤學苦練，小關肅霜不僅唱得珠圓玉潤，而且打得驚險百出。1946年，京劇名家李少春上漢口演出，關肅霜得到啟發，決心唱做文武全面發展。她還從「四大名旦」（梅蘭芳、程硯秋、尚小雲、荀慧生）吸取靈感，提升自身。1948年，五年滿師，恢復關姓，帶一戲班入湘滇，每天各上文武兩戲，一炮打響昆明。馬連良恰在昆明，好奇觀賞，發表評論：「關肅霜前途不可限量」，並在自己上演的《烏龍院》中，專請關肅霜飾演閻惜姣。海報一出，春城聳動。

　　1951年，中共接管後的雲南大戲院改行工資制，關肅霜月薪700元（按幣改後面值），全滇第一，遠遠超過「國家領導人」毛劉周朱，只有梅蘭芳等少數名角達到這一薪額。雲南第四兵團司令陳賡、政委宋任窮對她十分看重。關肅霜三次要求減薪，仍然「高高在上」。1956年工資改革，全國評級，關肅霜自請文藝二級，月薪降至280元。[1]

---

[1]　陳煜編著：《中國生活記憶》，中國輕工業出版社（北京）2009年版，頁53。

李廣平（1916〜1967），李鴻章曾孫，雲貴總督李經羲侄孫。大清國如不倒，他將蔭恩承襲侯爵，故人稱「侯爺」、「末世王孫」，因祖籍合肥，又稱「淮南公子」。李廣平白淨清秀，中等偏矮身材，溫文爾雅，風度翩翩，待人謙遜有禮，一口地道京腔，一看就是世家子弟。他幼承庭訓，對中國古典文學、佛學、哲學均有相當造詣，曾在燕京大學講〈長恨歌〉，每週三次，連續半年，文史功力了得。1935年，年僅19歲，受聘北京故宮博物院，義務鑒定書畫。

1930年代中期，上海一破產朋友蝸居亭子間，僅有一床，床架上一幅舊畫橫鋪為帳，雨水漏浸，字畫已有漬印。李廣平前往探訪，抬頭一看：「啊！這是唐伯虎的仕女嘛。」一語救友，這位潦倒朋友裝裱此畫賣出，持本經商，幾年後躋身滬上大老闆。他常說：「全靠李先生一眼發現唐伯虎。」

李廣平自謂一生下功夫最深的不是詩詞書畫，而是京戲，與四大名旦皆有來往，廣結藝緣。

早年在北京，李廣平與尚小雲閒逛天橋，忽聽茶館有人清唱，嗓音很好，進去一看，一位貧寒青年賣唱謀生。李廣平感覺此生大堪造就，但須名師點撥。聽其戲路與梅蘭芳相近，便寫一信並贈一筆路費給青年，叫他去上海找梅蘭芳拜師。青年抵滬，久久找不到梅蘭芳，路費將盡，無奈之下在一戲班下海，掛出牌子「梅蘭芳正傳弟子×××」。恰巧梅蘭芳路過，驚見戲牌，買票看戲。那青年在台上看見梅蘭芳端坐台下，嚇呆了，聲不能出，眼睛發直，像個木偶。場內喧嘩嘶吼一片，要砸場。梅蘭芳上台救場——

後生演戲見我來，所以怯場，責任由我負，我願意代演。可否？

戲迷們當然願意，喧嘩嘶吼一變歡呼騰躍。戲畢，梅蘭芳問清冒名之由，看了李廣平的介紹信——

淮南公子所薦，沒有錯的。從今天起，你就是我的正式弟子。

這位青年就是後來名震藝壇的張君秋。1960年代初，李廣平在昆

明看了張君秋的戲曲片《望江亭》，與人談起此事，那人建議他致信張君秋敘舊。此時，李廣平潦倒落魄，深陷貧困，仍說——

當初只是為了不埋沒人才，故而推薦，不圖日後，現在何必寫信呢？

人才難得，但也要碰上好老師。馬連良是大舌頭，言菊朋是左嗓子，周信芳是沙脖子，他們如果不是名師指點因材施教，不要說成為藝術家，做個普通演員，人們都還認為不夠格呢。

關肅霜與李廣平因京劇相識相知、相悅相愛。李廣平早年訂過婚，未婚妻病歿北平到重慶的逃難路上。到昆明後，不少人給他介紹大家閨秀，皆趣味不投。1949年12月9日，盧漢易幟雲南，李廣平恰住在省府祕書長家，一併被捕。

入獄後參加勞動，從未幹過體力活的「淮南公子」，挑糞時用枕頭墊肩，搖晃而行，看守捂嘴捧腹，笑傳全獄。「鎮反」前夕由安徽同鄉、國學大師劉文典擔保出獄，得識關肅霜。

一個對京劇研究有素的單身貴族，一個以京劇為命的待字姑娘，金風玉露一相逢，勝卻人間無數。某次，關肅霜遇到一句很難入調的唱詞，跑到李廣平處請教。她說學戲以來一直用腔自如，從沒遇到這樣的唱詞，沒法唱。李廣平接詞一看，馬上指出此為詞者之謬——七字皆為平聲，缺乏抑揚起伏，立改幾字，使之平仄相諧。關肅霜當場一試，音即繞梁，高興得跳起來，只差沒去摟「淮南公子」。後來，關肅霜學梅派唱全本《玉堂春》，特請李廣平到家細聽細評。李聽後，寫下近萬字評析，一腔一字為之指正，關肅霜不僅佩服其內行功力，更敬仰其認真態度。

1950年代初，關肅霜紅得發紫，有名有勢有財有貌，人大代表、政協委員、中共黨員。1953年，周恩來在昆明看了她的戲，對她十分關懷，主動介紹關肅霜找林巧稚診治痛經。關肅霜正值花季，追求者眾多，包括昆明軍區一位上校。但關肅霜的奶奶都認為不適合。奶奶諄諄庭訓：女孩兒家要三緊——嘴緊、手緊、褲腰帶緊。關肅霜極愛

奶奶，一心希望找一能得奶奶滿意的對象，其次才考慮自己是否滿意。李廣平雖近不惑，偏偏奶奶屬意，滿族正黃旗籍老人，對前清「侯爺」有一份特殊感情。關肅霜自己也喜歡，實為佳緣。1956年，李廣平成為雲南統戰對象，李鴻章曾孫這一出身之礙似乎在淡化。一位朋友向關肅霜建議，這事在雲南恐怕不好解決，最好找機會向周恩來說一下，婚事或可解決。

夏衍很欣賞關肅霜，評為京劇全才，1956年安排她出國獻藝。行前，關肅霜上李廣平家竟夕長談，和衣而臥，未越男女大防。李廣平認為既然準備結婚，一切應按規矩來。關肅霜出國後，情書不斷，一次寄來一張撕下的畫報：「我生平第一次為你做賊！」她在飛機上翻閱《中國畫報》，一幅印製精美的宋人山水，知李廣平喜歡，悄悄撕下寄回。關肅霜給李廣平的情書至少十封以上。這次出國，關肅霜因武功了得，背旗挑箭，洋人歎為觀止，在西德創下謝幕記錄——66次。

1957年春「鳴放」，李廣平在好友陸鏗慫恿下響應號召，並根據陸鏗提供的「意見」，說了幾句民主黨派成擺設之類，加上「大官僚」出身，順理成章劃「右」。此時，關肅霜又一次出國演出，在莫斯科得訊，已是中共黨員的她，事關「大是大非」，必須和「右派」劃清界限，婚事失去「政治基礎」。訣別信中，她痛責廣平辜負自己一片苦心，太不聽話了——情至深處痛亦深。

原來，關肅霜這次出國前，已是「鳴放」後期，她從上級處得知風向要轉，將發動一場大運動，千叮萬囑李廣平謹慎，千萬不要亂說話，廣平諾諾。關肅霜走後，「淮南公子」未能禁得住「大好形勢」的推聳誘惑，見好友提了中肯意見得了讚揚，自己再不發言，實在太落後。因此，在陸鏗「進勸」下，違背了對關肅霜的承諾。事後，也淪「右派」的陸鏗驚悉李廣平已從關肅霜處得訊，早知風向將轉，便問他：「當初勸你發言，你為什麼不把這一情況（按：反擊在即）告知我呢？」李廣平答曰——

　　肅霜慎重告訴我這是黨內祕密，絕對不能洩漏，我答應了她不告訴任何人。既然是任何人，自然包括你在內。為重諾，所以連你也未告知。現在，事情已經明朗化了，肅霜和我鴛盟已解，所以才告訴你。對不起！

　　陸鏗扔下一句：「你這個書呆子！」陸鏗為攛掇李廣平發言，攬了這場千里一牽的好姻緣，事至無補後悔深。這時，已有一點佛學功底的李廣平反過來勸他：「這是業，是數，躲也躲不脫的。」

　　1960年2月25日，關肅霜嫁給與同台演出的鬚生徐敏初。這位老兄比關肅霜大十多歲，離婚再續，文革中被揭發與女兒亂倫。上海女記者聯誼會主席盧璐與關肅霜親如姐妹，評曰「一朵鮮花插在牛糞上」。婚前，關父及盧璐等摯友均反對，但兩人在杭州演出時生米煮成熟飯，關肅霜懷了身孕，回昆明後立即舉行婚禮。文革中，徐敏初批鬥致死，關父肺癌逝世，關肅霜臥室放了五隻骨灰盒──奶奶、父母、徐敏初、妹夫李少樓，訪客無不膽戰心驚。此時，關肅霜已經要靠杜冷丁（麻醉作用較小的鎮靜劑）度日。她常說：「我嫁給了老『杜』。」1992年3月6日凌晨，第三屆中國藝術節閉幕昆明，京劇奇才關肅霜勞累過度，猝然弦崩，不過63歲。

　　李廣平的結局慘得多，劃「右」後失去統戰對象待遇，澈底潦倒。文革期間，靠北京胞妹接濟度日。好友介紹幾位學生跟他學詩學畫學書法，廣平體諒學生家庭貧寒，每人每月只收兩塊學費。1967年，雲南大學一女生跟隨李廣平學習，由慕生愛，極端孤寂的李廣平接受了這位小姐的激情。其時，表兄趙樸初（中國佛教協會會長），來函約他赴京主編佛教月刊，李廣平攜女生北上，阻於戶口，廢然返滇。女生哥哥趕來，指斥李廣平引誘其妹，三言不合，掌摑廣平。「末代王孫」平生從未受此侮辱，留下一紙：「我清白一生，無愧天地，不願受辱，死而無憾！」吞下百片安眠藥而死。後事由獄中「同窗」辦理。其時，昆明武鬥正烈，死人太多，全市棺材售罄，只好買一匹白布裹而埋之，一代才子就此結束，時年51歲。

　　與他倆熟稔的友人悼曰：小關未瞑目，廣平含恨死。[2]

　　　　　　　　　　　　　2005年4月11日於滬，後增補。

　　原載：《文匯報》（上海）2005年5月15日（初稿）

---

[2]　《陸鏗回憶錄與懺悔錄》，時報文化出版公司（台北）1997年版，頁376〜395。

顧準的人格

　　「偉大毛時代」，長夜沉沉，顧準一燈如豆。能在那個年代堅持獨立思考，質疑計劃經濟、思考民主，為紅色士林多少聳起一點脊梁的，只有一位顧準（1915～1974）。1965年9月，他第二次戴上「右派」帽子，就讀北京一〇一中學的幼子顧重之，馬上被扯去紅領巾。妻子汪璧（1914～1968）為了孩子，被迫提出離婚。顧準譽為「叫花子吃鴨子——隻隻好」的五子女，站穩立場，劃清界限，堅決不認其父，革命群眾更是痛鬥痛打，真正眾叛親離。

　　離婚後，顧準瑟縮獨居於集體宿舍，自謂「喪家之犬」，欲效法捷耶夫[1]，數動死念。絕境中的顧準，人格仍熠熠發光，與其相處十年的吳敬璉記載了一則非常感人的故事。

　　1968年5月，「清理階級隊伍」運動。顧準一位老朋友兼老上司林里夫，用荒誕牽強的推理「揭發」顧準，指斥他1930年代就是「內奸」，執行右傾投降主義路線，弄得顧準百口難辨。直到周揚文革後平反，顧準的「內奸」問題才告解決。1972年，顧準從河南息縣「五七幹校」回京，對林里夫卻多方照顧。考慮老友處境也不佳，寂寞凄苦，逢年過節總備下酒菜，約他共餐對酌。吳敬璉很不以為然，認為顧準完全不必當東郭先生，對這樣的人，不去回敬一拳已算仁慈。顧準卻說：你真不懂世事，他這種古怪個性和奇特的思想方法，完全是黨內不正常的政治生活和逼供信「審幹」造成的，這套制度毀掉了他的一生，悲慘的人生遭遇形成他古怪脾性，應當同情才是，怎

---

[1] 法捷耶夫（1901～1956），蘇聯著名作家，代表作：《毀滅》、《青年近衛軍》；1934年後歷任蘇聯作協籌委會副主席、書記、總書記、理事會主席，1956年信念崩塌自殺。

可苛責？[2]

古諺：「時窮節乃見」。能夠在互鬥互咬只求自保的漩渦中，清醒認識到對方負荷的壓力，寬宥對自己的傷害，不僅需要仁慈人格，更是一種能力，才能達到入聖境界。林里夫（1909～2001），就讀北大、留學日本，1920年代末加入中共，1930年代從事地下活動，抗戰前中國民族武裝自衛會（宋慶齡主席）黨團書記，顧準入黨介紹人。

因顧準的「恕道」，老戰友的情誼得以維繫。1974年10月中旬，顧準病倒，林里夫每天趕到社科院經濟所顧準宿舍，為其炊煮，照料生活。顧準住院後，經濟所雖派專人照顧，林里夫仍每天三次看望照料。顧弟陳敏之從上海趕來，林里夫每天下班輒上醫院探望，後又派其女每天上午頂替陳敏之照看顧準。其時，林里夫的政治處境也很艱難，經濟條件尤窘。顧準遺囑贈老友伍百元（相當一工人年薪）。

達到顧準的恕境，得有思想根源。顧準從現實中認識到不應一味強調鬥爭，應提倡寬恕。他認定世界最終要實現「大同」——四海之內皆為兄弟。因此，他的座右銘——「寧可天下人負我，我不負天下人。」

一次，女同事張純音與顧準爭論——

別人要是打了你的左臉，你再將右臉遞上去，完全是一種奴隸哲學。我的觀點是針鋒相對，以牙還牙以眼還眼。

顧準答——

人類社會正是因為有強烈的報復之心，你打我一拳我還你一腳，才總是鬥爭不已。如果大家都有寬容仁愛之心，這個世界會好得多。[3]

顧準借給張純音中英文對照版《新舊約全書》，建議她讀一

---

[2]　吳敬璉：《何處尋求大智慧》，北京三聯書店1997年版，頁383～384。
　　高建國：《顧準全傳》，上海文藝出版社2000年版，頁651～652。

[3]　高建國：《顧準全傳》，上海文藝出版社2000年版，頁721、647。

讀。顧準從實際生活中意識到：寬恕是必要的絕對的，鬥爭是策略的相對的。人格的背後是境界，境界的根柢是識力。只有智者才可能在那個赤烈時代成為清醒的「強者」。

臨終前，黨組織總算慈悲開恩，要求他在認錯書上簽字，然後床前宣佈摘去「右」帽，但不恢復黨籍。五個子女無一前來「臨終一別」。1974年11月24日，其弟陳敏之接到幼侄顧重之來信，20歲出頭的青年如此回答父親盼望的「訣別」──

　　在對黨的事業的熱愛和對顧準的憎恨之間是不可能存在什麼一般的父子感情的。……我是要跟毛主席走的，我是絕不能跟著顧準走的。在這種情況下，我們採取了斷絕關係的措施，我至今認為是正確的，我絲毫也不認為是過分。……我相信在我們的親屬中間也存在著嚴重深刻的鬥爭，這也是毫不奇怪的。

11月27日，病榻上的顧準獲知五個子女無一肯來，大慟四小時。12月3日零時，顧準走了。他托友人轉告子女──

　　我已經原諒你們了，請你們也原諒我吧。[4]

2003年1月29日於滬

原載：《羊城晚報》（廣州）2003年10月3日

轉載：《文摘報》（北京）2003年10月7日

《報刊文摘》（上海）2003年10月13日

《芒種》（瀋陽）2003年第12期

《讀者》（蘭州）2004年第5期

---

[4] 陳敏之：〈顧準和他的兒女們〉，載《今日名流》（武漢）1997年第11期。
高建國：《顧準全傳》，上海文藝出版社2000年版，頁723～724、732～733。

未曾謀面的岳父

從未見過老泰山，卻想寫一篇有關他的文章。蓋因他對拙妻影響太深太強，一遍遍向筆者敘述「爸爸的故事」，尤其一遍遍用「我爸爸如何如何」裁量我，用「我爸爸會這樣、是那樣」教導我，使我無法不認識這位雖亡實存的岳父。婚前才明白：幸虧我形體氣質近似泰山，否則不一定搞得定她，戀愛有可能再次失敗。她一位髮小閨蜜一語點破：「哎呀，張米云，你不是在找對象，而是在找你爸爸那樣的人！」走筆至此，只能交代：拙妻眉藏靈秀，身蘊清純，蘭心蕙質，窈窕可人，現代古典合璧，一望可知的淑女，行情很俏呵！當年若有江蘇衛視的「非誠勿擾」，她若上去，肯定反復被選「心動女生」。筆者之前，她已相親至少半個排，都是她「挑」的別人，一路未成，才輪到我next。

骨灰盒前識泰山

1982年9月底，初次相見，老泰山已下世兩年。認識沒幾天，就強烈感受其父的存在。在她心目中，那是高如泰山，世上最完美的人，筆者這輩子永難企及。諸如「你記性沒有我阿爸好」、「你氣量沒有我阿爸大」、「你脾氣沒有我阿爸好」……十分之一已屬碰天。

1983年清明，關係初定，她帶我去見他——杭州龍駒塢殯儀館一隻骨灰盒。室內靜寂，她撫盒輕喚：「爸爸，爸爸，女婿來看你了。」我頓感責任重大，要面對先人了。骨灰盒上嵌著一張老泰山青年時代的照片，一望便知拙妻「出處」——疊合度至少80%。後來，漸漸知道她不僅外貌肖父，血緣一脈，性格行為亦多有繼承性。除了

「我爸爸這麼說……」、「我爸爸那麼說……」，最傷心的一句：
「你怎麼一點都不像我爸爸！」

意氣風發軍代表

　　岳父張永定（1929～1980），江蘇武進洛陽鎮朝東村人，先後就
讀廣里小學、匡村中學（今無錫縣中）、江蘇省立二中，一年半即初
中畢業，高中讀至一年半，逃壯丁至上海。其母在大華印刷書局老闆
家當過奶媽，薦入書局為徒。是年，他接觸到中共地下黨，祕密印刷
《資本論》，後被發現，加之鼓動罷工（要求加薪），遭國府抓捕，
翻窗逃跑時蹬掉一隻剛買的新皮鞋，情急之下未撿回，心疼了一輩
子。1948年秋，地下黨祕送浦東，臉纏紗布偽裝傷患，用救護車送過
封鎖線──崗哨森嚴的錢塘江大橋，進入四明山浙東縱隊金蕭支隊，旋
入黨。浙東縱隊前身即新四軍三五支隊（第三、第五支隊），金蕭支隊
則是浙東縱隊活動於金華、蕭山地界的一支分隊。其時，「泰山」的頂
頭上司為宣傳科長薛駒（後浙江省委書記、中央黨校副校長）。

　　1949年5月，岳父以軍代表身分接管《東南日報》（後為《浙江
日報》），印刷廠長、支書，不久調任浙江省委宣傳部長兼《浙江日
報》總編曹陽祕書，年僅二十。春風得意，鵬翅待展，追求到當年行
情也很俏的岳母（其時知識女性甚少），幸福指數最高的一段歲月。
婚前，薛駒家宴招待這對未婚青年。結婚時發糖，一向大方的「泰
山」，每個同事老秤四兩（新秤2.5兩），《浙江日報》三十年最高
紀錄！

霹靂一聲淪「中右」

　　1957年春鼓勵「鳴放」，岳父只知革命不懂政治，真誠向黨交
心，彙報了回鄉後見到的實況──

合作化對農業生產起了「反作用力」，便宜了懶漢，老家農民生活還不如解放前；我父親種田一把好手，不願與懶漢互助合作，硬要合，弄得門前幾株桃樹都被共了，桃子都吃不上……

如果不是省委宣傳部長陳冰（後任天津政協主席）力保，就憑這段「今不如昔」，不劃「極右」就算開恩了。饒是有省委宣傳部長遮著罩著，仍劃「中右」（留黨察看兩年），不可能重用了。年紀輕輕，遭此打擊，一路青雲跌入另冊異類，革命青年一下子滑至「敵人邊緣」，落差之大，只有自己扛著熬著了。此時，岳母正在醫院分娩拙妻，還得捂著瞞著，月子裡驚嚇著了，還不知會生出什麼「嚴重後果」，至少奶水被嚇回去。

「泰山」信而見疑、忠而被謗，劃了中右（控制使用），從意氣風發的青年軍代表，到「留黨察看」的內控右派，峰頂跌至谷底。那個壓抑鬱悶，那個難以排遣，開始借酒澆愁，沉溺成酗。丈母娘又氣又急，各方面收緊，鈔票卡得越來越死。岳父只能躲在外面喝，四兩白酒一口悶，開始在外面欠酒債，不時醉臥街頭，全家為此心驚肉跳。尚為中學生的拙妻，多次與小學生妹妹夜晚跟蹤其父（工作型的母親經常出差），只怕他醉倒路邊無法回家。此情此景，每次敘憶，她必淚水漣漣。更讓拙妻刻骨銘心的是：她當時正是各方面都很要強的漂亮少女，髮小閨蜜拌嘴扎刺一句──「你阿爸老酒鬼兒！」她又恨又羞又莫可奈何，只能指著閨蜜發狠：「以後再也不理你！絕交！斷交！」然而，其父的這些「負面」，在拙妻眼中都不算什麼，都可忽略，她再三強調的是父親另一面的品質才能：一篇社論看兩遍，標點符號都能背出來……

雖劃「中右」，「泰山」畢竟才幹出眾，不被重用但得使用，辦公桌與副社長王鐵漢（13級）同屋，負責《浙江日報》印刷、後勤等一大攤事務。1961年大饑荒，中共號召入城農民返鄉──「減輕國家負擔」（不吃商品糧）。為動員單位職工響應號召，工會主席的岳父以身作則，將老母、妹妹的戶口遷回農村。漂亮妹妹本擬嫁在城

裡，回鄉後只得嫁了鄉村教師，一生鬱鬱農門，長怨兄長。老母沒了
戶口，一併沒了糧票，但還得住在兒家幫帶孫輩，她的口糧得由一家
人摳省出來。很悲摧，岳父的以身作則並沒喚起幾人「跟上來」。當
時，城鄉差別「九天九地」，糧票問題很現實，一個城市戶口拴著鄉
下人眼睛發綠的諸多好處——工作、票證、住所、子女的戶口……絕
大多數國人終究不是「特殊材料製成」。

文革前，岳父好像已走出「中右」陰影，再次看到曙光——
《浙報》副社長接班人。1964年，他買了一架最貴的美多牌盒式收音
機（167元，兩月薪額），很肯定地對家人說——

第三次世界大戰馬上就要爆發，到時大家都要鑽山溝，什麼都
可不要，這只收音機啥西都收得到，美國之音都收得到，山溝裡也能
聽到毛主席黨中央的聲音！

如果不是反右、文革，以岳父的資歷、人脈、才幹，至少混個
廳級，說不定竄上省級。文革後，他這一代「解放牌」，很多各方面
都比他差得遠的人，憑資歷都熬上廳級。

風霜刀劍酒文革

文革爆發，人們再次互鬥撕咬，幾位好友背後捅刀，狠狠揭發
了他，，誣其「漏網右派」、「假黨員」，其中一位甚至抄走他十餘
萬字自傳（一直未歸還，此人2008年患癌而死）。世道險惡，人心叵
測，「泰山」深深絕望。他們這一代特看重政治生命，歷史問題的
「中右」，這時當然成了「漏網右派」，難以洗清的政治汙點，甚至
被指「假黨員」（當年山裡入黨無檔案留存），發配食堂勞動。

靈魂一旦失去牽引，很容易消極沉淪。沒了希望、看不到出
路，「泰山」從此徹底滑向頹廢，借助酒精逃世。終於，他酒量驚
人。一次宴會（18桌），他每桌敬黃酒一碗（至少半斤），九斤下
肚，居然還能回家。可是，所有酒精均需肝臟排毒，酗酒傷肝。「泰

山」最後死於上食道靜脈大出血，病根還是肝臟——造血貯存功能衰竭，輸多少血都無法接受。

1980年5月24日凌晨，拙妻醒後再寐，夢見一條青褐色大蛇對洞內一窩小蛇依依不捨，再三回頭，慢慢游出，岳父屬蛇。一周前，他已昏迷於杭郊九里松117醫院，大量輸血，似已止住失血。5月24日傍晚，再次大出血，七竅湧血而終。23歲的拙妻，床邊為父親端盆接血，整整一臉盆，手都軟了。她一直有點迷信，相信那天晨夢所寓。

文革結束後，《浙江日報》擴建，從選址到印刷大樓完工，岳父一手操辦。《浙報》尚在，印刷大樓尚在使用，它的建設者卻已飄然走遠。

天時不予繳「學費」

唉，老泰山最後也因太傳統而憋死。AB血型，領導氣質，嘴緊話精，負面則是不易自我舒緩解壓。天崩地裂的「中右」，一個人死扛硬捂。丈母娘乃《浙報》機要祕書，產後上班，偶然從文件中得知這一「晴天霹靂」。最初幾秒鐘，驚呆了，都不知如何坐下的。機要祕書奶水被嚇回，只得雇請奶媽，奶媽滿臉雀斑，過給拙妻，影響她一生美麗度。

幸好只是「中右」，若是劃了右派，按當時規矩，一定動員機要祕書與右派丈夫離婚，否則便是「劃不清界限」，連她也一併劃「右」。真不知這對紅色小夫妻如何熬過那段日子，如何接受這一「驚天大逆轉」。16歲參加革命的丈母娘受丈夫影響，一生未得提拔，退休才扔給一個「副處」。

岳父當然想不通革命革來「中右」，想不通淪為「黨的疑敵」。現代人不僅生活在物質中，更生活在精神中。邏輯如此失通，落差天淵，冰炭兩重，情何以堪！憤何以抒？羞恥、自責、苦悶……除了不斷檢討，無處傾訴，無人可訴。無奈之下，唯有貪杯逃避，渾

噩捱日，積久成癮，不醉不休。

每次酒醒，他深知給家人帶來的折磨，屢次決心戒酒。然冤屈負身，病鬃深深，數戒數棄，無法折返，51歲就走人了。沒能看到子女們的「出息」、沒能與我這位女婿（或會喜歡）對話、沒能……唉，豐才嗇遇，天時不予，長才未盡，「中右」待洗……他的一生為紅色革命繳了學費。當然不僅僅是他個人的悲劇，也是一代革命者為中國共運所支付的實質性代價。反右、文革的罪誤要由數代人具體承擔，延綿數代人的國家損失。

基因傳女「古典美」

岳父雖是一心革命的紅色青年，但卻似乎「未被改造好」，保留相當多的「封資修舊思想」。他向女兒灌輸了不少並不革命的治家格言，如「家醜不外揚」、「男學關雲長，女學王寶釧」、「女孩不可愛慕虛榮」、「女孩要學廚藝」、「要會打毛線」、「要賢慧」……父親無形中成了她堅決抱守一系列傳統的絕對理據。幾年後，我漸漸明白：如果不是這樣一位泰山，如果沒有他對女兒的培育，我便不可能得到這麼一位高分值的賢妻；沒有老泰山傳遞給她的這些傳統，她身上便不可能有那股傳統味，就不可能有古典美。

我從拙妻那裡認識的岳父：寬容善良、遵時守信、大方樂施、勇於挑擔、好學強記、憐生愛幼……當然還有他痛苦的晚年酗酒。他活在女兒的心中，自然也就活在我的側旁。這樣頑強的存在，無法不讓我時時感受到他的存在。

不過，「反右」使拙妻成分不佳，她才多少理解一點「黑五類」的痛楚，共產黨的女兒才肯嫁給國民黨的兒子，才有我們這段「國共合作」，一齣標準的「紅」與「黑」。

如今，我們相守28年，歲深年久，這位從未謀面的岳父不時附妻伴我，使我無法不熟悉不認識。除了他要女兒「找一位正牌大學畢業

生」（本人進入候選資格），更有深層次培育女兒崇拜英雄（如譚嗣同），「要有自己的思考，不要人云亦云」。這一條很關鍵，拙妻因此才會欣賞我的與眾不同——腦有「反骨」、不時「抗上」，最終將繡球拋於我，也因此才認同我棄大機關而入小學校（棄仕求學），才會與我一同承擔研史風險。2005年，當我在香港「反動刊物」開始發表文章；2006年，被有關部門嗅跡盯上；2008年，有關人員直接上門「示警」……直至2014年在台灣出版一本本「反動書籍」（至今已出第五本），所受到的各種壓力，她當然都得匀著分擔。

從代際傳承角度，岳父傳輸基因育子女，留下對生命對傳統的理解，還有這麼一位頑強懷念他的女兒（包括其弟弟、妹妹），也算雁過留聲吧？我這位未謀一面的女婿，居然也寫出這麼一篇懷念他的文字，估計他不可能想到，當然我自己也沒想到。

又是一年清明日

每年清明，我當然會和妻一起懷念他，妻子是一定要哭的。這一天，我倆都很沉重。

人固有一死，最終能否活在後人心中，能否活在子孫心中，還不得看他生前給予了什麼？有什麼值得後人念想？真正的懷念當然是對後人的放射性影響，思想上行為上的正能量作用，而非牌位上的幾個字。

田野草青，油菜花黃，又是一年清明日，今年是岳父逝世三十周年，這篇文字燒給他吧！願他在天國笑一笑。

初稿：2008年10月1日；定稿：2010年3月23～24日

修訂：2013年11月25日、2015年8月24～25日

原載：《南方都市報》（廣州）2016年1月1日（刪削稿）

又一份民間〈祕密報告〉

　　為研究中國現代知識分子，十餘年間至少讀了四五十本「右派」自傳。底層「右派」的慘烈度遠甚中上層，苦難更深，可看清「無產階級專政鐵拳」如何真正落到實處。康正果的《我的反動自述》（據說駱家輝出任駐華大使前索閱）、和鳳鳴的《經歷——我的1957》，最感人也最有細節。日前，得閱四川「右派」張先癡的《格拉古軼事》（美國溪流出版社2007年初版、台灣秀威公司2013年再版），深深撼我，很有必要攝精轉述。筆者讀後感濃縮為兩句話：一、不能讓這一滴「右」淚湮沒史塵；二、又一本「反右」決算時的民間《祕密報告》。

赤色少共

　　張先癡（1934～），原名張先知，湖北黃岡人。父親張家駒（1908～1951），早年加入共青團，後自首，轉入國民黨，抗戰後已是國民黨中委、國府中央警署副署長，家有兩部小汽車，訂有《觀察》、《大公報》，1948年全家在武漢曾上白崇禧家游泳池嬉玩。1949年11月下旬，紅色少年張先知罵父親「特務」，叛出家門，考入重慶國民黨國防部高級政工人員訓練班，旋撤成都，轉入黃埔軍校第24期。穿國民黨軍裝第25天，軍校總隊長通共，12月20日於大邑縣蘇場整體轉共，成為劉鄧「二野」三兵團第12軍隨營學校。

　　這麼一位墨墨黑的「反動階級黑崽子」，偏偏一心想成為「無產階級戰士」、「能改造好子女」，心心念念「把一切獻給黨」。半年後，張先知入團，擔任好幾年團副支書，參加土改。1951年「鎮反」，其父被斃重慶菜園壩，刑前遊街卡車從他身邊開過，車上五花

大綁的父親看到車下的兒子。街邊貼著槍斃大佈告，第一名即張父，但張先知此時為西南軍區土改工作隊員——

我當時一點也沒有傷心，因為通過參軍後的一系列學習，我相信共產黨是絕對英明正確的，我是革命戰士，他（按：其父）是階級敵人。在前不久開展的民主運動中，我已誠懇地向領導表明了我的這一立場。回到住地便主動向我的青年團小組長彙報了這一情況，並表明我絕不會因此而動搖我的革命意志。[1]

這邊「我本將心托明月」，那邊卻是「哪知明月照溝渠」。不久，凡是血親被鎮壓的「反屬」均遭清洗。1953年，張先癡立三等功，1954年仍得轉業，入南充縣民政科。女友胡光君不到15歲參加共軍，分配西南軍區保育院，其父1951年亦被鎮壓。兩位虔誠的共青團員「反屬」找「反屬」，成分一般「黑」，戀愛也不「紅」，小伙子居然對姑娘憨憨地說：「你還從來沒有對我說過一句你愛我。」

一天，張先癡發現胡光君箱裡有一條半透明紗裙與一件紅豔上衣——

我幾乎不相信自己的眼睛，胡君怎麼會有這類資產階級小姐太太才擁有的東西？

此前，他在一位戰友背包裡發現一床紅色花被面，認為是「資產階級腐化思想的鐵證」。可女友這兩件資產階級服裝竟是組織上發的禮服，「第二職業」需要。每週六晚，她都得上李家花園陪首長跳舞。青年張先癡更驚了，紅色將軍也會喜歡「蓬嚓嚓」——資產階級靡靡之舞！

胡光君雖然只是幼稚園保育員，可是為高級首長培育「革命接班人」，也是重要崗位，萬一「階級報復」……1954年一起「被復員」，入南充專區醫院。

---

[1] 張先癡：《格拉古軼事》，溪流出版社（美國）2007年版，頁119。

最初陰影

　　1955年，胡光君18歲，張先癡21歲，法定婚齡，各打結婚報告。南充縣府人事科派員去胡光君單位通報：張父被鎮壓，張本人也有歷史問題，要胡慎重考慮。一心向共的張小伙沒想到組織上會這樣。當胡光君向他轉述組織「忠告」，他大哭一場，寫了訣別信。幸好「被鎮壓的」沒嫌棄「被鎮壓的」，總算結成婚，婚禮十分簡陋，「規格」很低——無一位副科級以上幹部蒞臨祝賀。

　　1956年，張先癡將涼山當兵經歷寫成散文〈金沙江邊送別〉，發表川省刊物《草地》創刊號，稿費40元，加入南充市文聯，兼任市文聯雜誌《百花》詩歌編輯。不久，省刊《草地》又發表他五百多行長詩，稿費每行近一元，成為縣級機關首富，買了一輛自行車（比現在寶馬車還稀罕），一時得意。

　　1957年，「反右」狂飆天降，鵬程萬里的文學青年一下子淪為「極右」。他請20歲的妻子重新考慮未來。胡光君連夜寫報告，向組織申訴，說與丈夫朝夕相處，保證他絕不是反黨反人民的「右派」。報告一遞，當天就被揪出——「自己跳出來右派」！夫婦「同歸於『右』」。艱難時刻，胡君派六歲小姑送紙條給丈夫：「生是張家的人，死是張家的鬼。」[2]

　　「反右」運動中，南充市文聯全軍覆沒。當年擠都擠不進去的高雅殿堂，成了躲都躲不開的陰森地獄。

艱難赴疆

　　張先癡劃「右」後送勞教，胡光君開除公職，遣返原籍，帶著兩歲孩子回到渝郊長壽縣華中公社。娘家父母雙亡，茅屋將塌，丈夫

---

[2]　張先癡：《格拉古軼事》，溪流出版社（美國）2007年版，頁87、297、120。

幾件毛料衣服與羊毛背心被村吏搜走，扔下話：「身邊沒有男人，為什麼有男人衣服？」她背著孩子上成都找到婆婆，饑餓的張家又增加兩副需要填充的腸胃，婆婆毫無怨言接納了兒媳、孫子。

1958年，張先癡二妹考取大學。報到第二天，學校發現她有一個勞教的「右派」哥哥，勒令退學。二妹大哭，前景輝煌的大學生瞬間淪為最沒出息的待業青年。此時，新疆建設兵團技校在成都招生，二妹不願去那遙遠的地方，胡光君便借小姑的高中畢業證應考，旋被錄取。新疆地廣人稀，中共新疆分局第一書記、農墾部長王震想成為「當代左宗棠」，希望移入大量漢人，毌須戶口遷移證。胡光君沒有城鎮戶口，「天賜良機」。於是，她冒名小姑張先雲去了新疆兵團技校，兒子只能放在奶奶身邊，否則高中生怎麼已生孩子？

張先癡大妹在西寧，要母親過去帶她的孩子。大妹嫁給勞改隊首長，她的孩子可是「革命接班人」，怎麼能讓母親在成都帶「右派的兒子」，而不帶自己的「革命接班人」？無奈，胡光君只能將孩子託付給弟弟——蘭州鐵路局「右派」，開除公職後回鄉。「右派」舅舅帶了「右派」姐姐的外甥。這一託付，這位「右派」之子終身文盲。

大饑荒時期，胡光君從新疆不斷以二妹名義給「吃官司」的丈夫郵寄日用品，包括十分稀缺的維生素。張先癡不服管教，越獄脫逃兩月餘，在天津抓回，送原勞教隊，加刑至18年。他不斷回信暗示——

我欠你二嫂的已太多，她隨便怎樣安排今後的生活，我不會有絲毫異議。

胡君二嫁

胡光君從新疆兵團技校畢業後，分配當地拖拉機修配廠，一晃已二十六七歲。不少男人追上來，熱心介紹者也接二連三，工會、婦

聯都很關心她的「個人問題」。援疆青年畢竟男多女少，肉少狼多，資源緊缺。胡光君拒絕交友，已傳「生理問題」、「心理有病」。她既不能向人吐露羅敷有夫且有一子，更不能說冒名頂替，還是「右派」。

1964年，張先癡因「叛國罪」加刑至18年，胡光君絕望了。1965年，已28周歲的她，只得嫁給一位中專技術員，不久生下一兒一女。雙職工帶孩子是個大問題，胡君向前婆婆求援。前婆婆放下直系孫子，趕到新疆為前媳婦帶她「與其他男人生的孩子」。

文革爆發，張先癡在西寧的一位弟弟，忌恨母親去新疆為「前二嫂」帶他人孩子，向胡光君單位寫信揭發：冒名頂替報考、隱姓埋名的「右派」、且早與「右派」二哥結婚並有一子。檢舉信一到新疆，很快挖出一個「埋藏很深」的階級敵人！我廠無產階級文化大革命又一「重大勝利成果」！

中專技術員原本就性情暴躁、嗜酒如命，得知老婆的「真相」，委屈大去了——「雙重受害者」，政治上婚姻上都中了「右派」圈套。從此，酒後就打胡光君，罵她「一條毒蛇」，不到頭破血流不停手，還罰她通宵站在床頭反省。「前婆婆」受株連，攆入廢窯洞，只得輾轉返回西寧。

最後絕唱

1979年，獄中「右派」大多平反出監，張先癡知道難期將盡。此時，他在監獄醫院教外語，一位19歲女護士看上他，鬧了一場師生戀。張先癡最終止步，因為心裡還裝著胡君，很想破鏡重圓，無法與19歲小護士「肝膽相照」。1980年，小護士嫁給一位出獄醫生。那年月，政治犯「品質高」，常鬧出監獄看守愛上犯人的花邊新聞。

1980年8月23日，張先癡終於收到平反裁定書，對他22年7個月13天的苦難，所有的國家賠償只有三個字——「向前看」。

二妹夫婦從成都趕到涼山來接兄長。回成都途中，二妹向張先癡介紹了胡君近況，勸他不要直接寫信，以免影響她的家庭關係。張先癡直到此時仍對組織抱有幻想。中央政策規定：凡因「右派」離異的夫妻，原單位應盡力協助恢復關係。回南充後，張先癡不願再回原單位民政科，三個月後入某廠技校執教。他一直忍住未去找胡君。

1981年春節，張先癡上西寧與母親團聚。回成都後，二妹告知：「胡君來過了！」原來，胡光君回成都探親，新疆技術員丈夫擔心她與前夫聯繫，派兩孩子隨行。胡君未上二妹家中，怕遇到張先癡會抱頭痛哭，傷害兩個孩子心靈。她上二妹的工廠，背著孩子遞給二妹一封信——

　　親愛的先癡：

　　我們還能同時活在這世上，便是一個最大的安慰，南充的朋友來信告訴我，你渴望與我團聚，為此我也感到欣慰。坦率地說，我身邊這位丈夫給我的傷害比給我的愛多得多，只是我實在捨不得我這一對兒女，他們是無辜的。我相信你也不忍心讓他們在小小的年紀去經受失去母愛的痛苦。思之再三，我決心繼續把自己釘在受難的十字架上，原諒我吧，如果你認為我有什麼過錯的話。

　　我希望你不要心灰意冷，要重新站起來，自強不息，不管是事業上，還是私人生活上。你事業的成功、家庭的幸福就足以陪伴我心力交瘁、病弱衰老的風燭殘年……

永遠愛你的　君[3]

一封筆者讀到的最感人情書，比茶花女寫給阿爾芒的還要感動。張先癡無奈，只得另組家庭。2011年9月30日，筆者向沙葉新先生感歎：「這則題材如寫成劇本，都有點玷汙其神聖，只能拍紀錄片！」

---

[3]　張先癡：《格拉古軼事》，溪流出版社（美國）2007年版，頁101、120、34～41。

三幕殉情

一、胡光君在成都保育院時，有一位最要好的閨蜜，十分漂亮的川妹子黃代玉。一次週末伴舞，遇到戰鬥英雄劉子林（顯赫度不亞於當今影星），英雄向美女求愛，美女含羞接受。但黃父也是被鎮壓的「反革命」。明確關係後，組織上向劉子林「交底」，戰鬥英雄只能撤退。1955年，黃代玉又談了一位保衛幹事。申請結婚，組織上認為黃代玉成分太差，不適合成為黨員幹部之妻。黃痛不欲生，與保衛幹事在成都東門大橋相擁投河。1957年春「鳴放」，《人民日報》駐川記者李策發表了〈他們為什麼自殺〉。

二、1950年6月下旬，「二野」軍政大學三分校四總隊駐紮渝北合川縣。一聲巨爆，血絲肉渣順流漂下。原來，文工隊區隊長（南京大學生）與漂亮女生相攜參軍，一起進軍大西南，嚮往革命烈火中錘鍊青春與愛情。漂亮女生能歌善舞，四個月前被上級文工團調去，前些天獲悉女生經組織介紹要嫁首長。介紹過程：基層領導先出面，女生以目前不考慮個人問題搪塞；二號首長出馬，女孩只好說已有意中人，戀愛兩年多了。首長的回答令她再度吃驚：「這些情況我們早已知道，你放心，我們會給他做工作。」首長最後說：「我們有些青年同志口口聲聲說為革命願意犧牲個人利益，一遇到具體考驗，問題出來了……」女生只得含淚答應。結婚之日，區隊長拉爆手榴彈自殺。

三、國民黨「起義」電訊幹部謝邦瓊（24歲），愛上一女孩，但女孩被組織安排給首長。儘管謝邦瓊從小在長沙孤兒院長大，仍因「前國民黨人員」遭清洗，兩名保衛幹部押離涼山剿匪前線。途中宿旅，謝邦瓊趁保衛幹部不備，偷過手槍自殺。[4]

4　張先癡：《格拉古軼事》，溪流出版社（美國）2007年版，頁158～166。

饑餓與性

1961年，張先癡服刑於四川公安廳勞教築路二支隊108中隊，進駐川東北旺蒼縣快活場。此時，每月口糧從48斤降至35斤，幹著重活的「右派」只能用衣物找老鄉換食。張先癡用一件毛衣換了一隻雞，請那位鄉婦煮好，晚上去吃。是晚，下了學習，張先癡不敢擅離宿舍，因為違紀，會被懷疑逃跑。只得邀請班長一起享用，萬一有麻煩，可分擔風險。鄉婦不到三十歲，紅光滿面，身體很好，丈夫在外打工。她如約將雞燉好，放在後房臥室以避耳目。兩個男人狼吞虎嚥，風捲殘雲。鄉婦守在旁邊問好不好吃？孩子睡著在床。

吃到只剩下雞湯，班長慮及畢竟人家用毛衣所換，提前離去，以便讓張獨自喝盡最後一粒油珠珠。張先癡剛吃完，鄉婦突然挨過來，緊緊抱住張先癡，滾燙的臉龐貼著他的臉，隨後脫褲子到床頭馬桶撒尿，尿完後一手拎著褲子一手去拉呆立一旁的男人，然後裸著下身橫躺床上，示意張上來。

我卻感到極度緊張，勞教分子幹這類事是非常危險的，又加上我對這種粗糙的作愛方式似乎還有些為難。但我畢竟不是坐懷不亂的柳下惠，便也脫下褲子準備如此這般地來個婚外性行為。沒想到當了父親的我，竟然像一個陽萎患者那樣無能為力。她在下面不停地悄聲喊著：「展勁！展勁！」我卻展不起勁。後來我知道，這也是「自然災害」留下的後遺症。

從此以後，我再也沒能看到這位女老鄉過去那嫣然的笑容，哀怨的目光對我說的是：「你這個不中用的東西！」

這塊心病久懷難釋，每當勞教隊再來家屬探視，張先癡都在心裡默禱——

上帝保佑他們不要和我一樣「不中用」！[5]

5　張先癡：《格拉古軼事》，溪流出版社（美國）2007年版，頁42～44。

「精彩」軼事

　　《格拉古軼事》的真實度還可通過作者的自我檢舉得到印證。1957年6月8日，張先癡一位同事看了《人民日報》社論〈這是為什麼？〉，憤曰：「沉默是最高的諷刺。」只有兩人在場。當時還想當「左派」的張先癡賣友求榮，向組織揭發這位同事的言論，「當時我簡單地想法只認為對黨應該老老實實」。

　　張先癡還自揭一起偷竊。1961年9月，他逃亡途中在新潼關百貨公司與扒手聯合行動，將四雙偷來的襪子賤賣農民，換了兩大碗蓋澆飯。

　　文革時期，四川公安廳勞改局第108築路中隊彝族分隊長，奴隸娃出身，向犯人訓話——

　　這塊牆壁是白的，共產黨說是黑的，你們就應該說是黑的！[6]

人民寫史

　　中共老說「歷史是人民寫的」，這一個個被平反的「反革命」、「右派」算不算「人民」？他們在「偉大的毛澤東時代」這一幕幕一天天是不是歷史？

　　毛時代遵循馬列主義的「階級鬥爭」，一再製造敵人，日益擴大「對立面」——土改鬥死地富及其家屬至少百萬，鎮反又是百萬（中共炫耀的數據），思想改造運動至少整了二三百萬知識分子，「三反」、「五反」、「肅反」又整了至少500萬，「反右」55萬餘「右派」、「中右」150萬，「反右傾」200萬，大饑荒至少餓死4000萬，文革再整了一億人、整死二千萬。如以一位冤屈者或挨整者至少連著五六位直系親屬，毛時代幾乎將國人得罪遍了（其時全國人口

6　張先癡：《格拉古軼事》，溪流出版社（美國）2007年版，頁87、248、43～44、21、76～77、261。

七、八億），人人自危，人人擔心「專政鐵拳」哪天砸到自己身上。「無產階級專政」的階級基礎只剩下幾十萬處級以上官員，真正獲益者只有二三萬廳級以上高幹。「人民政府」，人民安在？這些是不是歷史？

　　毛澤東晚年最怕身後出「中國的赫魯雪夫」，做他的〈祕密報告〉。「九・一三」後，以他的精明，應該知道「完了」，但以他的狂妄，絕不會想到完得那麼快。無論如何，估計老毛絕不會想到自己比史達林還慘──他的黨還沒出赫魯雪夫，民間就已一頁頁一冊冊在做他的〈祕密報告〉，而且是不可能翻案的「最後審判」，因為「歷史是人民寫的」。

2011年10月1～3日於滬

原載：《開放》（香港）2012年3月號

附記：

　　博評精選──

　　「展勁展勁」印象深，毛衣換雞餓與性；牆壁雖白人說黑，訓話隊長奴出身。

　　可悲的時代，可憐的人們，可惡的暴政。

　　平鋪直敘，卻看得驚心動魄。五千年文明，怎麼會走到這一步？欠的這些賬，怎麼才能清算呢？「反右」早就知道，但具體事件所知甚少。

反右對「五○後」一代的傷害

恐怖童年

　　筆者出生1954年，還在幼稚園，母親就再三再四叮囑：「大人家裡說的話，絕對不能到外面說！」文革前，母親叮囑升級：「你在外面說話，直直要小心，多少人禍從口出！」最有說服力的是幼稚園密友之父，孤兒出身的新四軍，杭州522廠（大型保密單位）二把手，從頭紅到腳的13級幹部，竟劃「極右」。那會兒，我弄不明白何為「右派」，只知道都是說話惹的禍，後果很嚴重。

　　「禍從口出」成為童年最濃重的心理陰影，母親認為我最大的缺點——「話太多」。我問父母：「家裡說的不能上外面說，那麼能說什麼？什麼才不是『亂說亂動』？」父母尷尬互瞟，未給答復。應該說，我的「言論自由」從那時起就被剝奪了，從此生活在恐怖之中。更可怕的是：我一直以為這種氛圍十分正常，因為生活在「偉大的毛澤東時代」，一切金光閃閃，全世界都羨慕我們，尤其美國人民深陷「水深火熱」，需要我們去解救，我得快快長大……直至文革，我一直是十分標準的「共產主義接班人」，滿腦紅色思維、「紅領巾是紅旗的一角，烈士的鮮血染紅」……

　　反右威力，我是從那位「開襠褲朋友」父親臉上第一次讀到。他被開除黨籍、直降六級，一下子也成了不能「亂說亂動」。那副悲哀愁戚，至今宛然在目。少年時代，我好說好問，母親（杭州郵電局話務員）十分擔心我惹禍，一再以這位新四軍「極右」示範，要我「沉默是金」。憋屈的童年，空氣中飄著不祥，連小學同學的綽號都帶上「戰鬥氣息」。筆者1961年上小學，三年級時兩位男女同學父母

去世，他們的原綽號作廢，各有一個更響的新綽號：「阿爸死了活該！」「姆媽死了活該！」

自綑少年

　　文革爆發，筆者12歲，加入紅衛兵要填成分。回家問父，父親尷尬至極，轉著彎告知其家庭出身血血紅——城市貧民，本人成分則墨墨黑，上了《公安六條》的國軍少校，標準黑五類——「歷反」（歷史反革命）。我一下子明白了母親何以再三再四嚴誡，底底兒原來在這裡呢！我與十分嚮往革命的姐姐（杭女中初三生），那個絕望那個驚懼……只要巷口響起抄家鑼鼓，姐弟倆便瑟縮發抖，生怕鑼聲停在自家門口。左鄰張阿婆站上洗衣石板，掛牌「逃亡地主婆」。

　　淪為菜場會計的父親很識相，自踏三輪車請來單位造反派抄家。那晚，父親破天荒囑我晚點回家。我瘋玩至二十點多才進家門，一上樓（就一間20平米的屋子），滿地狼藉，母親最珍愛的照片散落一地……我最近距離領教了「無產階級專政」。

　　髮小同學也論起階級來：「富農」、「地主」、「資本」、「職員」、「革幹」……這就是毛時代恩賜給我們「五〇後」的「幸福童年」、「激情燃燒的少年」！

　　文革結束，上山下鄉大興安嶺八年的我考入黑龍江大學。55號文件下達後，去那位「開襠褲朋友」家，其父從箱底翻出陳年稿紙——「極右」發言記錄，他在省級機關處級幹部座談會上的「鳴放」。關鍵性幾句：工農產品價格剪刀差、中央領導也可能犯錯誤。他一口濃重蘇北腔——

　　你現在是大學生，能懂了，我什麼地方反黨？中央領導有可能犯錯誤，毛主席、劉少奇也可能犯錯誤，錯了嗎？

　　他一臉悲憤委屈，深瀸我心。當時就想：反右看來很值得研究，但還未出他家門，立即自我槍斃——怎麼可以研究黨的錯誤？豈

非懷疑「黨的領導」？否定「偉光正」？自幼形成的恐怖倏然升起，不敢再向前多想一釐米。

1980年代，「五〇後」一江春水向西流，奔歐奔美。上海相聲說有的滬青死也要死在西寶興路（上海殯儀館之一），因為帶個「西」字。[1]

留英牛津生楊憲益（1915～2009）、英籍女性戴乃迭（1918～1999）長子楊燁，文革期間的大學畢業生，分配湖北某廠，思想極左，和家裡人都合不來，將父母的唱片什麼的都燒毀了。文革結束後，楊憲益夫婦將子女陸續接回北京。但在他們監禁期間（1968～1972），兒子楊燁對自己的身分認同產生很大問題，被誣英國特務，受不住周圍壓力，乾脆不承認自己是中國人，不說中文只說英文，不願意在家，總往英國大使館跑。後來，楊憲益夫婦將其送到英國，一年後自焚倫敦寓所，又一位文革殉葬者。[2]

「六四」是「五七」的延續

真正覺得必須研究赤潮，源自「六四」。六四槍響，為中國「澈底」送走馬列主義，「人民政府」失去所有「人民性」。指學生為暴徒，坦克當街碾人民，一個依靠學運起家的政黨，竟走到向學生開槍，其間邏輯如何轉彎？何以走出如此不堪的歷史曲線？雖意識到其間價值，但懾於「強大的無產階級專政」，不敢正面展開研究。1991年，入杭州大學攻讀文學碩士，選擇了雖然敏感但非「正面進攻」的人性研究。1997年再入復旦大學攻博，撰成《二十世紀中國文學人性史論》。也算歪打正著，碩博期間的人性研究猶磁石引針，成為我由文入史的價值引導，認清赤潮禍華的根柢──馬克思主義違反人性。

[1] 柯達：〈王元化談知識分子問題〉，載《世紀》（上海）2012年第4期，頁10。
[2] 李菁訪編：《往事不寂寞》，三聯書店（北京）2009年版，頁344。

　　「六四」後，老左派來打隔代新右派。筆者執教的浙江廣播電視高等專科學校，新任黨委書記林和（1932～），1950年代哲學系進修生（？），聽說那會兒就是反右積極分子。「六四」期間，我在杭州市中心武林廣場發表演講，為廣場學生廣播站審稿數日，公安局備案的「露頭分子」。1991年11月30日，這位書記偷偷摸摸聽我的課（隱坐高個學生身後），下令停我的課，要我「深刻檢查」。我當時就意識到：反右還在沿續！從「五七」至「六四」，邏輯一脈相承，上一代「右派」遭受的紅色恐怖輪到我們這一代品嘗了。

　　2005年初，筆者首次訪學香港，得閱港報港刊，接觸「不同聲音」，逐漸轉移研究方向，離文學而入史學，以知識分子研究為切入點，追蹤赤潮的起源、勃興、衰落，尤其關注西方赤潮何以著床吾華。很快，研究成果陸續轉化為各種港刊上的「不同聲音」，包括對反右的研評。

　　研究赤潮的過程中，很痛苦地意識到自己也全身浸紅，已無可能澈底洗淨，不僅詞彙庫一片紅，思維邏輯都是馬列主義。每走一步都會自警「這不符合黨的要求」、「那是不是太反動」、「阿會捉進去？」……吮吸「狼奶」長大，只能成為「狼人」。早年輸入的紅說、儲存的紅詞、搭建的紅理，加上反右以來深深滲入記憶的恐怖……一根根最結實的勒繩，我們這一代無法擦去的「代際底色」、無法擺脫的「歷史局限」。當然，也是我們這一代獨特的「代際能力」—完全熟悉「國情」、深刻理解中共、知曉每一處禁忌。

　　當今，大陸知識界仍籠罩在「反右後」的暴力陰影。紅色高壓雖然被迫鬆緩，但「中國特色」並未改變：知識分子必須「與黨中央保持一致」——自覺為中共守諱、回避敏感話題、掌握言論尺度。儘管中宣部未具體劃定「紅線」，大陸士林卻對「紅線」心領神會——默認一黨專政的「合理性」，必須替中共各種「失誤」尋找客觀原因，只能勸百諷一，只能「歌德」（諛頌）不能「缺德」（批評）……

　　高崗「五虎上將」趙德尊之女，筆者大學同窗。1977年高考上線，因「犯官」成分不錄取；1978年取消政審，勉強錄取；第一志願外語系，降錄中文系；說是外語系畢業後要進外交口，不合適；中文系畢業當個老師，行啦。2012年其父去世，高崗女兒從北京奔喪哈爾濱，時時左顧右望，擔心被跟蹤。2015年5月2日，筆者勸請這位63歲的老同學憶錄其父晚年思想言行，她仍有點緊張：「還不到時候吧？」

深遠影響

　　反右是中共直接鎮壓士林的起點，有史以來最大文字獄。英俊沉下僚，老粗管老細，開啟通往文革的意識形態甬道。反右直接影響我們「五〇後」一代——含恥的少年（成分不佳）、黯淡的青年（上山下鄉）、艱難的中年（貧窮困頓）。

　　若無反右，就不會有闖大禍的「大躍進」，全國經濟不會大萎縮，糧食不會大減產，不會餓死四千萬人，不會有掩蓋大饑荒罪惡的文革，「五〇後」一代也就不可能被「扔包袱」——上山下鄉，我們的青春就不會虛擲「廣闊天地」。事實上，1958年的「大躍進」、「三面紅旗」，也是1957年反右的「胎兒」——毛共欲用經濟績效證明反右的正確，證明就是能搞成共產主義。

　　反右—大躍進—大饑荒—經濟萎縮—無法解決就業，我們這一代如此這般成為「包袱」，丟給農村，美其名曰「反修防修」。虛耗耽誤一代青年，當然是最實質性的「國家犯罪」。紅衛兵淪為二十世紀文化程度最低的一代，結結實實承受文革後果。1949年後，中華文脈嚴重中斷，國家大步後退至少三十年，還不算扳正「紅色罪誤」耗費的時間。「五〇後」一代絕大多數有報國之心，無報國之門。我還未出初中校門，檔案就裝入那張烙上「階級恥辱」的政審表，至今應該還在。唯「紅二代」才是合格「接班人」。1980年代搞「第三梯

隊」，還不是新的血統論——提拔紅二代。習近平上位，當然標誌性說明「紅色江山」的紅色性質。

最近讀到北師大女附中紅衛兵頭頭劉進、宋彬彬的「檢討書」。這些六旬紅衛兵老太的檢討，表面真誠，內容空乏，對文革仍「憶往昔崢嶸歲月稠」，無限懷念，拖著一個個意味深長的「但是」。她們至今仍未建立基礎人文理念，對人性人權等普世價值十分隔膜，尤其對「生命第一」十分淡漠。正如她們所說「學生是老師的產物」，紅衛兵當然是紅校長的產物。卞仲耘、劉少奇實死於他們自己建立的紅色邏輯。卞仲耘校長死訊公佈時，北師大女附中某班全體鼓掌歡呼！不澈底肅清毛澤東思想、不追究赤色邏輯，「反右」就還未結束，也無法結束。何況官家至今仍捂著這截罪惡，遮著攔著不讓談論，企圖讓歲月「淡化」這筆倒賬。只要「反右」仍被定性「擴大化」，「反右」就沒完，完不了。

「五○後」一代的感受很有共同性。陳小雅（1955～），湖南師院歷史系七七級，中國社科院政治學所副研究員。其父方克（1918～2009），1978～82年《紅旗》雜誌副主編。1979年初，陳小雅偶然讀到中央理論務虛會《簡報》——

封建主義殘餘問題、人民公社和大躍進問題、公有制問題、個人崇拜問題、軍事共產主義和「窮過渡」問題，一下子全提出來了。因為有感性經驗的基礎，我彷彿一下子就把過去接受的那套理論體系翻了過來。我給朋友寫信說：「就像上帝給了地球最初的一擊，於是就有了江河奔流，大海潮汐……」[3]

陳小雅這一震動性感受，在文革後七七、七八級大學生中十分普遍。1979年，筆者在黑龍江大學，無法像陳小雅一樣得到高層資訊，對1949年後的「中共國史」尚懵裡懵懂，這一歷史震動感來得很

---

[3] 高伐林：〈歷史記憶：「陳小雅答問（一）——張玉鳳要從頭講」〉（2005年），載「海歸網」。網頁：http://blog.sina.cn/dpool/blog/s/blog_66310d0b0101eplx.html

晚，時間也拖得很長。1980～90年代，筆者都在「覺醒期」，45歲以後才從理性上完成大逆轉，意識到：國際共運本身就走錯了道，中共用國家在「賭」主義。

追究反右成因，必須追溯赤潮，刨挖赤說祖墳。如今，似是而非的赤論仍肆行大陸，甚至將報禁言禁、一黨專政都論證成「社會主義優越性」，政府有鎮壓之權，百姓無評議之權（且不說監督權）……令人既哀痛又絕望，「反右」扭歪的社會價值標準，需要後人一點點找回來，這一歷史任務至今「同志遠須努力」。

革命當然應該為了捍衛歷史已經證明的正義，而非為了尚待驗證的什麼「主義」。中國為了一則外來赤說支付了數代人的悲劇，1949年後直接死亡至少七千萬人。今天，面對悖論政局──「反腐敗亡黨，不反腐亡國」，而真反腐就必須結束一黨專政，必須讓民眾進入有效監督政府的票選制，而非被中共強迫「代表」。中共當然不願意，這麼不死不活歪歪斜斜拖著捱著，國人只能眼睜睜等著「大結局」。

送走赤色客人，廓清赤色廢墟，為後代打掃出一片可以建屋造房的社會基礎，而非歪歪理遍地、自由度甚低的恐怖社會。還有什麼比此更重要的歷史任務？

沉重笑話

上海作協副主席趙長天（1947～2013），女友為初中同學，他自滬赴川當兵，女友去了黑龍江生產兵團，通信多年──

……是不敢放任自己的情感的。戀愛是一個恥於出口的字眼，甚至要壓制悶出這方面的念頭……我們在戀愛中的信件，都可以公開在壁報上貼出來，說的都是革命的語言。

1973年趙長天攜女友同遊莫干山，滿山翠竹滿谷林濤，鳥鳴泉聲，靜得只有他們兩人，然而──

除了在下山的陡坡援手攙扶，我們沒有更親密的接觸。沒有接吻，沒有擁抱，更不會住在一個房間。……什麼是性行為，我們根本就不知道。我們對於性的常識，幾乎為零。主流社會的聲音，和「性」是完全絕緣的……第二年我們在新婚之夜，還不知上床是怎麼回事，真正是在黑暗中摸索。現在的年輕人只好當笑話聽了，但我相信，這樣的情況，絕不在少數。我們總算自學成才了。聽說有結婚多年始終不孕，去醫院就診，才明白根本就沒有同房。[4]

1980年代初一次調查，中國婦女60%無性高潮，僅僅視性為傳宗接代的例行公事，10%有性恐懼，僅30%享受到性高潮。[5]

顧準五個子女拒絕「臨終關懷」其父，成為當代中國最著名的「不孝之子」，終身懷疚。然而，顧準之子高梁（1948～），居然是最堅決的毛派——

這個國家是他締造的，締造容易嗎？沒有毛澤東的恩德，有中國的今天嗎？[6]

這位右派名士之後、吳敬璉的碩士，終身難出「左漩」矣。

對「五○後」、「六○後」來說，更可悲的是尚不自知的傷害。直到今天，中國社科院、國家發改委這樣的高層機構，仍未形成容忍「不同聲音」的氛圍，頻頻打斷不同意見者的發言。「專政論者」認為捍衛真理就必須讓對立者閉嘴。

雖然被嚴重扭曲的中國最終被一點點扳回來，「萬惡」的孔子被悄悄迎回，聖經賢傳粲然恢復，但生活在赤潮肆虐的二十世紀大陸國人，可是標標準準的「紅色犧牲品」，至今仍習慣性生活在「虛假」之中。至於官家造假，比比皆是。重慶市公安局長王立軍明明化裝逃

[4] 趙長天：《曾經》，文匯出版社（上海）2007年版，頁184～188。
[5] 申淵：《臥榻之側——毛澤東宮闈軼聞》，五七學社出版公司（香港）2011年版，頁513。
[6] 彭淑等：〈顧準之子高梁言行錄〉，載《各界》（西安）2011年第11期，頁26～28。

進美領館申請政治避難,重慶市府「新聞辦」硬敢向全世界撒謊:「王立軍副市長因長期超負荷工作……接受休假式治療。」明明已不再搞共產了,可每次集會還在唱「英特納雄耐爾就一定要實現」!

真正平反

毛澤東自居「愚者暗於成事,知者見於未萌」,認為個人獨裁乃「論至德者不和於俗,成大功者不謀於眾」,強硬推行未經實踐證效的公有制、計劃經濟,行「大仁政」,建「不世之功」,最後弄得「童子不歌謠,舂者不相杵」(《史記‧商君列傳》)。儘管歷史已將毛釘上恥辱柱——有史以來最大暴君,但整個國家畢竟為國際共運為毛澤東支付巨大代價,真正應該「千萬不要忘記」,至少必須「年年講」。尤其毛像尚未下牆、毛屍尚未出堂,赤色邏輯尚在大陸運行,十三億國人尚強迫「被代表」,作為捍衛歷史理性的人文知識分子,至少得有愚公移山的精神——挖山(專制)不止,我們這一代不能實現民主自由,那就移交下一代,世世代代挖山不止,一定得移去這座阻擋中國前行的「王屋山」。

「東風」「西風」較勁,最後還不得看「產品」——培養出怎樣的下一代。美國出了比爾‧蓋茨、巴菲特這樣裸捐的「共產主義新人」,歐洲也有一批拿得出手的當代人物,而「無限優越的社會主義國家」,出了什麼新人?好像只有寫寫日記喊喊口號的雷鋒、王傑。就是整個紅色士林,文化程度都很低,理解人類近代思想都有難度。極其崇仰周恩來的韓素音(1917~2012),也說周根本不理解民主的價值——

需要花二十年時間你們才能懂得民主的含義。我所說的「你們」,並非指周本人,而是整個共產黨。[7]

7　(英)韓素音:《周恩來與他的世紀》,中央文獻出版社(北京)1992年版,頁338。

如今，中共治國最突出的紅色遺產乃是一茬茬貪官，倒台前一律高調自稱「廉潔公僕」。「產品」比較，當然是真正的終極檢驗。

「右派分子想翻也翻不了」，歌猶在耳，「右派」已然翻身，右言右論早被肯定，倒是毛共諸說「全軍覆沒」，均遭否定。這場公開失信天下的紅色冤案雖未澈底平反，但天下之事並不全由中共包辦。恃德者昌，恃力者亡，「反右」在民間已經結案，蓋棺論定。只是委屈了相當一批「老右」，未能看到歷史為你們說話的這一天！

初稿：2012年2月6～10日；修改：2012年9月11日；後增補。
原載：《開放》（香港）2013年6月號（初稿）

附記：

2013-07-19　09:56　本文掛出筆者實名博客（新浪網）。
數次接網站通知：該博文被刪入「回收站」。

「反右」研究綜述

　　1957年狂飆忽起，劃「右」552877名（中共官方數據），比毛澤東估計的4000人「擴大」138倍，全國大學文化人數1/4，打的均為社會精英。1955年，全國教授、副教授一共才7499人。[1]1978年8月，中共改正「右派」的55號文件下達，最後僅96人未改正。[2]一說至1988年11月，尚有3000餘「右派」未改正。即便按後一數據，99.4%錯劃。[3]

　　港刊《爭鳴》記者羅冰根據中共解密檔案：1958年5月3日，中共政治局擴大會議宣佈：反右運動共定性「右派集團」22071個、「右傾集團」17432個、「反黨集團」4127個、「右派」3178470人，「中右」1437562人。其中，黨員「右派」278932人，高校教職員工「右派」36428人，學生「右派」20745人。運動中非正常死亡4117人。[4]這一材料的真實性待核。另據留美學者丁抒研究，「右派」人數130萬，理據為55萬乃縣城以上「右派」，未計縣以下農村右派及內控「右派」、不戴帽「右派」。[5]若按以上兩則材料，「右派」人數還將繼續「擴大化」，近六倍於中共官方的55萬餘。

---

[1]　李維漢：《回憶與研究》（下），中共黨史資料出版社（北京）1986年版，頁803～804。

[2]　馮建輝：《命運與使命：中國知識分子問題世紀回眸》，華文出版社（北京）2006年版，頁260。

[3]　黃象品：〈1988年全國中共黨史學術討論會觀點述要〉，載《上海黨史資料通訊》1988年第12期，頁35。

[4]　羅冰：〈反右運動檔案解密──實劃右派300多萬〉，載《爭鳴》（香港）2006年1月號。轉引自穆廣仁：〈反右的六個方面〉，載《炎黃春秋》（北京）2010年10月號，頁40。

[5]　金鐘：〈中國右派的英勇起義〉，載《開放》（香港）2004年8月號，頁51。
　　劉賓雁：〈難忘的1956～57年〉，載金鐘主編：《共產中國五十年》，開放出版社（香港）2006年版，頁95。

由於中共的「淡化」，封禁1949年後國史真相，原始檔案更不解密（尤其高層決策過程），「反右」研究只能起於民間──「農村包圍城市」，從收集已公佈的資料著手。牛漢、鄧九平主編的《思憶文叢》三卷本（1998），朱正的《從百家爭鳴到兩家爭鳴》（1998），乃早期成果中影響最大者。

就像敦煌在國內，敦煌學在國外；「反右」運動在大陸，「五七學」在境外。成規模進行搶救資料，唯香港中文大學「中國研究服務中心」，代表性成果為宋永毅主編的《中國反右運動資料庫》（2500萬字）、香港明報出版社的「往事並不如煙」系列，以及百餘冊海內外「右派」回憶錄，加上學者的論著論文，築就「五七學」地基。

「反右」距今55周年，存世右派估計僅約兩萬，搶救資料已相當緊迫。「右派」的個人回憶錄，「五七學」最重要的第一手資料。錢理群先生十餘年為一本本「右派」自傳撰序，力倡「五七學」。近年，「五七學」卓然隆起，真正意義上的「將反右進行到底」。

重要資料

據《五七右派列傳》（四卷本）提供資料：除了京滬津直轄市，反右最火爆的省份：隴川皖魯豫。據縣誌，湖南衡陽挖出「右派」集團118個，劃「右」3854人，其中黨員187人，「右派」占全市人口1.5%。

1957年在校大學生82萬，劃「右」4萬餘，「中右」4萬餘名，栽了1/10。

教徒「右派」：1950～53年基督教三自運動（自治自養自傳），被囚教徒6萬，其中處決10690人。反右期間，大批教徒劃「右」，其中判刑2230餘人。（卷三·頁402）宗教界也攤到「右」額，不少牧師、神甫、住持、僧尼劃「右」。

最小「右派」：四川達縣12歲小學五年級生張克錦（1946～），勞教七年。

最老「右派」：寧夏大阿訇107歲吳德正（1851～1959）；江西永修真如寺住持、全國政協委員虛雲大師（1840～1959），118歲劃「右」。

大躍進中，勞教人員驟增，監獄人滿為患，沿海省區「兩勞犯」（勞改、勞教）紛紛送往西北，青海三年內接受20多萬犯人與2.5萬勞教犯（5000餘女性）。因高寒、饑餓、缺氧，加之繁重體力勞動，三年中勞教犯死亡4159人（千餘女性），其中3000餘「右派」。沒死的勞教女犯受盡屈辱苦難，倖存者多不願憶及。（卷二·頁414～415）據估計，至少15萬「右派」送勞教。（卷四·頁93）

基本態勢

1949年前後，寰內士林對中共多寄託望，對紅色意識形態雖不熟悉，亦不抗拒。大同型均貧富乃中國士子千年夢寐，左翼士林將馬克思主義解讀為現代版「均貧富」。1946年，蘇紹智就讀復旦大學，「許滌新也推薦我讀一些中共文件和毛澤東的著作，我覺得新民主主義符合中國的實際，頗有道理。」[6]

1951年9月，一些北京學者上書周恩來，要求中共對他們進行思想教育，引出「思想改造運動」。自此，「要把知識分子的臭架子打掉！」的分員漸高。所謂「臭架子」，獨立性是也。赤潮騰湧，大多數知識分子認同「向工農學習」，認為不應再端「臭架子」。自解佩劍、自棄獨立，士林整體左偏，認同左說，乃是「反右」之所以快速飆漲、「大獲全勝」的社會基礎。

中共進城，革命黨的自律性大滑退。「三反」、「五反」查出

---

[6]　蘇紹智：〈超越黨文化的思想樊籬〉，載《當代中國研究》（美·普林斯頓）2007年第2期，頁6。

貪汙分子120多萬，開除二萬黨員。[7]同時，一登「彼岸」，紅色理想無法解決一系列現實問題，理論無法應對實際，馬列邏輯漏洞四綻。錢俊瑞主持接收輔仁大學——

我們規定了信教自由，但不等於沒有不信教的自由，也不等於沒有反對信教的自由！

我們需要戰爭，用戰爭來爭取解放，用戰爭來爭取和平！（流行軍歌之詞）

這樣的「自由論」、「戰爭論」，還能保障宗教自由嗎？還是爭取和平嗎？

郭沫若給「南下工作團」做報告：「完成國家統一」的北伐與抗戰是共產黨領導的，對這一段歷史不能以世人所熟知的「反動史實」為準，共產黨對北伐與抗戰乃是「本質領導」，故而北伐、抗戰才取得勝利。當場有人遞條不同意。[8]

階級鬥爭本就是製造敵人的學說，中共的鬥爭邏輯很快輪到自己人。何滿子胞姐孫曉梅（1914～1943），新四軍抗日烈士，陳粟首長聯合簽署的〈烈士證〉，大哥二哥也參加新四軍，但軍烈屬的母親在浙江富陽龍門村被劃地主。[9]革命烈屬不僅無法得到子女犧牲的些許撫恤，還得接受成為「革命對象」的紅色理念，革命邏輯已經無法合理周延，無法遮罩一系列「革命行為」。

「雙槍老太婆」陳聯詩（1900～1960），1928年入黨，川東華鎣山根據區創建人，兩次被捕，丈夫廖玉璧1935年因組建赤衛隊被殺，革命烈士。這麼一位鐵杆紅婦，1952年被嫉恨者抓住一點小辮子，強行「勸退」出黨。陳聯詩為重新入黨，去世前打了42份申請書，仍未

7　馬畏安：《高崗、饒漱石事件始末》，當代中國出版社（北京）2006年版，頁55。

8　劉紹唐：《紅色中國的叛徒》，中央文物供應社（台北）1956年12月第5版，頁1～2、15。

9　何滿子：《跋涉者——何滿子口述自傳》，北京大學出版社1999年版，頁147。

回到「母親懷抱」。[10]

上海市委、華東局捉不到貪汙大老虎，創新發明「思想老虎」，顧準等上海紅色高幹落網。

美籍華裔學者夏志清（1921～2013）評曰——

中共政權費盡心機去製造各式各樣的敵人——美國帝國主義、仇恨。但是這種仇恨運動不能掩遮人民所受的貧困與勞苦。[11]

工人：「今天才真翻了身，出世到現在，沒有這樣痛快過」、「往日見了老闆心裡發慌，今天老闆見了我們發抖。」[12]資本家淪為弱勢群體，中風、自殺、精神崩潰者不絕。上海市府無奈，以沒收自殺者財產為威脅，逼迫家屬監視，以防被鬥老闆自殺，可自殺者仍一茬茬。1952年4月上旬，日均自殺約十人，很多是夫婦一起自殺。僅上海一城，至少222位資本家自殺。[13]

公有制使個人自由急劇萎縮。1952年，北大教授發牢騷：土地國有，無處歸隱，寺產沒收，和尚也當不成了。[14]

1953年春，張聞天率駐外使節團參觀皖豫陝察等省，凡到一地，都有「三反分子」避開地方幹部前來喊冤，內容千篇一律——打虎隊如何違法亂紀「逼供信」。張聞天與姬鵬飛等駐外使節商議後，擬定原則：一、不干預地方工作，不承擔向中央反映情況的義務；二、由何方（張聞天祕書）出面勸回喊冤者，要他們向地方黨委反映情況，

[10] 林雪：〈「雙槍老太婆」在建國後〉，載《炎黃春秋》（北京）2008年第4期，頁9～10。
[11] 夏志清：《中國現代小說史》，劉紹銘等譯，香港中文大學出版社2001年版，頁402。
[12] 中共浙江省委黨史研究室、省委統戰部編：《中國資本主義工商業的社會主義改造·浙江篇》，中共黨史出版社（北京）1991年版，上冊，頁61。
[13] 楊奎松：《1952年上海「五反」運動始末》，載《社會科學》（上海）2006年第4期，頁21～22。
[14] 樂黛雲：《四院·沙灘·未名湖——60年北大生涯（1948～2008）》，北京大學出版社2008年版，頁41。

推出不管。[15]可見，暴烈執政、缺乏制衡、無處喊冤，「紅色政權」的體制病，中共高層從一開始就完全清楚。

1954年，《人民日報》編輯袁鷹（1924～）：「那時從中央到地方的報紙上，早已很少出現雜文了。」[16]

1956年7月，新華社記者戴煌（1928～）回蘇北老家阜寧縣溝墩鎮——

幾乎沒有什麼說得過去的改觀。中學與師範學校沒有恢復，連一家稍稍像樣的商店、飯店也沒有。再看看鎮內外鄉親們所過的日子，就更令人心顫了！對手錶、自行車、收音機等等，他們固然「望洋興嘆」，就是對自己血汗澆灌出來的許多東西，他們似也無權享受——養雞者吃不上雞蛋、養豬的吃不上豬肉、種棉花的一年沒有幾尺布票、種花生大豆的每月也得不到幾小兩油。還有不少人食不足以果腹、衣不足以蔽體，非不治之症而不得治……如果說「毛主席是紅太陽，照到哪裡哪裡亮」的說法是切合實際的，我們的家鄉也被照了不少年頭了，為什麼老是不怎麼亮呢？[17]

1956年蘇共二十大後，毛澤東在政治局說：「我們不是官僚主義，我們是專制主義。」「我們執行的就是愚民政策」。[18]赫魯雪夫的〈祕密報告〉只傳達到13級高幹，且不准筆記，不准向家人擴散。中共高幹第一次與聞史達林竟殺了那麼多人，而且還都是「自己人」，震驚異常。[19]直到1963年中蘇大論戰，為了批判蘇聯的「修正主義」，中共才公開〈祕密報告〉。

---

15 何方：〈對資中筠文章的幾點補充〉，載《炎黃春秋》（北京）2010年第3期，頁26～27。

16 袁鷹：《風雲側記》，中國檔案出版社（北京）2006年版，頁17。

17 戴煌：《九死一生——我的「右派」歷程》，中央編譯出版社（北京）1998年版，頁28～29。

18 李慎之：〈與杜維明先生的對話——在國際儒學聯合會學術委員會上〉（1998），載《李慎之文集》（自印本），上集，頁75。

19 述弢：〈赫魯雪夫的〈祕密報告〉在中國〉，http://www.xici.net/d178754327.0.htm

據中共中央文件，1956年冬～1957年春，「工人罷工、學生罷課、群眾性的流行請願和其他類似事件，比以前有了顯著的增加。」全國萬餘起罷工罷課。[20]

英國漢學家麥克法誇爾（Roderick MacFarquhar，1930～），分析毛澤東「八大」講話獲得的掌聲：「中國共產黨和常人一樣，寧願聽成績而不願聽錯誤。」鳴放期間，九位省委第一書記致電中央，要求「調整」風向、制止鳴放。[21]

「鳴放」初期，知識分子大多不敢「鳴放」。復旦大學教授王造時（1903～1971）──

（希望中共）發表一個比較具體的聲明，保證除現行反革命分子外，一切思想問題都不在追究之列。[22]

有人在統戰部座談會上說：要我發言，先給我一張鐵券。[23]

西南政法學院黨委書記央求教授發言──

你太不夠朋友，鳴放會上一言不發！……如果鳴放搞不起來，我這黨委書記就得垮台。你哪怕胡亂捏造指著我的鼻子臭罵一頓，也是幫了我的大忙，我也會無限感激你的。

西南政法學院教授張紫葛（1919～2006），當晚發言十分鐘，全是歌功頌德，次日《鳴放每日刊》卻通篇顛倒，原話「黨群之間沒有鴻溝」改為「大有鴻溝」；原話「院黨委辦大學很內行」成了「很不在行」。張紫葛去找書記「糾正」，人家振振有詞：「是我叫改的。叫我動員鳴放，是提批評意見，沒叫我動員表揚我們！」張紫葛因這篇發言稿淪「右」，書記再解釋──

---

[20] 中共中央文獻研究室編：《建國以來重要文獻選編》，中央文獻出版社（北京）1995年版，第10冊，頁154～163。

[21] （英）麥克法誇爾：《文化大革命的起源》，河北人民出版社1989年版，頁176、376。

[22] 載《光明日報》（北京）1957年5月1日。

[23] 魏承思：《中國知識分子的浮沉》，牛津大學出版社（香港）2004年初版，頁114。

　　我有什麼辦法？我是黨的馴服工具。那會兒叫我動員鳴放，我就動員你鳴放；這會兒叫我劃右派，我就劃右派。……你不當右派我當？……我給你交底吧，這右派是有指標的！在市委裡分配指標時，各校黨委書記爭得面紅耳赤，都訴說：我那裡政治條件好，劃不到這麼多右派！市委書記惱了，叫：放下指標，先反掉你們的右傾思想再說！我差一點兒回不來！總而言之，你這右派當定了，除非你是毛主席的好朋友，毛主席出來保你。[24]

　　吳祖光（1917～2003）的「右派」言論——

　　黨的威信太高了，咳嗽一下都會有影響。因之作為中央的文藝領導就更要慎重小心。

　　我活到四十歲了，從沒看到像這幾年這樣亂過。遇見的人都是怨氣沖天……過去從來沒有像這樣「是非不分」、「職責不清」，年輕的領導年老的，外行領導內行，無能領導有能，最有群眾基礎的黨脫離了群眾……過去作家藝術家都是個人奮鬥出來的，依靠組織的很少。馬思聰之成為馬思聰是他個人苦學苦練的結果。現在一切「依靠組織」，結果變成了「依賴組織」。個人努力就成了個人英雄主義……作家、演員長期不演不寫，不作工作，在舊社會這樣便會餓死，今天的組織制度卻允許照樣拿薪金，受到良好的待遇。作了工作的會被一棍子打死，不做的反而能保平安……鼓勵不勞而食、鼓勵懶惰，這就是組織制度的惡果。解放後我沒有看到什麼出色的作品。一篇作品，領導捧一捧就可以成為傑作，這也是組織制度。組織力量把個人的主觀能動性排擠完了。……組織制度是愚蠢的，趁早別領導藝術工作。電影工作搞得這麼壞，我相信電影局的每一個導演、演員都可以站出來，對任何片子不負責任，因為一切都是領導決定的，甚至每一個藝術處理、劇本修改……也都是按領導意圖作出來的。一個劇本修改十幾遍，最後反不如初稿，這是常事。

---

[24] 張紫葛：《心香淚酒祭吳宓》，廣州出版社1997年版，頁328～329。

　　吳祖光還說有人靠積極鬥爭他人入黨，「肅反」中電影局某女被鬥，丈夫離婚他娶，後來證明鬥錯了，已拆散人家夫妻。

　　北師大傅種孫教授（1898～1962），鳴放右論重量級，最有代表性——

　　中共所標榜的知識分子政策與知識分子所感受的幾乎完全相反……每一運動起來，知識分子就心驚膽跳。對於統治者衷心奉承而一再受白眼、挨白眼，這是史無前例的。我想不起來有那一個興朝盛世是這樣糟蹋知識分子的。我也不曉得這些知識分子究竟造了甚麼孽而致遭這麼大的禍殃……我們能夠說一個知識分子必然有罪嗎？……這幾年來四海之內有哪一個地方的知識分子不寒心？……中共會說我們現在是用了，沒有一個知識分子失業呀！但打著用、罵著用，叫知識分子成天用眼淚洗臉，這是何苦來？難道這是一種政策嗎？這般把知識分子打服了罵服了，就容易駕馭了嗎？這是不瞭解知識分子。其實解放後的知識分子對於共產黨不打不罵也是佩服的，一打罵倒是懷疑了。再這樣打罵下去，仇恨就會結深，後果不堪設想。

　　……我對黨的政策都擁護，唯獨對黨的知識分子政策感到惋惜，我看不怎麼高明……在知識分子上面必須要加上「舊」字或者是「資產階級」……工人何嘗不是從舊社會來的，農民何嘗不是從舊社會來的？為甚麼偏偏給知識分子加上個「舊」？這又何苦？你把人家當雇傭看，當奴隸看，甚至當敵人看，這怎能使人家有主人翁的態度。[25]

　　1936年入黨的紅色作家黃秋耘（1918～2001）——
　　當時知識分子裡邊，對現實的不滿、怨氣已相當嚴重。[26]
　　京劇名伶李萬春（1911～1985）怒曰——

---

[25]　牛漢、鄧九平主編：《六月雪》，經濟日報出版社（北京）1998年版，頁75～76、443～445、455～456。
[26]　《新文學史料》編輯部編：《我親歷的文壇往事‧憶大事》，人民文學出版社（北京）2004年版，頁554。

黨的幹部根本不夠熟悉中國文化，不明歷史，偏要來領導、要改劇、要改戲。

黨的領導幹部根本不明白藝術，一律以馬列主義教條嚇唬他人，似乎拉屎撒尿都要結合社會主義，才拉撒得正確。（《鳴放革命實錄史》）[27]

大功於共的國府雲南省主席龍雲（1884～1962）——

中共人心喪盡，天安門工程如秦始皇修長城。[28]

北大學生「右派」陳奉孝、張景中、楊路等人貼出〈自由論壇〉，提出四條55年後仍屬「右派」的要求：一、取消黨委負責制，民主辦校；二、取消政治課必修；三、取消留學生內部選派，應考試平等競爭；四、開闢自由論壇，確保言論、集會、出版、結社、遊行示威自由。[29]

就「鳴放」整體情況，真正「惡攻」極少數。絕大多數真誠響應號召「為黨好」，為黨剔錯糾偏。

1958年3月15日，萬餘知識分子集會天安門廣場，舉行「社會主義自我改造促進大會」，高呼：「把心交給黨，堅決當左派！」[30]至少相當一部分知識分子並未意識到中共對自由的剝奪，並未領教中共一元化領導的厲害，還以為中共當然代表「歷史正確方向」。

劃「右」標準，地區差異性很大。有的省市「右」源豐富，標準細緻，具體量化。據詩人汪靜之（1902～1996）提供：「解放」前有一次反動言論，「解放」後一次，即一前一後，劃「右」；「解放」前沒有言論，「解放」後三次言論，也劃「右」；「解放」後只

---

27 申淵：《五七右派列傳》，五七學社出版公司（香港）2008年版，第二卷，頁174。

28 薄一波：《若干重大決策與事件的回顧》，中共中央黨校出版社（北京）1993年版，下卷，頁851。

29 申淵：《五七右派列傳》，五七學社出版公司（香港）2008年版，第二卷，頁307。

30 〈知識分子在天安門宣誓〉，載《文匯報》（上海）1958年3月17日，第1版。

有二次，算思想錯誤，不劃。汪靜之兩次會上抱怨作家待遇太低，雖屬「反動言論」，僅二次，逃脫「右」運。[31]

《人民日報》東方部主任蔣元椿，派他到外地參加「反右」鬥爭會，他回答：「我才不去當打手！」那好，放著左派不當，便是「右派」一個。周揚文革後多次說：1957年如果不打那麼多「右派」，那麼我第一個就是「右派」。

1950年代初，茅盾多次撰文稱揚劉紹棠的作品，反右時則將劉紹棠批得一文不值。1979年，茅盾請友人慰問劉紹棠，捎帶一句話：「想不到黨中央會對右派平反。」[32]

劃「右」實「左」

落網「右派」，因言獲罪，「九九歸一，自己不好」——說了不該說的真話。而能夠說點有水平的真話，需要一定文化水準與思想境界。絕大多數「右派」都是人格犧牲品，再次驗證「性格即命運」。作家張弦（1934～1997）臨終要求妻子鐫此言於墓碑，認為自己幼稚軟弱的性格帶來22年「右派」苦難。[33]

「右派」絕大多數實為左派。1959年2月20日，中央級大右派陳銘德（1897～1989），私謂小右派馮亦代（1913～2005）：「我們要爭取做右派中的左派。」[34]張思之（1927～），1980年「林江集團」律師組長，魏京生、王軍濤、高瑜、鮑彤等「顛覆政權案」律師，也是真正左派，甚至覺得自己劃右「劃得對」，22年改造才將他鍛造成真正「右派」。這些左派之所以淪「右」，當然是有人比他們更左。

[31] 上海魯迅紀念館編：《汪靜之先生紀念集》，上海書畫出版社2002年版，頁303。
[32] 吳孟慶主編：《文苑剪影》，上海辭書出版社2006年版，頁67。
[33] 藍翎：《龍捲風》，上海遠東出版社1995年版，頁128。
[34] 馮亦代：《悔餘日錄》，河南人民出版社2000年版，頁183。

許多「右派」如果不被打倒，也很想打倒別人。如1926年入黨的王任叔（1901～1972），北伐軍總司令部機要科長，抗戰前三次被捕，主持人民文學出版社的「反右」，左得很，揪出不少「右派」——聶紺弩、張友鸞、舒蕪、顧學頡、李易……1959年反右傾，康生指王任叔為蔣介石同鄉，曾在國民黨任職，王任叔倒台，典型的想「左」而未能左成。[35]文革王任叔批鬥抄家、隔離審查，1970年3月遭遣返原籍浙江奉化大堰村，精神崩潰而逝。

未被改正的「五大右派」之一彭文應（1904～1962），1957年5月18日在民盟上海提籃區盟員大會上發言——

我認為共產黨員在今天已成為一切人類的模範，因為世界上沒有任何其他集團集合了這許多的優秀人物。每一個人今天應該以這些對人民事業忠心耿耿的共產黨員作為自己的最高榜樣，並且向他們致以最崇高的敬意。[36]

彭文應是唯一始終不認錯的大右派，[37]停發工資、喪妻失子，女兒跪求父親認個錯算了，彭仍不允，堅持到底。彭文應之所以拒不認錯，痛苦的並不是反共立場，而是發誓共產黨完全誤會自己——

五次圍剿時我就開始擁護共產黨了……幾十年沒有做過一件反黨的事情。相反，我在為黨為人民做事。[38]

復旦新聞系學生右派姚福申（1936～ ）——

與我暗中結交的那些人，都是全校聞名的右派學生，然而在我們私下交談中，卻從未有過真正的反黨反社會主義言論。[39]

---

[35] 舒蕪：《未免有情——舒蕪隨筆集》，東方出版中心（上海）1997年版，頁316～320。

[36] 彭志一編：《彭文應先生百年誕辰》，2004年8月自印本，頁127。

[37] 辛子陵：《紅太陽的隕落》，書作坊（香港）2008年第二版，上卷，頁166。

[38] 申雪：〈不予平反的大右派彭文應〉，載《開放》（香港）2007年6月號，頁9。

[39] 張大芝等主編：《陰晴雨雪旦復旦》，香港華泰出版社2008年版，頁283。

　　「鳴放」出激烈右論的大都是最堅定的紅色青年，如著名學生「極右」林希翎（1935～2009）──

　　對現實不滿，我認為是一個好現象，應該鼓勵人們對現實不滿。……有些幹部只是靠老資格吃飯，資產階級國家的部長們可以辭職、可以罷免，我看這好。我們的幹部，只是上提，不能下放。[40]

　　紅色青年之所以膽大，乃是自恃鐵杆中共，黨絕不會懷疑他們的忠誠。林希翎14歲參軍，18歲以調幹生保送中國人民大學法律系（帶薪），絕對「自己人」。林希翎最終也用一生證明：「我是黨的人」、「我是真正的馬列主義者」。儘管林希翎服刑15年，中共不予「改正」的右派，1983年出境後，拒絕台灣封贈「反共義士」，1985年移居法國，一直指責西方資本主義罪惡，反對科索沃戰爭，十餘年擔任俄共托派代言人，堅持馬列原教旨，一直反對海外民運。

　　北大學生「右派」譚天榮（1935～），一生堅守赤說，以真正馬列自居，晚年對改革開放持異──

　　我至今仍然堅信馬克思主義。而且，我所堅信的馬克思主義……是以剩餘價值學說和歷史唯物主義為中心的「成熟的」馬克思主義。正是由於這種信念，我與我國改革開放以後的思潮格格不入。[41]

　　「右派」實左，共性有二：一、堅決擁護「反右」；二、只有自己是冤枉的，其他都是真「右派」。1980年代還積極入黨的著名「右派」：張岱年、程星齡、項堃。

　　第二號大「右派」羅隆基（1896～1965），1930年代就嚴責國民黨「黨天下」──

　　黨員治國是政治思想上的倒車，是文官制度上的反動，是整理

[40] 牛漢、鄧九平主編：《原上草》，經濟日報出版社（北京）1998年版，頁161～165。
[41] 譚天榮：〈前言〉，《我的回憶與思考》，載〈五柳村〉網站（北京），http://56cun.anyp.cn/blog/archive/108797/060709170145140.aspx。

中國吏治的死路，是國民黨以黨義治國策略上的自殺。[42]

幾位大「右派」都沒對中共說過這樣的重話。這些大「右派」實在親共不親「國」，雖然感覺共產黨比國民黨厲害得多，但囿於一貫親共立場，感情上不願意轉這麼大的彎子——從親共到反共。

這些真正左派最後之所以都承認是「右派」，亦源於左派立場。上海市人委辦公廳整風領導小組成員華平，學生地下黨出身，也被劃「右」，一直不服，堅決不承認「反黨」，專案小組久攻不下。專案組長最後這樣動員：「你不是說你不會反黨，願意為黨作任何犧牲嗎？你現在不是和黨在作鬥爭嗎！」華平崩潰，為了與黨保持一致，只能承認「反黨」，為了左而承認「右」。就是低頭認罪，大多數「右派」對黨仍托寄望：批判從嚴，處理從寬，甄別定案時一定慎重。沒想到毛澤東下令「右派不甄別」，這回可是「高高舉起，重重扔下」，受冤22年。

大多數「右派」到死都是真正左派。2012年，晚年華平仍堅持

     我對共產黨是忠貞不二的，即使被打成了右派分子，我還是堅定地相信共產黨、擁護共產黨！……我雖然被開除了黨籍，組織上已經不是共產黨員了，但我仍時時處處以一個共產黨員的標準嚴格要求自己的一切思想言行。我認為，即使如毛主席所說「右派不甄別」，我的冤屈今生永遠也無法申雪了，我也要用自己一生的實際行動，讓歷史來證明：華平不是反黨的右派分子，而是一個真正的共產黨員！

最深刻的「左」還體現在這些老右晚年對「反右」只訴冤不析因。華平1948年投身上海學運遭通緝，送入蘇北鹽城華中大學，曹荻秋看中的「筆桿子」。華平晚年對反右停留於口號——「不讓不幸歷史重演」，沒一句挖掘反右成因。[43]

42 原載《新月》雜誌第二卷第八號。轉引自朱正：〈反右派鬥爭：歷史關節〉，載《領導者》（香港）2007年8月號，頁103～104。

43 華平：〈寫柯慶施大字報改變了我的命運〉，載《世紀》（上海）2012

唯張恨水、吳宓等寥寥數位文化人「有頭腦」。全國新聞界協會座談會，主持者點名請張恨水發言，他謙恭起立：「我沒有意見，我真的沒有意見。」連笑紋輻射都恰到好處。主持者接著請《文匯報》駐京記者謝蔚明發言，這位老兄清清嗓子剛想說，後面有人扯衣，回頭一看是張恨水，便未發言，暫躲一劫。後來，謝蔚明未熬住，寫了一篇〈老報人歸隊〉給鄧拓，反映眾多老報人1949年後被涮出新聞界。「反右」開始後，張恨水路遇謝蔚明，漲紅臉指責謝不識時務。[44]謝劃「右」後發配北大荒，勞改19年。

吳宓（1894～1978）私下曰——

今要開門整風，下一紙文，表一下態就夠了，何用如此盛詞大噪，千呼萬喚，言之懇懇，促之諄諄。而其鼓動對象，厥為民主黨派與知識分子，毛公將有事於天下書生矣![45]

淪右類型

青蠅一相點，白璧遂成冤。淪「右」類型林林總總，故事多多，集錦記之，拍案驚奇。

1、裁剪言論型

「鳴放」時，張思之在北京法院，大會動員鳴放：「可以在院子裡張貼大字報，但外面不能貼。」張會後問：「既然院子裡可以貼，要是有人貼到外面去，甚至貼到天安門去了，你怎麼辦呢？」這段話被裁剪成「張思之說要把大字報貼到天安門去！」張遂成北京法律界第一名「右派」。

邯鄲農科所幹部崔玉振（1932～），「肅反」積極分子，但一批比他還左的青年黨員抓住他學習成績不佳，指他「假積極，真反

年第4期，頁28～29。
[44] 謝蔚明：〈我瞭解的張恨水〉，載《文匯報》（上海）2004年9月7日。
[45] 張紫葛：《心香淚酒祭吳宓》，廣州出版社1997年版，頁327。

動」，關入黑屋，批鬥三月。崔玉振堅信共產黨、毛主席會為自己平反申冤。「反右」開始後，他積極投身運動，寫了一首兩萬多字的散文詩〈否定之否定〉，內有——

國家蒸蒸日上，誰也否定不了黨的領導。「右派」說冬天比春天好，墳墓裡比陽光暖，顯然是黑白顛倒、黑白顛倒。

一位與中共有殺父之仇的統計員舉報：崔詩中「冬天比春天好，墳墓比陽光暖」乃右派言論，名為批判實為與「右派」唱同調，借機宣揚反動言論。農科所黨委書記李貴章（工農幹部），正為無法完成「右派」名額發愁，平時對崔印象就不佳，順水推舟劃崔為「右」。1962年，崔玉振解除勞教，成為四無分子——無家無職無糧票無戶口，文革時期無業遊浪，50歲都未成家。[46]

福建師院數學系學生魏某，申請入團，適逢「鳴放」，積極回應黨號召，廣泛搜集同學對黨團組織的意見，及時彙報。「反右」一起，他的積極搜集成了「向黨惡攻」。[47]

顧準（1915～1974），隨中科院中蘇綜合水利考察組踏勘黑龍江，不滿所有好處都歸蘇方而壞處都歸中方，據理力爭。考察組有人開口閉口蘇聯老大哥，顧準罵那人洋奴，那人記下顧準言論，遞給北京，趕上「反右」，加上顧在上海有「前科」，遂「右」。[48]

中社院考古研究所陳夢家（1911～1966，新月詩人），並無批評性言論，但不贊成廢除繁體字，撰文呼籲慎重改革漢字，被指「反對文字改革」。其另一「右」言是攻擊烈士聞一多：「不洗澡、不換衣服，身上臭得要命」。陳夢家乃聞一多學生，師生情篤，意氣相投，故知此詳。[49]陳妻乃美國芝加哥大學文學博士，深受刺激，精神

---

[46] 申淵：《五七右派列傳》，五七學社出版公司（香港）2008年版，第二卷，頁20～21；311～313。

[47] 周素子：《右派情蹤》，田園書屋（香港）2008年版，頁141。

[48] 邢小群：《往事回聲》，時代國際出版公司（香港）2005年版，頁83。

[49] 張偉：〈陳夢家——風流總被風吹雨打去〉，載《中國青年報》（北京）2006年9月6日。

分裂。

　　總政創作室第一「右派」樊斌（1926～2012），從小要飯的紅小鬼，1939年參加革命，1942年入黨，1954年薦送中央文學講習所，加入中國作協。他以進藏途中親歷艱苦為題材，發表中篇小說〈雪山英雄〉，創作好苗苗，1956年借調總政創作室。「鳴放」時自恃根正苗紅，放膽直言──

　　我見過一些壞幹部，吃著國家的飯，整天鬧自私自利，就像棗樹上的尺蠖，一屈一屈地到處啃吃人民的財產；有些更可惡的，簡直張著血盆大口，公開吸食民脂民膏；說起這些蛀蟲來，我真恨不得拿機關槍嘟嘟了他們！

　　樊斌被指「對黨懷有刻骨仇恨」，證據就是「要拿機關槍嘟嘟共產黨」，開除黨籍軍籍，1958年下放賓川縣衣場，1962年後發配雲南麻瘋病院「改造」。[50]《小兵張嘎》作者徐光耀（1925～）參加其批鬥會──

　　與會的多數人在戰爭中鍛鍊多年，原則性原本很強，竟無一人（包括我）覺得這有什麼不妥。悲劇就這樣「順利」而反復地循環。[51]

　　一位出身不佳的東北師大畢業生，堅決要求去最艱苦的地區改造思想，分配至四川阿壩藏族自治州一所中學，因從小愛好天文，自費購置小型天文望遠鏡。一位校領導認為他不務正業，轉彎抹角敲打。「鳴放」時，他貼了這位領導的萬言大字報。領導便以家庭出身劃他「右派」，罪名之一是他向學生說：「大熊星座像頭熊，巨蟹星座像隻大螃蟹，獵戶星座像個拿著武器的獵人。」這幾句話被領導演繹成：「在天空中拿著武器的反革命分子。」批鬥他妖言惑眾、腐蝕

50　范忠俊：〈難忘樊斌話〉，載《大理日報》2012年11月26日。
51　金薔薇編：《作家人生檔案》，中國工商聯合出版社（北京）2001年版，上冊，頁25、34～35。

下一代。[52]

2、抓壯丁型

哈軍工幹部部郭華大尉，紅小鬼出身，科長開會動員：「人家政治部『反右』搞得好，已抓出好幾個『右派』了，我們幹部部落後了，一個『右派』也沒有。」郭華認為自己出身好，挺身而出：「要不，你把我報上去算了。」成為湊數右派，送烏蘇里江邊850農場勞教。[53]哈軍工開「右派」處理宣判大會，在大操場開宣判大會那天，體育館上架起機關槍，荷槍實彈的士兵們押解著形容枯槁的157名「右派」進入大操場。地方院校學生「右派」下放農村後，三四年間回校繼續學業（如南開與天津院校），哈軍工的「右派」學生則一律掃地出門，發配北大荒做苦役，一點希望都不給。[54]

王孝明乃重慶運輸公司搬運工，體壯如牛的文盲。公司書記找他談話：「你想不想享受幹部與知識分子待遇？」王孝明當然願意。書記再問：「最近公司給我們搬運隊下達了一個『右派』指標，條件是知識分子才能當。經我們研究，決定這名額分給你，讓你享受幹部待遇好不好？」王孝明連聲感謝：「我一個下力人，承蒙領導看得起，遇上這種好事，若非新社會毛主席領導，哪有這種翻身的好事！」王孝明感恩不盡地被「提拔」為右派。書記承諾：發雙薪，勞教營領一份，搬運公司再發一份給他妻兒。王孝明覺得中了大彩，滿心喜悅進入勞教營——樂山峨邊縣沙坪勞教營大堡作業區三中隊，幹活十分賣力，常稱：「我這『右派』可不是打成的，也不是說了什麼出格的話劃上的，而是自願當上的！」此人1960年餓死於勞教營。

1962年，峨邊沙坪勞教營177名「右派」轉移至樂山沙灣勞教鐵

[52] 張先癡：《格拉古軼事》，溪流出版社（美國）2007年版，頁121～122。
[53] 申淵：《五七右派列傳》，五七學社出版公司（北京）2009年版，第三卷，頁242。
[54] 孫慶瑞：〈勿忘哈軍工的「右派」〉，載「老藤的博客」，http://blog.sina.com.cn/s/blog_50e032fa0100etal.html。

廠，一位志願軍排長出身的公安系統文盲「右派」，錯誤如下：一、將毛澤東題詞「向雷鋒同志學習」句讀成「有個向雷鋒學習的毛澤東」，介詞「向」說成雷鋒的姓；二、將朝鮮二號人物「崔庸健訪華」讀成有個姓崔的體育健將訪問中國；三、拿著信封信箋請四川大學「右派」戴心如教授寫家信。[55]

安徽無為縣基層糧站搬運工方慶余（1927～），進了幾次掃盲班，仍只認得一個「方」字。小糧站十來號人，攤到一個「右」額。鄉里鄉親，讓誰當「右派」都不忍心，掂來掂去只有單身的方慶余合適。方有二兄，老母有人照顧，「右派」想來最多戴帽改造三四年，多則五六年，對他影響不算太大。上級催得急，站長一咬牙將憨厚老實的方慶余推出去。方被送勞教農場，1962年回原籍農村，不久失蹤。無為基層供銷社送貨員陳衛華（1930～1961），文盲農民，山裡通了公路，不用他這個挑擔送貨員，正要精簡他，適逢「反右」，讓他頂了名額。[56]

湊數右派，份額不小，《湖南日報》「一些政治歷史上不要說汙點就連疑點也沒有的人，比如朱正、鍾叔河，拿來湊數。」[57]

3、發揚風格型

一飲食店八人，不是婦女就是青年，攤到一名「右派」指標。大家感情不錯，躊躇之下，支書「發揚風格」，自己頂包。全家下放農村，與「地富」一起監督改造。生產隊長一進門，女兒就哆嗦，準沒好事。1960年摘帽，全家回不了原城只能入縣城，村裡所有人仍羨慕不已。女兒收緊幾年的心稍稍放鬆，但已無法改變怯看他人眼神的習慣——看領導眼色、看丈夫眼色、婆婆眼色、孩子眼色，三十多歲

---

[55] 曾伯炎：〈右派傳奇〉，載《觀察》（華盛頓）第41期（2008年9月5日），頁66～68。

[56] 申淵：《五七右派列傳》，五七學社出版公司（香港）2008年版，第二卷，頁420～424。

[57] 朱正：《小書生大時代——朱正口述自傳》，北京大學出版社1999年版，頁120。

得了精神病。[58]

　　1957年9月，四川夾金山下寶興縣靈關小學支書兼校長陳秋實，小學三年級就由老師發展入黨（紅軍時期），這位老師後受命護送陳雲離開長征大隊返滬，一去不返，陳秋實失去組織關係。外面已發動「反右」，山裡閉塞，仍在繼續「鳴放」，但沒一人「跳出來」。縣委宣傳部長向陳校長佈置任務：「靈關中心學校是我縣的北京大學，是知識分子成堆的地方，也是右派溺集之地。你回去後，看著辦吧。」陳回校後，數夜難眠，反復考慮如何「澈底、乾淨」，想想只有全體教師都當「右派」，留下一個便是不澈底不乾淨。於是，他率先報名當「右派」，鄉村教師不知何為「右派」，既然領導帶頭，爭先恐後報名。全校12名教師，除兩名病事假，九名報「右」，唯一位代課老師，自覺矮人一頭，很識相地未往前湊，故未報「右」。陳校長本想動員他也入「右」，轉念一想尚未吃透政策，讓他先緩一緩，留待稍後，這才「碩果僅存」。陳校長連夜向縣委遞交名單，強調全部自願，絲毫未強迫，云云。縣委正為完不成指標發愁，一下冒出九名右派，立即樹為全縣典型。1980年，九名「右派」三人作古、二人病殘。[59]

　　某縣文化局，一位參加「解放戰爭」、「抗美援朝」的黨員，立有三等功，連續四年被評先進，沒提任何意見，沒有任何言論。文化局長乃本家叔叔，奈何文化局必須完成一名「右」額，局長動員本家姪子：「你是個老先進，凡事都帶個好頭，這次你也帶個頭吧！」老黨員想想也是，既然組織要自己當右派，那就帶這個頭吧。[60]

4、請君入甕型（「釣魚」型）

---

[58]　黃新原：《五十年代生人成長史》，中國青年出版社（北京）2009年版，頁70～71。

[59]　申淵：《五七右派列傳》，五七學社出版公司（香港）2009年版，第三卷，頁390～392。

[60]　戴煌：《九死一生——我的「右派」歷程》，中央編譯出版社（北京）1998年版，頁111。

　　留法文學博士陳學昭（1906～1991），1945年入黨的延安作家，無意鳴放。1957年3月底，中國作協黨組書記邵荃麟夫婦登門拜訪，鼓勵「鳴放」──

　　邵荃麟同志和葛琴同志再三鼓勵我上去講話，我堅決不去。最後，我突然想：既然作協黨組書記要我講話，我不講幾句是否有點不聽黨的領導呢？因此，就在自己的座位上講了幾句，其中有一句是「省委對文藝工作不夠重視」。

　　陳學昭這幾句「鳴放」發了新聞，台灣電台轉引──

　　陳學昭女士本來非常擁護共產黨，現在連陳女士這樣的人都對共產黨有意見了。

　　言論為「蔣匪幫」所用，1957年4月陳學昭提前成「右」，連遭批鬥。「反右」開始後，劃為「三反右派」──反黨反領導反社會主義，撤銷省文聯副主席，10級降至15級、生活自給（不發工資）、取消公費醫療、糧食供應降至每月10公斤。[61]

　　1957年，費孝通（1910～2005）重訪江村（江蘇吳江開弦弓村），發現村民日子反而不如二十年前。1936年副業占村民總收入40%以上，1956年不到20%，村民總收入下降。費孝通響應號召「鳴放」，撰文〈重訪江村〉，對「農業四十條」提出質疑，認為光靠農業增產不能使農民致富，定罪「惡毒攻擊政府忽視副業生產」。[62]

　　影劇「雙棲皇帝」石揮（1915～1957），響應號召發表「鳴放」文章，與趙丹等共同發表〈我們的建議〉，內有「幹部看到了上級，卑躬屈節，前面的衣襟長了二寸，幹部見了下級，昂首闊步，後面衣襟長了二寸」。定為「政治上反黨，思想上反動，生活上腐化。」連周璇精神病發作被美工誘姦，都栽到石揮頭上。[63]

[61] 陳學昭：《浮沉雜憶》，花城出版社（廣州）1981年版，頁60～61。
[62] 謝言俊：〈費孝通和江村經濟之路〉，載《新京報》（北京）2005年4月26日。
[63] 申雪：〈一代巨星石揮之死〉，載《開放》（香港）2007年8月號，頁69。

上影導演吳永剛（1907～1982），常年在外拍片，從未「鳴放」，平時也不多言言。他與吳茵、石揮、趙丹出席全國宣傳工作會議，親聆毛澤東動員報告。回滬後要他帶頭「鳴放」──拆掉黨群關係之牆。領導再三動員，保證不抓辮子不打棍子不戴帽子。如此這般，吳導演才對個別現象個別人稍有批評。其劃「右」依據──「是非不分，不但自己反黨還動員別人反黨。」[64]

蕭乾六次被點名，要他發言，他都沒吭聲。一是沒想好說什麼，二是隱隱感到言出禍隨。但「去聽了最高領袖的一次報告，提不提意見成為愛不愛黨的標準了。我也有點不甘人後，終於憋不住了。不但說了，而且寫了。」[65]

《北京日報》文藝部漫畫家李濱聲（1925～），「鳴放」期間《紅旗》雜誌用轎車接去赴宴，席間拿出剪報，請他根據資料配畫。李濱聲便畫了一幅「沒嘴的人──老實幹部獎獲得者」。《北京日報》文藝部頭頭見了，說服李濱聲首發《北京日報》，英國《泰晤士報》轉載。不久，李濱聲「榮任」該報頭名右派。[66]

新華社記者戴煌，1944年16歲入黨，「鳴放」時嚴守黨紀，沒講一句話。6月8日後，彭真動員黨內繼續鳴放──

不要受社會上「反擊右派猖狂進攻」的影響，因為那些人和我們中國共產黨不是一條心……這些人能和我們今天在座的同志們相提並論嗎？我們都是自家人……「門外」反右歸反右，「門內」有意見照常提，這叫做「內外有別」……黨絕對不會把這些同志與資產階級右派分子混為一談。這一點，我可以代表中央向同志們作保證。

戴煌完全相信「彭老八」（彭黨內排名），相信中共最高領導層的政治信譽，相信「內外有別」，熱情發言：防止「神化與特

---

[64] 蕭鎮：〈吳永剛導演為何成為右派〉，載《世紀》（上海）2010年第4期，頁74。

[65] 傅光明：《解讀蕭乾》，大眾文藝出版社（北京）2001年版，頁298。

[66] 叢維熙：《走向混沌》，花城出版社（廣州）2007年版，頁26。

權」、改變統購統銷中過急過死政策、精簡高校政治課等。很快，新華社長兼總編吳冷西大會宣佈：「總社反右派鬥爭取得了重大勝利，戴煌被揪出來了。」[67]

儲安平一直無鳴無放，中央統戰部座談會一直沒去。5月30日上午，統戰部再次電邀，儲安平答應出席但不發言。統戰部彭處長盛邀儲發言，這才有1200字的〈黨天下〉。6月1日乃中央統戰部最後一次座談會，會議主持者已接到「收」的密令。

章伯鈞也是被「釣」出來的。千家駒（1909～2002）——

章伯鈞提「政治設計院」，我也在場，這是中央統戰部李維漢所主持的座談會上，座談會已經開了很多天，章伯鈞一直沒有發言，為此座談會特地延長一二天，李維漢一定要章伯鈞表態。章伯鈞說：「現在搞什麼工作都要事先設計，經過大家討論，科學論證，然後作出決定、通過。政治上是不是也應該有一個政治設計院，大政方針大家協商再決定呢？」……這一下子被共產黨抓住辮子，共產黨說章伯鈞的「政治設計院」就是要「輪流坐莊」，共產黨，你下去，我上來，「輪流執政」，這真叫冤哉枉也。[68]

吳祖光則是被老友田漢及周揚、夏衍布釣釣中。1957年，中國戲劇家協會主席田漢（1898～1968），鳴放出「外行領導內行」等尖銳言論，感覺大禍將臨，與夏衍、周揚商議移禍於持類似觀點的吳祖光，特邀吳參加很小範圍的「提意見」座談會。新鳳霞竭力阻攔，擋在門口，吳祖光認為向黨提意見非去不可，大力將妻推開。座談會僅七八人出席，他人都沒提什麼意見，就吳祖光說了「外行領導內行」。不久，「劇協」刊物《戲劇報》大標題載出吳祖光發言：〈黨「趁早不要領導文藝工作」〉。吳祖光淪右後，大小會批鬥五十次以

---

[67] 戴煌、戴偉：〈我的「右派」生涯及相關芻議〉，載《領導者》（香港）2007年6月號，頁104～105。

[68] 千家駒：〈千家駒筆下的反右內幕〉，載《開放》（香港）2007年6月號，頁43。

上，田漢主持。等吳祖光從董健《田漢傳》中得知田漢構陷自己的全過程，已是40年後了。田漢臨終前對移禍吳祖光，悔恨難贖，再三向友人表示「一生最痛」。田漢躲過反右躲不過文革，最後還是遭迫害而死。[69]

反右前，田漢針對中共文藝政策，講過「教條主義」、「外行領導內行」，田漢將吳祖光針對個別領導的「外行領導內行」改標題為〈黨「趁早不要領導文藝工作」〉，性質頓變，成了整體否定黨的領導。

這一改動，性質大變，確實把吳祖光和田漢「分開」了。這樣批起來也就覺得「理順」了。這樣做，可害苦了吳祖光！[70]

5、自告奮勇型

《甘肅日報》主編袁煒認為黨主動整風，要求大家放下包袱多提意見，絕不秋後算帳，但出爾反爾，將所有提意見者打成「右派」，說成「別有用心」、「反黨反社會主義」，實在想不通。他在會上說：「如果提些意見就是『右派』，我同意這些觀點，我也是『右派』。」話音剛落，會場矛頭立即轉向他，要他站起來，交待目的、企圖。[71]

後成頭號「自由化分子」的方勵之（1936～2012），當年也是「紅青」。他動員戀人李淑嫻（1936～）向黨交心。李淑嫻有幾位親戚抗戰期間去了延安，經歷「搶救」，結局悲慘，她便對黨組織說了一些懷疑。李淑嫻劃「右」，開除黨籍，下放勞動；方勵之「中右」，一年後也開除黨籍。夫婦倆哀歎自投羅網，送貨上門。

哈軍工空軍工程系教師楊秋澄，系反右領導小組成員，複查「右派」材料，認為「右派」言論與自己想法類似，向領導彙報活思

---

[69] 吳祖光：《一輩子——吳祖光回憶錄》，中國文聯出版社（北京）2004年版，頁43～45。

[70] 董健：《田漢傳》，北京十月文藝出版社1996年版，頁784、789。

[71] 周素子：《右派情蹤》，田園書屋（香港）2008年版，頁102。

想，要求退出領導小組：「我也有和他們一樣的想法，所以我不能領導反右。」打右者即淪「右派」。[72]

復旦物理系四年級生施偉達，虔誠基督徒，性格內向，很少談笑。「反右」期間，他清晨等在校辦門口，人們十分驚訝，他答曰——

昨天黨委辦公室通知我，說是英國宗教代表團來上海考察我國宗教政策，今天要上復旦，黨委要我一起參加接待，現身說法，向英國友人介紹我國宗教信仰自由的情況。為了避免耽誤他們的時間，所以在此等候。

施偉達對工作的這份積極，成了劃「右」根據。理由是他對群眾冷若冰霜，對帝國主義分子卻熱情似火，一大早就去迎候，急不可耐！可見其階級立場——完全站在帝國主義一邊！[73]

《中國婦女》雜誌未能完成三名「右」額，上司天天電話催逼，上綱到指標聯繫黨性。馳名延安的「閻家店」女將閻明詩（閻寶航之女），時任總編室祕書，認為若將一位大學生編輯定「右」，實在過分，她提的意見既真心誠意又對黨有利。為完成「名額」，她自頂窟窿——

「右派」就算我一個吧，反正我不當也得讓別人當，革命幾十年，這次「右」就「右」一下吧，下次再「左」過來就行了，共產黨員總得有黃繼光堵槍眼的精神嘛！

幾位相知甚深的單位領導覺得別無它法：「行啊，就你吧。『閻家店』一窩子共產黨，世人皆知，黨內同志都很尊敬你一家，諒也不能把你怎麼樣。」當閻明詩名字上了《人民日報》，開除黨籍，閻明詩驚呆了，社長兼總編董邊（田家英妻）見這位延安老幹部被踉踉蹌

[72] 申淵：《五七右派列傳》，五七學社出版公司（香港）2009年版，第三卷，頁385、242。
[73] 沈吉鑫：〈上茅廁被定為右派的奇事〉，載《世紀》（上海）2010年第3期，頁76～77。

蹌拉出會場，腸子都悔青了。閻寶航也只能安慰女兒：「運動搞得這麼猛，爸爸也無能為力，事已至此，今後就好好改造自己吧。」[74]

上海副市長曹荻秋祕書、市委辦公廳黨支委兼整風領導小組成員華平，相信了黨的繼續動員「鳴放」。此時，「頭上有辮子，屁股有尾巴」的人都憋住呼吸，不敢也不願再寫大字報，市人委機關整風運動冷冷清清。華平本著「黨叫幹啥就幹啥」的精神，挖空心思帶頭寫了兩紙向柯慶施提意見的大字報──〈祕書長、辦公廳主任們，你們為什麼對柯老如此害怕？〉〈柯老與文娛活動〉，對柯慶施不願機關幹部工餘打撲克、跳舞等小節提點意見，淪為被成功釣起的「魚」。

為擴大反右戰果，6月8日以後中共仍繼續動員鳴放──

以前的整風受到右派分子嚴重干擾，不能正常進行，現在打退了右派分子的猖狂進攻，可以正常開展黨內整風了。

無非表明不是不讓說話、不讓提意見，剝奪的僅僅只是「右派分子」的發言權，人民內部、黨內仍有「言論自由」。但同時下達內部文件──

面上的右派分子雖然已經被揭發出來打倒了，但還有一些埋藏得很深的右派分子還沒被挖掘出來，開展整風時，還要「引蛇出洞」，把埋藏得很深的右派分子挖掘出來。

華平明明看到這一內部文件，但為了將「埋藏得很深的右派分子」挖出來，為了將向領導提意見的整風熱火搞起來，他想帶頭「以身作則」。[75]

6、自投羅網型

作家張弦違心揭批鍾惦棐，稍後「向黨交心」再交出尚未發表

---

[74] 蔣巍、雪揚：《中國女子大學風雲錄》，解放軍出版社（北京）2007年版，頁343～344。

[75] 華平：〈寫柯慶施大字報改變了我的命運〉，載《世紀》（上海）2012年第4期，頁26～27。

的小說《青春鏽》手稿，真誠請求組織指點，換來「反黨小說」與「右派」兩頂帽子。此前紅得發紫的藍翎（1931～2005），也是自作多情交出草稿本，讓「反右」鬥士挖出一枚「真正的定時炸彈」。[76]

徐懋庸（1911～1977），「左聯」老黨員，認為武漢大學程千帆教授等「劃右」，恰好證明自己此前整了這幫教授十分正確，這幫資產階級知識分子1950年代初就在「向黨進攻」，乃是這次「右派」進攻的彩排。1949年10月～1953年8月，徐懋庸主政武大，飛揚跋扈，雞飛狗跳，鬧出好幾條人命。高教部長楊秀峰嚴厲批評，中南局撤了徐懋庸的武大副校長，徐大會檢討。「鳴放」時期，徐懋庸寫了翻案雜文〈大學裡的右派〉（載《大公報》1957年7月24日），同樣也是「反對黨的領導」，自投羅網的「右派」。所有「右派」中，徐懋庸這樣的因左成右，最不令人同情——活該！就徐氏一生行跡，除了追隨中共一左再左，實無可書之處。

美國歸僑「右派」曹德謙（1921～）——

我並沒有憂國憂民的壯志，不過是一名奉公守法希望過太平日子的從美國回歸祖國的小百姓而已。當年共產黨派一名同志來解除我的顧慮，要我大膽發言，於是我就發表了七八篇言論，並因此而當上了右派。這位女同志不是別人，而是毛澤東英文祕書林克的妻子，她是一個好人，絕無害人之心，正如李慎之先生所說：「我受了騙，但又騙了別人。」[77]

一位留美老黨員，1957年供職駐外使館，夏天匆匆回國，沾包劃「右」。1970年代末對李慎之說——

我在美國把那麼多留學生都動員回國了，他們紛紛被劃了右派，我自己要是逃脫了，怎麼對得起別人呢？[78]

---

[76] 藍翎：《龍捲風》，上海遠東出版社1995年版，頁128。

[77] 曹德謙：〈右派並非都是英雄〉，載《開放》（香港）2007年11月號，頁94。

[78] 笑蜀編：《歷史的先聲——中共半個世紀前對人民的莊嚴承諾》，博思出版集團有限公司（香港）2002年版，頁10。

7、牽連型

林希翎一「右」成名，連保姆丈夫的朋友、朋友的朋友也牽連劃「右」。鳴放時聽了林演講或讀林文章的青年，有的給林寫支持信，林為向黨剖白，上交信件，寫信青年全部墜網。僅北京一地，受林牽連而「右」就有170多人，包括胡耀邦祕書曹治雄（與林戀愛）。

華東師大中文系黨員助教、團總支書記曹鴻梁，拍胸為「右派」教授許傑擔保：「許傑不是右派，我願以黨籍團籍擔保」。一語淪「右」，曹鴻梁開除黨籍團籍，勞動教養，發配贛閩邊界鄉村小學教書，老婆被大水沖走淹死。[79]

北大物理系四年級生劉奇弟（1934～1963），鐵路工人子弟，根正苗紅，「肅反」與「鳴放」都為胡風叫屈，第一個貼出〈胡風絕不是反革命〉的大字報，戴「右」帽後1961年遭吊打凍餓，瘐斃獄中。

天津作協、文聯負責人公木（1910～1998），〈八路軍進行曲〉（即〈解放軍進行曲〉）詞作者，反胡風時拒絕執行命令——批判19歲的林希；認為僅憑認識幾個「胡風分子」（方紀、魯藜、阿壟），與胡風並未直接關係，不該無憑無據隨便抓人。公木很快被擼職務，1957年淪「右」。[80]

東北人民大學經濟系學生胡顯中（1932～，南昌地下黨小組長），鳴放文章〈胡風等人是反革命嗎？〉，淪「右」。北京地質學院一女生被誣貪汙幾十元實習差旅費，開除學籍。她告至團中央，查無實據，恢復學籍。「鳴放」中，印尼僑生林其鑾打抱不平，貼大字報〈殺人不見血〉，與女生一起劃「右」。[81]

[79] 申淵：《五七右派列傳》，五七學社出版公司（香港）2008年版，第二卷，頁297、359～360、390～392。

[80] 金薔薇編：《作家人生檔案》，中國工商聯合出版社（北京）2001年版，下冊，頁516。

[81] 申淵：《五七右派列傳》，五七學社出版公司（香港）2009年版，第三卷，頁417～420、100。

　　復旦大學新聞系新生楊萬才（1938～），出身黃包車夫家庭，寫
信向華東師大中文系主任許傑請教文藝創作，得許回函，許劃「右」
後，楊萬才也劃「通信右派」。但他並不認識許傑，揭發不出許傑
「右派」陰謀，升級「極右」，發配伊犁。三代工人出身的北京中專
生佟信順，「鳴放」期間致信艾森豪威爾，請教美國民主最初如何搞
起來？信還未出國門，劃「極右」，進了北京半步橋第一監獄，後發
配津郊茶澱勞改農場，1960年餓死該場。[82]南京大學中文系學生駱寒
超，癡迷詩歌與艾青通信，因艾青成「右」而劃「右」。

　　《文藝學習》青年編輯李興華，很左，只因是陳企霞學生，老
往陳家跑，幫著抄稿寄信而沾包淪「右」。[83]

　　四川青年詩人流沙河（1931～），一組短短400餘字《草木篇》
（載《星星》詩刊1957年創刊號），牽連全國萬人以上劃「右」。[84]

8、一句話型

　　甘肅省電台邢鶴，1940年的紅小鬼，嫌數次上門催繳房租水電
費太煩，隨口一句：「你們比國民黨催苛捐雜稅還厲害。」同單位
張亦銘也是一句：「話說三遍如屎臭，我們就不能在大鳴大放中創
個新？」兩人均一語劃「右」。[85]影人蕭鎮罵了一句蘇聯專家「瘋
三」，反蘇反人民反毛主席的「三反分子」。[86]

　　中央電台華僑部主任趙節，發言說逮捕胡風未按法律手續，捕

[82] 申淵：《五七右派列傳》，五七學社出版公司（香港）2008年版，第二
　　卷，頁395、399～401。
[83] 《新文學史料》編輯部編：《我親歷的文壇往事‧憶大事》，人民文學
　　出版社（北京）2004年版，頁534。
[84] 曉楓：〈《草木篇》文字獄始末〉，載《開放》（香港）2007年4月號，
　　頁66。
[85] 申淵：《五七右派列傳》，五七學社出版公司（北京）2008年版，第二
　　卷，頁339。
[86] 蕭鎮：〈吳永剛導演為何成為右派〉，載《世紀》（上海）2010年第4
　　期，頁74。

後也未按法定時間審訊，劃「右」。[87]

　　復旦中文系一教師抱怨戶籍制度：「解放前人是動物，可以跑來跑去；解放以後，我們倒成了植物了，不准動了。」指為惡攻社會主義戶籍制度，長期隔離。[88]

　　戈揚（1916～2009），赴延紅色才女，1940年代新聞界四大紅色名旦（另三位楊剛、彭子岡、浦熙修），其夫延安畫家胡考（劃右）。戈揚偷偷對人說：「現在人們有話只能回家說，辦公室只能說假話。」這句話遭揭發，立劃「右」。「四大名旦」只剩楊剛尚左，不久也自殺了。共產黨員不准自殺，自殺等於叛黨，楊剛至少「極右」。

　　清華紅女韋君宜──

　　這幾位才女被劃成右派，罪名既不昭著，以前的功勞、才華亦均予一筆抹殺，隨隨便便一句話就變成「黨和人民的敵人」，隨手扒掉了。[89]

　　當過毛澤東警衛的陳浩，年近五十，1960年討論〈列寧主義萬歲〉一文，他同意赫魯雪夫觀點，開除黨籍，下放黑龍江安達（今大慶）。[90]

　　不滿20歲的小學教員，說了一句「小麥一毛錢一斤，餅乾四毛錢一斤，這不是工人剝削農民麼？」被指「破壞工農聯盟」。[91]另一小學教員一句「蘇加諾是資產階級」，扣「右」──破壞與印尼的友好關係！[92]

　　復旦大學新聞系學生居思基不知為何劃「右」，說是講了「反

[87] 溫濟澤：《溫濟澤自述》，中國青年出版社（北京）1999年版，頁281。
[88] 賈植芳：《獄裡獄外》，天地圖書有限公司（香港）2001年版，頁253。
[89] 韋君宜：《思痛錄》，北京十月文藝出版社1998年版，頁58。
[90] 張軼東：《從列寧格勒大學生到新肇監獄》，勞改基金會黑色文庫編輯部（華盛頓）2007年版，頁182。
[91] 于風政：《改造》，河南人民出版社2001年版，頁609，注釋一。
[92] 溫濟澤：《溫濟澤自述》，中國青年出版社（北京）1999年版，頁289。

動話」，但他怎麼也想不起講了什麼「反動話」，無法「坦白交代」。1960年發配新疆建設兵團改造——戈壁灘牧羊。文革時，才知檔案裡有人檢舉：唱歌時唱過「沒有共產黨也有新中國」，多唱了一個「也」字。[93]

毛澤東宗親烈屬、1926年入團、1930年入黨的湘潭縣長毛特夫（1912～1982），組織生活漫不經心一句：「縣委對政府工作包辦得太厲害，以黨代政是事實。」縣委正愁填不滿「右」額，正在用放大鏡尋找反黨言論，饒是毛縣長，也對不起了。劃「右」後，毛特夫降為敬老院食堂管理員，每月15元生活費。毛特夫一家老小八口，上有七旬烈屬高堂，下有六個孩子。毛澤東聽到毛縣長劃右：「特夫是烈士後裔，怎麼會反黨？不過，受受教育也好！」大概不願因宗親劃「右」有礙反右大局，毛澤東對毛特夫的特殊關照只是將其生活費提至64.5元。[94]

9、一泡尿型

某中學攤到兩名「右」額，一位教員有海外關係，「鳴放」時提了兩條意見，劃「右」；另一名額尚懸，全體教師大會選「右」，誰也不願得罪誰，怎麼也「選」不出來。一位教師早飯多喝一碗麵湯，以為自己政治進步，教學業務精通，怎麼也攤不到他，離席如廁。他前腳走，後腳就被提名，且齊聲附和，一泡尿回來，當選「右派」。[95]

《人民日報》某支部評「右」，會議從午後一直開到晚上，十人左右的支部無人挺身擔「右」。一位編輯實在憋不住內急，匆匆如廁再匆匆奔回，已光榮「當選」。支書不好意思一邊解釋一邊做

---

[93] 張大芝等主編：《陰晴雨雪旦復旦》，香港華泰出版社2008年版，頁195。

[94] 申淵：《五七右派列傳》，五七學社出版公司（香港）2009年版，第三卷，頁181～184。

[95] 戴煌：《九死一生——我的「右派」歷程》，中央編譯出版社（北京）1998年版，頁112。

工作——

這是毛主席親自發動的政治鬥爭，必須遵照百分比完成任務，不能不執行，可大家面對面坐著，都不好意思開口將誰劃右，一直屏熬至晚上了，正巧你出去，該你倒楣了！[96]

某單位團支部大會討論怎樣湊足右額，一團員肚瀉離席，如廁回來，光榮「推選」。[97]

10、得罪上級型

上海援隴金融幹部高尚斌（1927～），十多歲就參加中共地下活動，多次受表揚。1952年響應號召，報名支持大西北建設，分配甘肅臨洮支行。「鳴放」中，高尚斌無任何言論，也沒向領導提任何建議。一天臨下班，上領導處簽發一份文件，一時疏忽，沒敲門直入，撞見領導正光身和女職員「那個」，急忙退出。領導既惱且羞，擔心擴散，高尚斌便有了多條「右派」罪狀。這位領導後也栽了——「壞分子」。但高尚斌仍於1958年5月押入夾邊溝，監禁三年，僥倖熬過大饑荒，然受屈23年，妻離子散，孑然一身，鰥居40年，1992年偏癱臥床，現已20年矣。[98]

法國歸僑陳潤康，中央電台對外部翻譯。組長要劃他的「右」，上級溫濟澤問：根據是什麼？

組長對曰：他攻擊我們黨有官僚主義。

溫：我們黨不是承認有官僚主義才整風的嗎？他攻擊誰呢？

組長：他用資本主義國家虛偽的民主來攻擊我們不民主。

溫再問：他是怎樣具體攻擊的呢？

組長：他就是反對我這個組長。

---

[96] 沈吉鑫：〈上茅廁被定為右派的奇事〉，載《世紀》（上海）2010年第3期，頁76。

[97] 申淵：〈鄧小平、彭真的反右角色〉，載《開放》（香港）2007年4月號，頁70。

[98] 申淵：《五七右派列傳》，五七學社出版公司（香港）2008年版，第二卷，頁333～335。

溫：這就算反黨了嗎？不是規定對華僑要慎重，不要輕率劃嗎？

組長：按照規定華僑歸國三年以內不劃，他已經過了三年。

溫：過了多少？

組長：一個星期。

溫濟澤明確指示不要劃。但溫自己稍後也被劃「右」，陳潤康還是被劃，下放勞動，一年多就死了。[99]

丁則良（1915～1957），福建閩侯人，楊振寧家庭教師，清華歷史系1937屆畢業生，先後執教西南聯大歷史系、清華歷史系，1947年以庚款生進入倫敦大學斯拉夫學院（專攻蘇聯史）；1949年放棄赴美攻博，返國任教清華，加入「民盟」，1952年院系調整至東北人民大學，歷史系主任。1957年5月赴莫斯科出席東方學會議，8月回國，徑赴北大參加教材編寫，因學術問題得罪中共史學家呂振羽，被劃「余瑞璜、丁則良、徐利治右派反黨集團」，8月8日自沉未名湖。未名湖水淺，僅及腰，丁抓緊水草自埋泥沙，死意極堅。被指「畏罪自殺」，不准開追悼會，只可開批判會。老同學周一良教授只能繞棺一周，然後主持批丁大會。丁弟必須一次次痛批兄長「自殺拒罪」，才能換取自己的生存。1980年平反。[100]

11、形形色色型

沉默型：北京農大畢業生、蘭州農校的李如璋，未鳴放任何言論，劃「右」原因：以沉默表示對黨不滿，送夾邊溝勞教。[101]

不肯揭發型：北京一出版社編輯，抗戰時參加中共演劇隊——桂林新中國劇社。反右時，他所在的出版社總編劃「右」，因與總編平素關係不錯，單位要他揭發總編。他始終一聲不吭，頂牛一年多，

[99] 溫濟澤：《溫濟澤自述》，中國青年出版社（北京）1999年版，頁280。

[100] 申淵：《五七右派列傳》，五七學社出版公司（香港）2009年版，第四卷，頁162～163。

[101] 申淵：《五七右派列傳》，五七學社出版公司（香港）2009年版，第四卷，頁55。

淪「右」。後送北大荒，1961年餓死。[102]

漂亮型：甘肅電台孫敬，長得很帥，一條佳嗓，普通話極其標準，追求他的姑娘排長隊。領導挑不出他政治上毛病，便說他愛扮靚，資產階級生活方式，夠不上「右派」，劃了「壞分子」。[103]《人民日報》中年女記者習平，在上海做了一件旗袍，家裡照了一下鏡子，沒敢穿出來，遭揭發，斥為「資產階級思想發展到如此嚴重的程度」，淪為「人民敵人」。[104]

社會關係型：上海長寧區稅務局科員陸良敏（1924～），陳佈雷外甥，被挖「階級根源」，夫婦子女在冤屈中度過22年。[105]陳獨秀孫女、梁實秋長女、石友三之女，均因祖、父劃「右」。1933年法國入黨的馮希勃（1909～1969），其父乃西北軍將領馮欽哉，因贊成多黨制劃「右」，其子則「老子反動兒混蛋」成為「祖傳右派」。[106]全國總工會國際部編譯處陶琴薰，雖「鳴放」了一張大字報，但劃「右」的主要原因還是其父是陶希聖———一級戰犯。[107]社會關係，一大「右」源。

考試型：安徽某師範中專速成班畢業考試，是非題中有一道「黨天下」，對劃「＋」，錯劃「—」。學生皆為剛上初一的鄉下娃，不懂政治，便劃了＋號，一律劃「右」。十多歲的娃娃「右派」整天哭，反復一句：「我就劃了個『＋』號，咋就犯了大罪

---

[102] 馮驥才：《一百個人的十年》，江蘇文藝出版社1991年版，頁339～342。

[103] 申淵：《五七右派列傳》，五七學社出版公司（香港）2008年版，第二卷，頁339。

[104] 藍翎：《龍捲風》，上海遠東出版社1995年版，頁160。

[105] 申淵：《五七右派列傳》，五七學社出版公司（香港）2008年版，第二卷，頁417～419。

[106] 申淵：《五七右派列傳》，五七學社出版公司（香港）2009年版，第三卷，頁388。

[107] 范泓：〈名門之媛陶琴薰〉，載山東畫報出版社編：《老照片》，2005年8月第43期。

呢？！」[108]

抓鬮型：杭州第一醫院內科必須產生一名「右派」，大家兢兢業業，未有任何右言右行，出身成分亦相差無幾，關係和睦，實在無奈，只能抓鬮，攤上忠厚的女大夫王某。[109]某縣電影公司，也為一「右」額發愁，開會評選，評來選去也推不出，只能抓鬮，抓出一個售票員。此人一向與世無爭、未得罪任何人，領導也覺得這樣產生「右派」太荒唐，迫於額定，只能如此交差。[110]

辦刊型：1957年春，江蘇省文聯梅汝愷與青年作家高曉聲、陸文夫、葉至誠等，擬辦刊物《探索者》。啟事：「社會主義制度是目前世界上最好的制度，它具有偉大的生命力。我們願意為這個制度的勝利，貢獻出全部力量。」他們希望自己的思想意識與文學創作較快趕上時代發展，《探索者》因經費與人員困難沒辦成，但所有籌辦人員都被劃「右」。罪名很可怕：有組織！[111]

抽煙型：浙江臨安一中學教員，會議室沙發上打一哈欠，手上煙頭戳到身後糊牆報紙，正巧燒著毛澤東像。「反右」遭揭發，遂「右」。

自我證罪型：2007年10月22日，上海魯研館附近天鵝賓館，筆者問朱正先生：「《湖南日報》肅反打你們『反動集團』，有什麼材料？」朱正笑答——

你這麼問，就是外行。那時都是領導先定你有罪，然後要你自找材料來證明自己有罪。在電台時，我寫信告領導，因此定我反領導，我也確實認為自己有罪。

[108] 申淵：《五七右派列傳》，五七學社出版公司（香港）2008年版，第二卷，頁424。
[109] 周素子：《右派情蹤》，田園書屋（香港）2008年版，頁255。
[110] 戴煌：《九死一生——我的「右派」歷程》，中央編譯出版社（北京）1998年版，頁111。
[111] 申淵：《五七右派列傳》，五七學社出版公司（香港）2008年版，第二卷，頁277；

海外關係型：北京建築世家華攬洪（1912～2012），1928年留法，1942年獲法國政府建築師文憑，1957年劃「右」，並無言論，僅因「海外關係」，以「莫須有」構罪。英籍華裔左翼女作家韓素音（1917～2012）：「一直那麼革命的華攬洪成了右派，我簡直不敢相信。」[112]這一型號「右派」，為數不少。

遭妒型：《人民日報》駐滬首席記者季音，無「鳴」無「放」，後期「補課」劃右。改正後，參與全過程的老同事告知——

季音呀，老實告訴你，那時把你整成「右派」，主要是有些人出於嫉妒。你那時太紅啦，又是先進工作者，調到報社後工資連提三級，出足了風頭，他們決心要整你，正好抓住了機會。[113]

聯想型：中直機關姜姓女幹部，二十歲左右，其夫青年軍官，兩地分居。因對牛郎織女相隔天河的漫畫表示共鳴，遭揭發，被指反軍，劃「右」。[114]

第三者型：妻子別有所戀，為琵琶別抱，揭發丈夫床笫之語，丈夫淪「右」，以「劃清界線」達到離婚目的。[115]

無厘頭型：冶金部「右派」閻希智，勞教21年，1979年改正，冶金部「摘帽辦」發現右派名單上竟沒有他！這位不是右派的「右派」就這麼稀裡糊塗遭罪22年。[116]

中宣部文藝處副處長鍾惦棐（1919～1987），毛澤東「釣魚」，授意周揚佈置批評性文章，領頭「鳴放」。周揚找到鍾惦棐，鍾奉命寫了〈電影的鑼鼓〉。鍾因此文劃「極右」，勞改期間上峰威脅：絕

---

[112] 申淵：《五七右派列傳》，第二卷，頁21；第三卷，頁408。

[113] 季音：〈我是怎樣被「補」成右派的〉，載《炎黃春秋》（北京）2007年第7期，頁60。

[114] 藍翎：《龍捲風》，上海遠東出版社1995年版，頁189。

[115] 何滿子：〈文人道德怎麼樣了？〉，載《文學自由談》（天津）2004年第6期，頁58。

[116] 趙文滔：《傷害》，夏菲爾國際出版有限公司（香港）2009年版，頁212～213。

對不得透露文章源於毛意，否則「小心你的腦袋」。[117]

沒想到型：這一型號為筆者所創，為著名的「陌生右派」找一欄目。東京大審判中國法官梅汝璈、越劇皇后姚水娟、相聲名角馬三立、電影皇帝石揮、著名影星項堃（《南征北戰》張軍長）、郭允泰（《智取華山》偵察排長）、吳茵（常演貧媽），居然都是「右派」！馬三立1958年底「補課」劃右，只因與何遲搭檔演出諷刺相聲。[118]這些人名聲很大，但很少有人知道他們也是「右派」。

不可思議型：1948年8月西柏坡，毛澤東向甘露（蕭三妻，1920～1987）評議丁玲：「丁玲是個好同志，就是少一點基層鍛鍊，有機會當上幾年縣委書記，那就更好了。」不久，丁玲來西柏坡，甘露興奮轉述。1949年7月首屆文代會，甘露又告知一位老作家。1955～57年，這段毛評竟成丁玲「罪狀」之一──捏造領袖表揚，往自己臉上貼金。[119]

不知原因型：北京戲校主管教學的業務科長，「鳴放」時期均不在單位，請「創作假」回滬寫劇本。但還是與校長、副校長一起劃「右」，扣押期間一把把吃了幾百隻蒼蠅求死，「不是怕死，而是怕活，這便是那個時代的荒唐。」

1979年，複查人員翻閱其宗卷後──

我看完你所有的材料，很納悶，憑著這些材料，怎麼會把你打成右派呢？

厚厚一本「材料」，全是這位科長對一些戲提的意見，純藝術意見。他問：「還有嗎？」複查人員：「全在這兒了！」科長澈底暈了──

[117] 金鐘主編：《共產中國五十年》，開放出版社（香港）2006年版，頁94～95。

[118] 彭蘇、任明遠：〈筆聲的窒息〉，載《南方人物週刊》（廣州）2009年第30期。

[119] 中國丁玲研究會編：《丁玲紀念集》，湖南文藝出版社2004年版，頁150～151。

　　如果說二十二年我受盡了苦難，但都不如這一擊來得猛烈！二十二年我一直為打成右派的原因糊塗著，現在一看，謎底竟是這樣！我不僅更糊塗，一瞬間好像對這世界一無所知了。[120]

　　被忽悠型：重慶大學教授黃永亮，留英生，回國時取道蘇聯，認為蘇聯收穫不小，思想更加左傾。但覺得自己不夠格做無產階級先鋒隊員，立志做黨外布爾什維克。國共內戰後，天天偷聽新華社電台，課堂上公開轉述共軍戰報。共軍入渝當晚，與吳宓等人通宵狂歡。1950年鎮反，他拍手稱快，並積極上公安局登記自己的歷史經歷。思想改造運動，他的交代三次通不過，被趕到一間小屋，甚至戴上「資產階級右派」帽子，都一副樂天派，認為一定「鬥爭從嚴處理從寬」，還想做一名「名副其實的紅色教授」。甚至判了刑，仍然認為只是一個教育過程——

　　關個一年半載，總會放我們回去的。這叫做「教育釋放」。相信共產黨是偉大的，何必整死我們這些知識分子呢？

　　最後，黃永亮在勞改隊裡瘋了，死了。[121]

右事右言

點頭「右派」與搖頭「右派」

　　劉老師患頸椎病，「鳴放」時看大字報因頸椎疼痛上下蠕動。領導動員他交代問題，老實巴交的他不知犯了什麼錯：「『鳴放』會上我沒發言呀？」負責人啟發——

　　看攻擊黨的大字報，你為什麼表示贊成？為什麼不斷點頭？人的行為是受思想支配的，你的行動本身已經證明你也是個右派。

　　劉老師解釋：我頸椎有病……

---

[120] 馮驥才：《一百個人的十年》，文化藝術出版社（北京）2014年版，頁232～234

[121] 張紫葛：《心香淚酒祭吳宓》，廣州出版社1997年版，頁389～400。

你不要裝老實。你是狼，不是羊。一般右派用言論反黨，你用行動反黨，說明你更陰險。反革命從來善於偽裝，你是教師隊伍中披著羊皮的狼。

劉老師只好找醫生開證明，本來僅需索要病歷，但他告訴醫生此事牽涉劃「右」。偏偏這位醫生此時也是「反右」火力偵察對象，為求自保，拒出證明，生怕被指袒護「右派」。反右高潮過後，與劉老師素善的一位老兄為劉的倒楣難過搖頭，向同事說了幾句傷心話，這位同事想往上爬，跑去揭發，該校再出「搖頭右派」。劉老師抽了告密者一記耳光，索性破罐破摔，痛說自己的「點頭右派」本身就是一齣荒唐。學校拉出「點頭右派」與「搖頭右派」一起批鬥。會上，「點頭右派」劉老師不僅不感謝「搖頭右派」拔刀相助，竟批判「搖頭右派」為什麼不憎恨自己的「右派」行為，是不是階級立場出了問題。「點頭右派」劉老師的「反向行駛」，原想最後贖罪，看看能否拉「搖頭右派」一把，使他脫「右」，後見無望，跳了護城河。[122]

愧疚的書記

大型國企王書記（1928～2004），為完成一名「右額」發愁，逾千人的大單位豈能沒一個「右派」？書記寢食不安，調閱全廠知識分子檔案，沒有言論查歷史、沒有歷史問題查出身、沒有出身問題查海外關係。最後只有副總工程師李萬鈞「符合條件」，出身資本家，舅父在台灣任空軍上校。但李工乃1949年後畢業的清華生，技術權威，生產中的技術難題，唯有他能解決。書記遲遲下不了手，名單報不上去，上司一催再催，捱至最後截止日，18點以前再揪不出「右派」，拿你書記是問，輕則摘烏紗，重則自成「右派」。王書記激烈思想鬥爭一個多小時，一咬牙一跺腳，18點整「推出」李工。他訴向蒼天——

李工，實在對不住了，我也是被逼無奈，走投無路呵！

李工下放農村監督勞改，獨生女高考分數超過北大錄取線20分，

[122] 叢維熙：《走向混沌》，花城出版社（廣州）2007年版，頁128～130。

退檔不錄取，只得入街道手工作坊，生活淒慘。後街道作坊倒閉，李工女兒失業，婚姻也不幸，丈夫酒徒，耍酒瘋打老婆。1979年改正，李工肝癌晚期，劇痛中去世。此後，王書記每月匿名給李工老伴寄款20元，2000年漲至300元（每月入卡），逢年過節多打200～300元。王書記彌留之際——

　　無論做什麼事，做之前都要摸著心口想一想，自己做的事能不能對得起自己的良心。人，不能做虧心事，一輩子都會心痛和不得安寧的……[123]

　　「反右」打手——成都團市委書記章文倫，參與迫害數千高中生，八十多歲臨終前懺悔：「我這一輩子最感愧疚的是不該整中學生！」[124]

　　妻子含淚揭發丈夫——水產部高工梁其昌劃「右」，因饑餓逃出勞改農場去會妻。妻子為他做飯，一邊抹淚一邊暗中向公安告發，梁被抓回，上了八個月的背銬與十八斤重的腳鐐，吃飯穿衣大小便都得靠同囚幫助。（卷三‧頁223）

　　黨治國要結束了！——清華水利系學生黨治國（1936～2008），陝西韓城黨家村人，全省高考狀元，因與同學捍衛黃萬里、錢偉長等教授，劃「極右」。文革中，以「現反」上報處決，四名死刑指標，他排第五得免。2004年，黨治國受洗皈依基督，終身反對一黨專政，臨終前多次向親友表示：「我死了以後，你們都不要哭，而要大笑三聲，高聲說道『黨治國要結束了！』」[125]

　　不能生下小反革命——1958年總政文化部19歲姑娘，在藥店買了一大包避孕套，恰在店裡碰到唐瑜（1912～2010），尷尬自嘲：「13

---

[123] 王瑛：〈反右欠下的良心債〉，載《炎黃春秋》（北京）2010年第2期，頁46～47。

[124] 申淵：《五七疑雲》，五七學社出版公司（香港）2010年版，頁182。

[125] 申淵：《五七右派列傳》，五七學社出版公司（香港）2008年版，第二卷，頁329～332。

歲參加革命，今年19歲，卻成了反革命。我和丈夫都是少年反革命，如果生下一個小反革命，我們將是不可寬恕的罪人。」[126]

　　牲口之後才輪到「右派」——甘肅缺水地區以窖水為生。革命群眾飲完水，階級敵人的「右派」仍不能飲，得等牲口飲過，才輪到「右派」。[127]

　　元帥也不能過問——陳毅聽說老部下陳沂少將也劃了「右」，驚憤之下打電話給總政主任譚政大將，譚回答：「你不瞭解情況！」啪一聲擱下電話。陳毅：「好傢伙，人家是那樣一位重要的領導，我是元帥也奈他何！」陳沂劃「右」經鄧小平批准，譚政的腰板才這麼硬！鄧小平以中央總書記領導國務院與中央軍委（黨指揮槍，軍隊歸書記處領導）。葉劍英1957年說：「除毛澤東外，鄧小平雖然沒有元帥軍銜，但他是帥中之帥，是元帥的領班。」[128]

真正右論

　　北京九中教師李泰倫（1936～），1955年畢業於北京師院，父親為國軍反水將領，成都戰役有功中共，但「肅反」仍遭鎮壓。李泰倫「鳴放」——

　　城市有設計院，政治上為什麼不能搞個設計院呢？

　　儲安平說黨天下說得對。

　　傅作義上天安門是做給台灣看的，這就是共產黨的政治手腕。

　　為什麼說蘇聯科學發達就是政治民主，美國科學發達政治就不民主？

　　我父親是起義將領，在成都戰役中立了功，後來又說他是反革命給鎮壓了，共產黨太不講信用，騙人！

　　楊尚昆之侄楊少西（1932～），成都鐵道第二工程局技校教員，

[126] 唐瑜：《二流堂紀事》，安徽文藝出版社（合肥）1997年版，頁142。
[127] 周素子：《右派情蹤》，田園書屋（香港）2008年版，頁125。
[128] 申淵：〈鄧小平、彭真的反右角色〉，載《開放》（香港）2007年4月號，頁67～69

自稱其「右派」言論重量級。楊家乃顯赫紅色世家，大伯同盟會員、二伯、父親、六姑均為早期中共黨員、四伯大革命烈士、十二伯父楊白冰，仍保不了救不下他。他對黃世仁提出不同意見——

地主剝削農民是事實，但地主投入資金買土地該不該有收益？收益比例過高才叫剝削，收益比例恰當，該算合理；再說地主並非都像黃世仁那樣霸道，也有勤儉持家、樂善好施的，「土改」時殘酷鬥爭殺掉的一些地主是錯誤的；抗美援朝中說美國要侵略中國，但真要侵略，為何不在內戰時期而偏偏要在國民黨敗退台灣之後？說美國侵略中國是缺乏軍事常識的愚民之談，美國要找跳板為何不找台灣找朝鮮？兵強馬壯的蘇聯老大哥援助朝鮮當之無愧，為何要找剛剛結束內戰的中國老二？毛主席開展的反胡風與肅反運動是小題大做，將學術爭論和文藝界內部的派系鬥爭上升到階級鬥爭。

楊少西對土改、抗美援朝、肅反、反胡風、個人崇拜、人大選舉走過場、中蘇友好等，上書中共「八大」會務處。

1957年7月8日，美國加州理工學院博士、清華一級教授徐璋本（1911～1990），反右高潮中頂風而上「向黨進攻」，公開建議取消馬列主義作為指導思想，呼籲結束一黨專政，提議成立勞動黨，走赫魯雪夫中間路線，並在清華園徵集勞動黨員。批鬥大會上，仍公開為地主鳴冤叫屈，攻擊馬列主義必然產生教條主義、宗派主義和官僚主義。徐璋本不僅劃「右」，還是「現行反革命」，判刑15年。[129]

漏網右派

1957年秋，梁思成在全國人大發表檢討〈我為什麼這樣熱愛我們的黨〉，僥倖脫「右」。[130]知識分子接受了走一步挨一記耳光的「革

---

[129] 申淵：《五七右派列傳》，五七學社出版公司（香港）2009年版，第三卷，頁131、144～146、311～313

[130] 申淵：《五七右派列傳》，五七學社出版公司（香港）2009年版，第三

命邏輯」——必須老老實實接受勞動人民的監督改造。冰心僅僅因為「下邊報上來要批的人太多了，實在是來不及批，才讓她漏了過去。」（郭小川語）堅持獨立的錢鍾書、楊絳夫婦，「不喜歡跟著起鬨」，才未栽「右」。

長沙十中語文教師李淑一（1901～1997），中共烈士柳直荀之妻，毛澤東贈詞「我失驕楊君失柳」，金光罩身，居然也險些淪「右」。[131]

中國作協黃秋耘（1918～2001），本為鐵板釘釘的「右派」，之所以漏網，乃是因為作過情報工作，上級有顧慮——

主要還是怕你跑出去。怕把你劃上了「右派」，你抱恨跑掉，跑到國外去，把什麼都說出來，那可不得了。[132]

林斤瀾（1923～2009）特機警，沒被人當槍使。「鳴放」期間，對面辦公桌的工人作家趙堅神情怪異，抖抖嗦嗦掏出一信推給林斤瀾。信來自福建某劇團，要改編林斤瀾小說〈台灣姑娘〉，問北京作協有何意見。北京文聯祕書長田稼在信上批示：「此人正在審查中。」林十分憤怒，田稼將對他的常態審查當成政治事件，阻撓其作品的改編，當然對林斤瀾不公。林起身如廁，回來後，將信推回：「這封信不是給我的。」趙堅愕然。林斤瀾如廁時想到趙堅與田稼有矛盾，為打倒田稼，趙堅想拿林斤瀾當槍使，點林的火去燒田稼。林斤瀾的一舉一動。田稼都看到眼裡，後來他對人說：「我等林斤瀾放炮，可他什麼也沒有說。」[133]

更不可思議的是：要求汙穢不堪的「臭老九」必須培養出又紅

卷，頁407。
[131] 胡漸逵：〈李淑一險成右派〉，吳孟慶主編：《政海拾零》，上海辭書出版社2006年版，頁279～280。
[132] 《新文學史料》編輯部編：《我親歷的文壇往事‧憶大事》，人民文學出版社（北京）2004年版，頁489。
[133] 〈林斤瀾何以在反右風暴中「漏網」〉，載《青年週末》（北京）第161期。

又專的「無產階級接班人」。一面打著罵著，一面還要使喚人家，已經是墨墨黑的資產階級知識分子，又怎能培養出血血紅的無產階級接班人？已經將他們打得臭不可聞尊嚴掃地，學生才是他們的老師，卻還要他們去教育自己的「老師」，真不知道怎麼捋的邏輯！反右以後，新鳳霞所在劇院一邊指著她演出掙錢，靠她主演的劇碼拉廣告（立即滿座），一邊在後台扯批鬥標語──「右派分子吳祖光的老婆新鳳霞不要翹尾巴！」演出結束，觀眾熱烈鼓掌要求演員謝幕，但他們熱愛的新鳳霞已被勒令打掃廁所、倒痰盂或清理後台。[134]

研究結論

1、反右成因

反右成因綜合複雜，決定性因素唯毛一人，聖心一瞬耳。基礎原因當然包括〈祕密報告〉、「波匈事件」，但非主因。最主要的原因還是三點──

一、赤左意識形態。階級鬥爭豎立必須打倒「階級敵人」的革命邏輯，意識形態給了毛共可以如此這般的社會環境。

二、毛澤東獨裁。偌大決策，全在老毛一人「聖裁」，偌大政治動作，毋需任何審議程序。

三、缺乏制衡政治力量，民主黨派純擺設，黨外無糾力，明知大謬大荒唐，只能瞪眼撒尿出，毫無辦法。

毛澤東的政治邏輯從根子上就十分荒謬，如認為中國不能富，一富就會出問題。1959年底，他說──

經濟愈落後，從資本主義過渡到社會主義愈容易，而不是愈困難。人愈窮，才愈要革命。

富了事情就不妙了。中國現在不富，將來富了，也一定會發生

---

[134] 吳祖光：《一輩子──吳祖光回憶錄》，中國文聯出版社（北京）2004年版，頁14。

問題。[135]

1961年9月26日，毛澤東在邯鄲聽說孝感規定農民基本口糧360斤，立即發話：「這不行，有了這些基本口糧，就可以不做工了。最後定180斤，吃不飽就得努力。看來基本口糧高了不行。」[136]毛的邏輯竟是用饑餓驅使人們幹活。

按毛澤東的邏輯，國人必須挨窮，不能富起來，因為「越窮才越要革命」！成了為革命而革命，人民得為革命服務，而非革命為人民服務，整個價值邏輯完全顛倒。1949年後中共一步步走向極左，雖然全黨有責，政治局要負主要政治責任，但就個人責任，毛澤東當然難辭「第一人」。老毛實在應該讀點孟德斯鳩語錄──

一個國家富裕的結果，將使眾人有雄心；貧窮的結果，將使眾人產生失望心情。雄心從勞動得到激勵，失望從怠惰得到慰藉。[137]

世界各社會主義赤國都有鎮壓知識分子的「共性」，這場「反右」政治運動似難避免。因為無產階級專政、計劃經濟、公有制等國際共運「標誌性建築」，一旦從朦朧彼岸登陸現實此岸，便立即露出它臀部上的封建紋章──無產階級專政不過是一黨專政或領袖獨裁的新名詞，各國赤酋都是披著紅衣的當代皇帝。計劃經濟不但不節約資源，而是更浪費資源，純屬庸人自擾，遠不如市場經濟科學合理。

公有制成了「大家拿」，不僅摧毀社會成員的生產積極性，也真真切切消蝕「主人翁」意識。復旦新聞系學生「右派」姚福申──

自從我當上統計員後，分場幹部買雞買蛋都來找我，明明三斤重的雞，我說算一斤半吧；明明一斤雞蛋9只，我算它12只，所以那

[135] 毛澤東：〈讀蘇聯《政治經濟學教科書》下冊，談話記錄稿〉（1959年12月10日～1960年2月9日）。轉引自何方：《黨史筆記──從遵義會議到延安整風》，利文出版社（香港）2005年版，上冊，頁288。
[136] 中共中央文獻研究室編：《毛澤東年譜》（1949～1976），中央文獻出版社（北京）2013年版，第五卷（1961-7～1966-9），頁30。
[137] （法）孟德斯鳩：《論法的精神》（1748），張雁深譯，商務印書館（北京）1961年版，上冊，頁214。

些幹部都說我好。其實我是在慷國家之慨。然而不這樣做豈非自找麻煩嗎？這是我的過錯還是體制的缺陷呢？

所謂「社會主義優越性」，鏡花水月矣！烏托邦實質無可遮掩地凸露出來，各國知識分子不可能不首先發出質疑。各赤國共黨為保持執政權威與既得利益，沒了價值上的「理」，便會借助政治上的「力」──鎮壓士林，以推行赤色政治理念，從而維持「千山萬水」得來的政權。蘇中東歐朝蒙越古柬等國，無一例外。這些社會主義國家，都有各式各樣的「反右」──鎮壓知識分子。因為知識分子對「新社會」的價值抵觸無可避免。1993年蕭乾被問如果不在《文藝報》是否能逃「右」，蕭乾答：「恐怕跑不了，在哪裡我都有可能。」[138]

1957年反右號角一吹響，上海文教書記魏文伯（1905～1987）到復旦大學禮堂做報告，敲打知識分子：「吃誰的飯，就得聽誰的話。」[139]魏文伯，1925年參加中共的大學生，滿腦封建邏輯──「溥天之下，莫非王土；率土之濱，莫非王臣。」

2、擴大化

鄧小平這一定調，一開始就廣受質疑。事關反右全局定性的「擴大化」，中共一直高掛免戰牌──不爭論。可事實勝於雄辯，55萬與最後僅96人未改正，「擴大化」適用否？「擴大化」對右派的糾錯局限於改正而非平反，22年工資未補發，文革被打倒的「走資派」則全部補發工資，對照鮮明。補發「右派」工資，雖有當時財力因素，但相比22年的羞辱苦難，這點補薪又算得了什麼？一時補不上，可慢慢補償，多少撫慰一下「右派」及共同受難的家屬。

「擴大化」對反右當然只是政治處理，而非原則性的是非處

---

[138] 李輝編著：《搖盪的秋千──是是非非說周揚》，海天出版社（深圳）1998年版，頁51。

[139] 張大芝等主編：《陰晴雨雪旦復旦》，香港華泰出版社2008年版，頁315、179。

理。其時，鄧小平也有一定難度，得考慮政策可行性。1978年，打「右」首長們還是各級行政一二把手，改正「右派」的55號文件要靠他們執行，包括鄧大人也是「反右」首席執行官——中央祕書長。1978年的政治大態勢——必須依靠「反右」首長親手為被打者糾正，其間難度，可想而知。「擴大化」既保住了「反右」首長的顏面——反右運動本身沒錯，大方向正確，客觀上卻實質性解決了「右派」問題。歷史前進不可能一步到位，能走一步總比原地停步強。

「擴大化」實為中國特色政治——留名糾實，先實質性解決最為緊迫的右派「解放」，政治上恢復名譽、工作上立即使用、待遇上解決困難。利弊權衡，鄧小平的「擴大化」還是利大於弊。但是，「擴大化」畢竟只是形格勢禁下的歷史產物，真正糾正歷史錯誤，必須實事求是，恢復歷史原貌，政治形勢隨時而遷，「是非」當然還是第一標準。

鄧小平時期的幾句名言確實體現「中國特色」，如只做不說的「不爭論」、如體現「不爭論」的「擴大化」，攜帶相當豐富的中共政治特色——爭論不起。因為，武裝奪權倚用的紅色意識形態無法配套使用於「革命後」（已被1950～70年毛時代證謬），只能「打左燈向右行」，只能說一套做一套，實踐「必須」脫離理論。中共的「形格勢禁」決定了「右派」們只能得到委屈的「擴大化」。

3、「偉大現實意義與深遠歷史影響」

這句中共政治熟語，還真給說著了。反右的「偉大現實意義」：

（1）打掉黨內外三代直聲

丁玲、馮雪峰等大革命第一代；陳學昭、王若望等延安第二代；劉賓雁、王蒙等「解放牌」第三代。「反右」成為中共喪失寰內士林向心力之始，一位1960年代同濟大學生——

我們很自然地就會想到了：既然共產黨說國民黨獨裁專制，人民沒有自由，為什麼魯迅可以公開發表文章罵國民黨？共產黨聲稱自

己代表人民，人民群眾享有「最大的自由，最廣泛的民主」，反而稍稍提點意見，就被打成「右派」，永世不得翻身？[140]

1957年「十・一」，香港掛出五星紅旗比前幾年少了。[141]1957年後，留學生幾無一人歸來。

（2）一批「風（看風）、馬（拍馬）、牛（吹牛）」得提拔[142]

復旦大學新聞系1955年級黨支書韓修魯（1927～2011），1943年參加革命，自謂背著「紅包袱」進復旦，背著「白包袱」離校。他堅持本年級無「右派」，不同意在學生中劃右。無數次開他的鬥爭會，上至校黨委書記楊西光，下至「進步同學」，不下十餘人數十次找他談話。幸虧出身好，又有戰功，否則不堪設想。「結果給我嚴厲處分：撤銷職務、留校察看兩年。畢業鑒定：不能重用。」

1960年畢業後，先分配山東省電台，1962年下放魯西南微山湖邊最偏僻最窮的魚台縣（最後在魚台縣教委離休）。1984年，當年受他保護的同學在上海科協會堂為他舉辦宴會，淚流滿面地感謝他：「你為了保護大家，把個人一生前途都葬送了。」韓修魯答曰——

同學們別難過。我不是保護大家的。作為一個共產黨員，我要實事求是。你們說說，誰對著我說過反動言論？我當時是支部書記，你要對著我說反動言論，我當時不饒你。如果大家沒有什麼反動言論，為了保護我自己或者說為了我個人前途，無中生有把同學們往火坑裡推，我現在當省委書記也不光榮。心裡能愉快嗎？我一生雖坎坷，但不埋怨不後悔。在那種情況下，我只有如此。前途葬送了，良心沒有葬送，問心無愧，精神愉快。[143]

---

[140] 李大立：《中國——一個普通家庭的故事》，彼岸出版社（香港）2007年版，頁128。

[141] 謝榮滾主編：《陳君葆日記全集》（卷四），商務印書館（香港）2004年版，頁99。何光誠：〈反右中一位香港人的迷惘〉，載《二十一世紀》（香港）2008年4月號，頁141。

[142] 辛子陵：《紅太陽的隕落》，書作坊（香港）2008年第二版，上卷，頁334。

[143] 張大芝等主編：《陰晴雨雪旦復旦》，香港華泰出版社2008年版，頁112

聰明人感悟——

不聲不響，升到中央；多說多講，自我遭殃。[144]

河北雄縣幹部圈流諺——

要命不要臉，要臉不要命！把良心夾在胳肢窩裡，往缺德裡幹吧！[145]

社會發展的動力機制整體錯位。《紅旗》雜誌編輯牧惠（1928～2004），見過一位很能幹的縣長，但他大學畢業後在食堂賣了五年飯菜票，接受單位不懂也不想懂他的特長與作用。這類「不對口」安排還往往是對「不服從分配」的惡意懲罰。1990年代後期，河南汝州市文化局還因「不聽話」、「不好管理」，將汝瓷研究專家朱文立調去看守影劇院大門。那些一無所能只會畫圈的平庸之輩，僅僅因為他們早到遲退步步高升。

（3）蔑視法治

1959年毛批示：「要人治，不要法治；《人民日報》一篇社論全國實行，何必要甚麼法律？」[146]如此公然蔑視法治的「最高指示」，只有他一人批得出來，因為只有他一人有此特權，也只對他一人有利。

安徽白茅嶺勞改農場，1976年1月，姚福申刑滿，安置於附屬分場（二勞改），對人治深有體會——

任何存在著權力下放分配的地方都會產生矛盾，農場幹部之間也總是存在著一些隔閡和矛盾。……我很清楚這是個雷區，千萬碰不得。無論對場長、業務幹部、管教幹部，我都表示應有的尊重，但絕不對某一個人過於親近，免得引起其他人的猜疑。……有些幹部剛調

～113。

[144] 應克復：〈中國大陸政黨制度及其展望〉，載《當代中國研究》（美‧普林斯頓）2007年冬季號，頁39。

[145] 金薔薇編：《作家人生檔案》，中國工商聯合出版社（北京）2001年版，上冊，頁96。

[146] 金鐘主編：《共產中國五十年》，開放出版社（香港）2006年版，頁357。

離，原先那班親信頓時遭到新領導的冷落和打擊，這種情況屢見不鮮。

反右以知識分子為「目標人群」，知識分子成了「吃屎分子」，大老粗不以為恥，反以為榮，全社會朝無知化迅速下滑。整肅士林，當然意在一併打掉士林所持守的價值觀念與歷史理性。「反右」後，大陸人文狀況急劇惡化，社會整體大幅退化。文化教育、價值理念、法治水準、自由開放、社會文明等一系列人文指標急劇滑降，不僅跌至1930～40年代以下，甚至低於戊戌時期。進入文革，寰內人文標準竟降至華夏歷史最低點，歷史理性偏斜度甚於暴秦——打老師、貶視士林、崇尚無知、全國成為恐怖集中營、國人日益貧困……最最無法忍受的是：過著地獄般的日子，還得感謝毛共使我們進入「社會主義天堂」！！

反右當然是赤潮禍華的大爆發，蔑棄理性，顛倒甲乙，大陸從此進入地獄。復旦新聞系學生右派居思基親身感受——

當今國家號召我們要創建和諧社會，如「以人為本」啦、「依法治國」啦、「法律面前人人平等」啦、「良心」啦、「人性」啦等等，這些都是我們曾經批判了幾十年的「腐朽的資產階級思想」，如今彷彿又復活了，變成了我們今天創建和諧社會的強大思想武器。[147]

（4）鴉雀無聲

1965年3月2日，鄧小平在中央書記處會議上：「現在有人不敢寫文章了，新華社每天只收到兩篇稿子。」[148]士林不敢說，更不敢寫，整個國家不敢思考，積極性創造性全部受壓，社會發展失去初始動力，只剩下毛澤東一人可「合法」思考，連一部影片（《創業》）的發行都得他親審親裁，全國只能等待他一人的能動性，全民只能「合法」消極——與無產階級司令部保持一致。這一「社會主義特色」的

---

[147] 張大芝等主編：《陰晴雨雪旦復旦》，香港華泰出版社2008年版，頁314～315、333。

[148] 穆欣：《辦〈光明日報〉十年自述（1957～1967）》，中共黨史出版社（北京）1994年版，頁261。

幅射影響至少波及幾代人。一位美國人觀察：「所有的中國人都是一部龐大生產機器中盡職而可互換的零件」。[149]

（5）社會環境大惡化

復旦學生右派姚福申——

大家（按：學生右派）都有一個共同的感覺，那就是一旦被內定為右派之後，所有在非公開場合上隨口講的話，乃至兩個人之間的私下談話，都可以成為你的罪狀。而且任何一句話，都會作為惡意的理解，甚至是有意的曲解，使你有口難辯。[150]

1958年，嶺南才女冼玉清（1895～1965）——

許多檢舉材料都是私人恩怨而製造的。我認為風俗之良窳，在乎人心之厚薄。自檢舉風興，人心之涼薄極矣。[151]

〈這是為什麼？！〉一出，各大專院校、各機關一片噤聲，萬馬立即齊喑，批鬥會、檢討會沒完沒了。黨員們洋洋得意，基層幹部開始熱衷找「對立面」的岔子，那些「不聽話的」，這下可有一個名正言順的欄目——「右派」。一些基層「鳴放」的大字報還揭出一些頭目多吃偷占、亂搞女人，正好扣「右派」以報復。[152]

韓素音一直親共，也不滿「反右」，表示難以理解。老朋友喬冠華、龔澎向她解釋這場運動的意義，她拒絕了——

我懂。你們可能還記得我說過，我不相信「雙百」方針會成功。現在我只想說，別為了在貓身上找跳蚤，就拼命地打它。

韓素音終身崇拜毛周，也無法認同這種不讓提異議的「無產階級專政」。她憑著對各赤國的瞭解，早早判定「雙百方針」行不通

---

[149] （美）費正清（John King Fairbank）：《觀察中國》，世界知識出版社（北京）2003年版，頁103。

[150] 張大芝等主編：《陰晴雨雪旦復旦》，香港華泰出版社2008年版，頁283。

[151] 陸鍵東：《陳寅恪的最後20年》，三聯書店（北京）1995年版，頁49。

[152] 馮驥才：《一百個人的十年》，江蘇文藝出版社1991年版，頁314。

——在專政體制下，無法實現言論自由。[153]

復旦大學新聞系1960屆畢業生李鴻斌（貧家子弟），分配甘肅，再下至白銀一所山區小學，報到途中病倒白銀市小客棧，市民政局白髮女局長接待他，耐心聽完他的分配經歷，神情嚴肅凝重，將他介紹給市有色金屬公司。次日該公司人事幹部急匆匆帶李鴻斌上組織部報到，說民政局長為他們公司輸送人才。兩天後，負責審查檔案的組織部負責人連呼上當，劈頭蓋臉訓斥李鴻斌：「像你這樣的人，我們不需要。這個老太呀，也太不負責任了。什麼復旦大學新聞系，還是名牌，分明是『爛紅薯』嘛！」文革時，他從大字報中才知畢業鑒定中有：「不聽黨話，同黨不是一條心」；「與黨離心離德」、「組織反黨布衣反革命小集團」、「母親經常發牢騷」、「包庇漏網右派弟弟」、「父親為買辦階級服務」、「岳父是我公安部偵緝對象」……此時，他才明白「多年來好多丟失的家信，原來都是被有關組織扣留了。」文革後，當年的班級黨支書在同學聚會上三鞠躬，說了兩聲「對不起」。[154]

1966年12月14日，為鎮壓反對中央文革的「首都紅衛兵聯合行動委員會」（簡稱「聯動」，1966年6月5日成立），康生竟說：「對反革命分子實行鎮壓，這是最大的民主！」[155]這種將專政說成「最大民主」的邏輯，當然必須端著刺刀。

學人羅爾綱（1901～1997），經受住反右運動考驗，1958年入黨，但1964年因「忠王李秀成」受批判，親朋絕跡。1965年秋天一位老友上京，探望同樓他友，三過羅門不入。[156]

潘振聲（1933~2009），上海青浦人，1950年參軍，1956年入

---

[153] （英）韓素音：《周恩來與他的世紀》，中央文獻出版社（北京）1992年版，頁351。

[154] 張大芝等主編：《陰晴雨雪旦復旦》，香港華泰出版社2008年版，頁177～178。

[155] 穆欣：《辦〈光明日報〉十年自述（1957～1967）》，中共黨史出版社（北京）1994年版，頁325。

[156] 蕭乾：《蕭乾回憶錄》，中國工人出版社（北京）2005年版，頁229。

黨，擅長兒歌創作，1957年入上海電台，創作兒歌中一句「再見吧，小鴨子，太陽下山了」，被指影射毛澤東，發配寧夏電台，1965年創作著名兒歌〈一分錢〉。娶寧夏女工，文革離去。文革後寧夏文聯副主席，1991年江蘇文聯副主席。[157]

1993年，交出胡風信件的舒蕪（1922～2009）未能逃「右」，記述感受——

> 萬萬沒有想到和平生活會是這樣的。……人與人之間又是這麼緊張，這麼你死我活，這麼彌漫著火藥味。……彼此政治關係的變化，帶來許多驚心動魄的變化。原來彼此和和氣氣，至少是客客氣氣的好同事，忽然一下成了批你鬥你的人，成了監督你改造的人，你得在他們面前低頭認罪，時時處處事事得想到自己的「敵我矛盾」的身分。……忽然宣佈「摘帽」了，周圍的人又恢復叫你「同志」了，然而骨子裡還是依舊，你不用多大的敏感就會明白自己的名字還是在另冊上。[158]

（6）「整人」自證

全社會成為絞肉機，人人「從政」，不是你整人，就會被人整，而且必須通過整人證明對黨對社會主義的「忠誠」。一位貧家出身的大學畢業生經歷反右～文革全程，從1950年代初一路順風順水的放聲高歌，到一下子悶了啞了——

> 人人都搞政治……又不是真正搞政治，而是搞整人，互相整。今天你上來我下去，明天我上去你下來。整成一團團，誰也解不開，越整越帶勁。

軍宣隊審案，要被審者「配合」，按已編好的口供說，以構陷一位「打擊對象」，再三保證不會判這位「配合者」。最後，「配合者」還是被判15年徒刑。宣判完，「配合者」大罵：「媽的，說好不

[157] 李動：〈我在馬路邊撿到一分錢〉，載《解放日報》（上海）2015年7月21日。
[158] 舒蕪：《未免有情——舒蕪隨筆》，東方出版中心（上海）1997年版，頁330～331。

判我，又判我，根本沒那回事兒！」押解警察：「住嘴！你早幹嘛去了！」[159]

但也有偷看同學信件，然後檢舉立功的人。1957年反右初期，復旦新聞系1955級學生費修竹接到同學姚福申來信，看完後隨手放在枕下，醒來後發現信不翼而飛，一天後又奇怪「回來」。接著，幾位學生幹部找他嚴肅談話，陳說階級鬥爭的厲害，要他交出此信。高壓之下，費修竹只得交出。姚信中有一句：他如是一顆炸彈，將與官僚主義一起爆炸。「惡毒反黨」的鐵證，姚福申大禍臨頭。「他的苦難都只怨我當初的幼稚和疏忽！」[160]復旦新聞系1955級110餘名學生，6名劃右。

1980年代初，四川南充改正「右派」張先癡執教某廠技校，一位省級女幹部來視察，廠領導前呼後擁，此婦初戀情人與張先癡為密友，當她依稀辨舊容，臨出辦公室前，輕聲對張先癡說：「老張哇，千萬別用五十年代的老眼光看你周圍的人，現在的人壞得很、壞得很！」最後幾個字幾乎咬牙切齒說出。[161]

人際關係相當緊張，大學同學之間連告訴家庭地址都是晚年值得記述的一筆——

我在復旦五年，這是唯一一次到同學家裡。那時運動踵接，人各自危，都怕惹事上身。家庭是唯一的安全港灣（文革中這一點也失去了），不會輕易示人的。陳勝天主動告訴我，既是對我的信任和友好，又是他純真敦厚的反映。……1960年畢業後，丙班就他和我兩個被分到湖南，我只知道他在株洲，那時同學之間很少私交，不便打聽。……陳勝天已遇車禍身亡，是他兒子回信說的。我悵然良久，我

---

[159] 馮驥才：《一百個人的十年》，江蘇文藝出版社1991年版，頁307～08、336。

[160] 張大芝等主編：《陰晴雨雪旦復旦》，香港華泰出版社2008年版，頁359。

[161] 張先癡：《格拉古軼事》，溪流出版社（美國）2007年版，頁287。

失去了一個說話可以不必提防的人。在半個世紀以來的中國，生活中有一個這樣的人是很珍貴的。[162]

（7）走向大躍進、大饑荒、文革

55萬餘「右派」半數以上失去公職，相當一部分送勞教或監督勞動。[163]一代精英打倒泰半，社會失去理性濾層。否定歷史理性的繼承者，等於否定一切既往經驗。大躍進中著名的「一平二調」（公社範圍內拉平貧富、無償調撥所有財產），自亂社會秩序，一片雞飛狗跳。1960年，安徽鳳陽某大隊組織「挖掘潛力專業隊」，手持鐵棍翻箱倒櫃，東搗西戳，村村查戶戶搜，專門抄沒村民私糧，見到吃的，一律吃光，村民呼為「吃乾隊」。村民稍有不滿，便破口大罵：「什麼是你的？只有一嘴牙是你的！」[164]因澈底否定了「私」，既有價值標準全過時，與之配套的社會倫理、公共秩序一併無從附著，無法持守。

1956年全國人均糧食產量310公斤，1960年降至215公斤，1978年回升320公斤，整整徘徊22年。[165]

（8）知識無用論

知識分子集體吃癟，知識成了罪源，教師不再受人尊敬，不再是「令人羨慕的職業」。復旦大學新聞系1960屆畢業生金萬化——

從1949年國家易幟到改革開放，教師（特別中小學教師）一直處在社會最低層，境遇非常險惡、工作非常繁重、待遇非常可憐，我更是內憂外患，經常饑寒交迫，斷絕了與一切外人的聯繫。

同屆復旦新聞系畢業生裴惠民，分配甘肅，因出身不佳，先下

[162] 張大芝等主編：《陰晴雨雪旦復旦》，香港華泰出版社2008年版，頁423。

[163] 李維漢：《回憶與研究》，中共黨史資料出版社（北京）1986年版，下冊，頁839。

[164] 曠晨、潘良編著：《我們的1960年代》，中國友誼出版公司（北京）2006年版，頁8。

[165] 楊繼繩：《中國改革年代的政治鬥爭》，優秀文化出版社（香港）2004年版，頁39。

鄉修水庫，一年多後回蘭州，五泉公園看大門，再一年之後才調蘭州五中教書。[166]

「右派」苦難

1、處決者

據筆者有限資訊，先後被處決的右派——

學生：黃宗奇、劉奇弟、顧文選、林昭、張錫琨、沈元、吳思慧、任大熊（以上北大學生）；劉世廣（清華生）、張春元（蘭大生）；徐關增、王汝強、曹介弘、陸魯山、孫本喬、張九龍、馬雲鳳（以上為北京高校學生）；馮元春（川大女生）。

教師：吳紀仁（北外教師）、王格（東北工學院講師）、毛應星（甘肅農校女教師）、王建國（漢陽一中副校長）、鐘毓文（漢陽一中語文組長）、朱光瀾（廣西博白縣中教師）、周信喬（博白縣中教師）、蔣養毅（長沙小學教員）、楊煥堯（漢陽文化館員）。

文化工作者：海默（北影編劇）、黃嘉音（文匯報副刊主編）、王桐竹（中央編譯局俄譯）、邢松勁（北京國際書店職員）、姚祖彝（外貿部譯員）、張海輝（湖南農民報編委）、劉鳳翔（湖南農民報編委）、傅汝舟（四川城市設計院工程師）。

老黨員：柳湜（1928入黨，柳直荀之弟）、朱希（1938年入黨）、周居正（地下黨員）、朱守中（黨員）。

軍人：蔡鐵根（大校）、楊應森（中尉）、陳學詩（志願軍排長）。

其他：張雨沛（甘肅檢察院幹部）、陳民國（四川鹽務局幹部）、黃繼亮（河南滑縣會計）、劉文輝（上海造船廠青工）。[167]

---

[166] 張大芝等主編：《陰晴雨雪旦復旦》，香港華泰出版社2008年版，頁423～425。

[167] 申淵：《五七右派列傳》，五七學社出版公司（香港）2009年版，第四

被判刑者太多，一位長年研究「右派」的老人估計：被判刑的「右派」占10%。無法一一輯錄，只能選錄幾位判重刑者──徐璋本（清華教授，無期）、張紫葛（西南師院教授，15年）、陳奉孝（北大學生，15年）、林希翎（人大學生，15年）、張元勳（北大學生，8年）。

多數極右戴上反革命帽子，判刑勞改。他們都明白「我們想出去，只有等報上出現黑框框。」（按：老毛死）文革初期，復旦新聞系學生右派姚福申就是講了這句話──「汙蔑偉大領袖」，判刑七年。[168]

2、六類處理

1957年12月12日，中共中央下發專文，規定「右派」六類處理：①開除公職、勞動教養（不接受勞教，自謀生活）；②押送農村監督勞動；③尚有專長或年老體弱，留用查看，降低待遇；④撤職，從事待遇較低工作；⑤降職減薪；⑥戴上帽子，免予處分（按中右處理）。黨團員「右派」一律開除黨團籍，民主黨派亦須開除黨籍（有影響或轉變者除外）。

1958年1月13日，專文規定對高校學生「右派」的四類處理：1.一般開除學籍（個別反面典型留校監督勞動）。2.情節較輕並確有悔改表現，留校察看；情節輕微並積極參加反右鬥爭，免予處分。3.國防、外交等機密專業，一律開除學籍，情節較輕並確有悔改表現，轉學轉系。4.開除學籍的「右派」，回家自謀生路，由當地負責政治監督；沒有生活出路者，勞動教養。

1月13日規定一律開除學籍，估計反對聲浪較大，1月29日追發「糾偏」文件，要求只開除極少數「極右」學籍，規定「保留學籍」、「送農村勞動察看」比例要在30%，「表現好」可回校學習或分配工作，「表現惡劣」才開除學籍並送勞動教養。1月29日文件要求「留校察看」、「免予處分」兩類合計比例應占70%左右。

卷，頁1～13。

[168] 張大芝等主編：《陰晴雨雪旦復旦》，香港華泰出版社2008年版，頁305。

對高校「右派」學生的學籍，從一律開除學籍到70%保留學籍，中共高層前後搖擺甚大。1月29日「糾偏」文件中，有一段說明何以放寬的根據——

……應該估計到他們中最後堅持死不悔改的，只會是極少數，絕大多數，在經過長期的教育改造之後，是可能改造過來的。因為真理是完全屬於我們的，偉大的社會主義事業是在蓬勃地發展的……[169]

請注意「真理是完全屬於我們的」，1950年代最有代表性的中共用語。

中央統戰部長李維漢（1896～1984）——

全國五十五萬餘被劃為右派分子的人半數以上失去了公職，相當多數被送勞動教養或監督勞動，有些人流離失所，家破人亡。少數在原單位留用的，也大多用非所長。[170]

3、殃及家庭

1960年代初，董秋芳尋訪老友，聽鄰婦說老友被劃「右」，像蜂蟄一樣驚慌，拉著同去者扭頭就走。吳祖光發配北大荒後，文化部副部長劉芝明（1905～1968）召見新鳳霞，要她與右派丈夫劃清界限——離婚，便可入黨，否則「承擔後果」。新鳳霞生來膽小怕事——「舊社會怕警察，新社會怕幹部」，這次卻對這位1931年入黨的老革命說「不」。聽到吳祖光將遠戍邊疆，答：「我等他回來。」「等多久？」「王寶釧等薛平貴十八年，我等他二十八年。」副部長大怒，拍桌趕她出辦公室。一路哭出文化部大樓的新鳳霞，次日上平劇院上班，單位已是劈頭蓋臉的大字報，迎門一幅大漫畫——一位相府小姐抱著中山裝的吳祖光，流淚哭喊：「我等你二十八年呀……」接著全

---

[169] 宋永毅主編：《中國反右運動數據庫（1957～）》，光碟。
戴煌：《九死一生——我的「右派」歷程》，中央編譯出版社（北京）1998年版，頁77。
[170] 李維漢：《回憶與研究》下冊，中共黨史資料出版社（北京）1986年版，頁839。

院大會批鬥，戴上「右派」帽子。[171]吳祖光的三個孩子不許升學。

蕭乾兒子在學校被同學追喊：「小右派！」蕭乾夫婦因孩子無法掌握「內外有別」，不敢對他說實話，只能說：「爸爸是個什麼樣的人，你長大後就會知道了。」兒子淌著淚不停搖頭：「可是──我現在受不了！」[172]

「右派」華平──

我的家庭從此失去了歡樂、失去了笑聲，與同學親友一切社會關係斷絕了往來。滿腔的委屈和不平不但不能對任何人傾訴，還不能有絲毫流露，包括自己最親近的母親和妻子。我知道他們是信任我的，相信我絕不會反黨，但相互之間都不能明說。……這種日子，如果沒有信念，真是連一天也活不下去，而我卻這樣度過了二十二年！

最麻煩的是華平之妻受牽連，從上海靜安區委書記機要祕書下放基層（終身未定職稱），組織要求中共黨員的她與丈夫劃清「階級界限」，要她監督「階級敵人」，及時彙報丈夫的思想言行，而且必須傾向性十分明確──不要正面，只要反面。實在沒什麼可彙報，只能彙報華平給孩子講故事不講政治、庸俗化。組織上批評她的彙報「沒品質」，加之懷孕後不願打胎，增添罪名「敵我不分」，懷疑她對組織不忠誠。可她在丈夫面前有苦不能倒，更不能讓孩子遭受傷害，為使華平安心改造，只能獨自扛住壓力。[173]

「右派」最響往的地方是火車上。改正後，「右派」李國文（1930～）──

那時，人只有在火車上才是自由的，兩頭都不行。工地上將你當人下人，回到家，派出所知道你是右派，居委會的老太太自然也就知道。

---

[171] 吳祖光：《一輩子──吳祖光回憶錄》，中國文聯出版社（北京）2004年版，頁14。

[172] 蕭乾：《蕭乾回憶錄》，中國工人出版社（北京）2005年版，頁229。

[173] 華平：〈寫柯慶施大字報改變了我的命運〉，載《世紀》（上海）2012年第4期，頁28。

唯獨在火車上沒有人知道。你盡可以裝得一副不是右派的樣子，坐在那裡和好人一起打牌，聊天，享受列車員對人民群眾的熱情服務……[174]

平反故事

1978年11月，復旦新聞系學生「極右」姚福申被「改正」；1979年4月再宣佈文革「反革命案」平反。此時他身陷囹圄22年。但復旦未打報告撤銷「勞教處分」，他仍不能重返社會。當年因「右派」遣送勞教，「右派」改正，勞教自然失去依據。安徽白茅嶺農場准他回滬探親，等待落實政策。

姚福申趕到復旦，復旦渾然不知需要補辦這一手續，但當姚福申提出工作安排，接待他的教務處冷然回絕：不歸他們管轄。姚只好三天兩頭跑市法院、勞動局、人事局，「那裡天天高朋滿座，大都是像我一樣要求落實政策的人，然而得到的只是空言撫慰，並無實質性進展。」

1979年11月，復旦大學統戰部突然找他面談，「接待我的竟是統戰部領導，面帶笑容，態度和藹可親，與上次打官腔的教務處領導截然不同。他並沒有涉及勞教處分是否撤銷一事，而是主動談起了我的工作問題。他認為至今半年多而工作問題仍未落實的確不應該，問我願不願意去離上海很近的蘇州大學工作？」姚回答：「回去與家裡商量商量」。

此時姚家住房被占，繼母希望他上近郊工作，既不影響她們居住，有事喚他也方便。他去蘇州大學，肯定竭力慫恿。因此，姚並未與「家裡」商量。一周後，復旦人事處正式通知他上新聞系報到。原來復旦必須安排他工作，且有十分珍稀的「進人指標」。復任新聞系主任的王中（著名右派），將他要了回去。

---

[174] 李輝編著：《書生累——深酌淺飲「三家村」》，海天出版社（深圳）1998年版，頁174。

此時我才恍然大悟，原來對我們一直保密的關於落實右派政策的文件，明確規定由當年錯劃單位解決我們的工作問題，所以一開始復旦大學行政部門推得乾乾淨淨，現在卻主動來通知我報到了。對落實政策對象保密的文件，統戰部領導自然是看得到的，他想利用落實政策的時間差，將蘇州大學的關係戶借用我落實政策的用人指標調到復旦，而在我未瞭解實情的狀況下，「徵得本人同意」對調到蘇州大學，真可謂用心良苦。當然這只是我的猜測，現在也無從查證，然而在中國當時的狀況下，這種可能性大約有99.9%吧！其實對復旦大學我並無多少感情，如果對方確有需要，把實情與我講清楚，對調一下也未嘗不可。不將情況講明白，利用我不解政策的弱勢地位，誘我去蘇州大學，從而達到鵲巢鳩佔的目的，無疑會讓我產生一種設圈套引我去鑽的感覺，進而感到這朗朗乾坤其實非常陰暗，高等學府並不高尚。[175]

深遠影響

千家駒──

……中國有史以來「文字獄」牽涉人數最多被害最慘的一次，被錯劃為「右派分子」的絕大多數是中國知識分子的精英……從「反右」以後，中國知識分子鴉雀無聲，不要說指鹿為馬，即說一個螞蟻比象還大也沒有人敢說一個「不」字了。[176]

不戴假面具難出門，人際關係日益緊張化鬥爭化。尤其大學畢業生檔案裡的「政治鑒定」，關乎其一生命運。

1960屆復旦新聞系畢業生，人人檔案裡塞入一張小紙條。1983

---

[175] 張大芝等主編：《陰晴雨雪旦復旦》，香港華泰出版社2008年版，頁317。

[176] 千家駒：〈千家駒筆下的反右內幕〉，載《開放》（香港）2007年6月號，頁41。

年，是屆王左生仍屈居《雲南日報》小編輯。老同學楊翱卿訪滇，問起《雲南日報》副總編張黎洲（復旦高年級同學）。答曰：王左生各方面都很好，就是檔案裡有一張小紙條，說他父親有問題。楊翱卿：「為什麼不外調一下？」答：「去浙江出差的人很少，又不能單為這事派專人去。」楊：「此事關係王的一生前途，不能派人外調，至少可以函調。」不久，函調浙江，王父啥問題也沒有，王很快被提拔，後任《雲南日報》副總編。「我估計，王左生去世前也不知道，讓那個小紙條害了他大半生。」

1960年復旦新聞系畢業生政治鑒定，由系總支書徐震（1929～1993）主持，由於「堅決與黨保持一致」、「政治警惕性高」，該屆畢業生（包括調幹生）相當一部分鑒定：「中右」、「思想調子灰」、「極端個人主義」、「與黨離心離德」、「與黨不是一條心」、「不得重用」……這批畢業生長期被壓，終身鬱鬱。劃右的就不說了。復旦新聞系是屆畢業生張大芝（黨員調幹生）——

這樣的語言寫在青年學生第一次進入社會的正式畢業鑒定裡，難怪他們在畢業之後被目為另類，很難被安排適當的工作，影響他們幾乎一生的發展前途。有的同學就碰得頭破血流、欲哭無淚。同時也在客觀上把好多本來嚮往黨和社會主義的青年推到和黨組織相對立的地步。

1984年，全國新聞教育會議在四川大學舉行。徐震得知張大芝等1960屆復旦畢業生將出席該會，「卻在頭一天『臨時』搭上飛機溜了，只留下長信向大家表示了歉意，其中總算還沒有忘記我。」[177]

今天當然很清楚了，走錯路、認錯主義是第一位的路線錯誤。囿於時代局限，當時尚無人想到源頭出了問題。章伯鈞都相信將建起「共產主義天堂」，反右後才意識到：「我敢斷言，老毛繪製的共產

---

[177] 張大芝等主編：《陰晴雨雪旦復旦》，香港華泰出版社2008年版，頁125、243、244。

主義美好理想永遠是藍圖，是幻想。」[178]其實，毛澤東亦非真正虔信馬克思主義。1957年1月，毛澤東大逆不道地說：「馬克思主義就是個扯皮的主義，就是講矛盾講鬥爭的。」[179]

算一筆「偉大毛時代」的細帳：土改、鎮反至少鎮壓200萬「地富」、「反革命」，以殺一人牽連十位親人計，至少樹立2000萬「對立面」；知識分子改造、批胡適、反胡風、反右，再將500萬知識分子推入「對立面」，又至少樹立5000萬「對立面」；大饑荒死去至少4000萬，再將至少四億農民推入「對立面」；四清、文革整死2000萬，整了一億人，再增五億「對立面」。如此這般，人民民主專政還剩下多少「基礎」？1976年毛死時，得其利者至多只剩下幾十萬「各級幹部」，明明天怨人怒，毛還自詡「鶯歌燕舞」，自然只能人亡政息。

直至今日，50歲以上的大陸國人仍習慣受人控制的生活，一舉一動都會想到「合乎中央要求麼」？上海財大一位年近六旬的系主任，連轉交幾盒基督教光碟，都怕沾染禍祟嚴加拒絕。相當一部分中老年大陸人只有生活在鐵絲網裡，才感覺安全。

價值觀念上，個體被極度擠壓貶低，社會大廈失去理性基礎，各方面都趨向真正的反動。經濟上，個人勞動所得無法由個人掌握，得通過碩大無比的集體返賜給個人，個人無法通過努力提高生活水準。思想上，獨立思考不但得不到尊重，還會因「有個性」而備受打擊，社會創造力大幅萎縮，創造源泉枯竭。政治上，既然沒有個人選擇的自由，只能被動接受上級指示，個體失去價值與意義，無法有效自我關心，個人維權失去合法性，動輒「資產階級個人主義」。1957年以後，大陸國人精神禁錮達到「歷史之最」。

一流人才出局，二三流人物填位，各領域斷層勢成必然，更麻

---

[178] 章詒和：《最後的貴族》，牛津大學出版社（香港）2004年初版，頁366～367。

[179] 《毛澤東選集》第五卷，人民出版社（北京）1977年版，頁344。

煩的是二三流人物選拔出來的後繼者，亦大多為二三流，甚至更低。2003年7月6日，央視一場有關北大人事改革的對話，北大閔書記承認該校師資隊伍至今仍存重弊──黃鼠狼下崽，一窩不如一窩。從歷史因果角度，一流人才出局自然不可能得到一流的結果，上游自必影響下游。

　　略舉一例。華東師大中文系高才生趙雲龍（南通人），「反右」受批判，雖未劃右，但檔案裡裝入「不得重用」的組織意見。1958年畢業分配至山西欣縣師校任教，由於才華出眾，1964年調入欣縣地區文化局戲劇研究室，參與編創現代戲。1973年本擬調山西省文化局創作組，受1974年晉劇《三上桃峰》案牽連，加上家在南通，1974年5月3日自殺。遺言──

　　莫將自己想像的東西強加於人，莫將自己心中的髒水硬往別人身上倒！誣人太甚！辱人太甚！[180]

　　另一位貧家出身、1949年後甚受重視的大學生，文革後感言──

　　我如果只想為自己，並不太難，放棄理想、志願，隨波逐流平平庸庸一輩子下去就是了。難就難在你並不想為自己，還想為國家。[181]

餘波未了

　　1988年11月中旬，昆明「全國中共黨史討論會」，對於反右運動，三派觀點：一、澈底否定。認為根本無必要發動反右，指說「右派」煽動向黨進攻，根本不符事實；二、部分肯定。發動「反右」並非毛一人獨斷，劉少奇、鄧小平等都很積極，周恩來沉默，「反右」有群眾基礎，對「右派」言論不能接受，確有個別人反黨反社會主

---

[180] 畢星星：〈《三上桃峰》事件查處紀實〉，載《同舟共進》（廣州）2015年第1期，頁75～76。

[181] 馮驥才：《一百個人的十年》，江蘇文藝出版社1991年版，頁307。

義。三、擴大化。總體上認同第一種觀點，但對外宣傳上必須堅持
「反右鬥爭是必要的，但犯了擴大化錯誤」，即政治化策略化回避對
「反右」運動的定性，「中國特色」的和稀泥。[182]

　　不少老「右」人還在，心未死，他們的事兒還沒完，完不了。
每次北大校慶，都有「右派」校友到場發聲，成了校方一塊心病。
1995年起，全國老「右」咬上了政治上「平反」（拒絕僅僅「改
正」）、經濟上索賠──補發工資，且以台灣綠島監獄為「感訓犯」
賠償為參照（關押二～三年賠償百萬台幣，處決賠償六百萬）。[183]中
共政府既頭疼又尷尬：不補發，於情於理確實欠了人家，就是補發一
點工資，也補不回二十二年的苦難；若補發（政府已有此財力），那
些去世「右派」咋辦？家屬來要，總不能說人家胡鬧。更麻煩的是其
他歷史遺留問題的當事人、其他赤難受害者的遺屬，攀比索賠，拉出
葫蘆帶起瓢──越弄越麻煩？歷史欠帳太重呵，只能宜粗不宜細──
歷史問題一律到此為止！

　　隨著時間推移，最後一批「右青」也陸續逝去，一點點隱入歷
史天幕，「反右」研究的現實動力在遞減。「右派」後人畢竟不如本
人「痛說家史」的願望強烈。作為民間研究，「反右」研究已過高
峰。因為，這一研究基本「結項」──各種結論大致定型，要改變的
只能是中共史家如何向民間研究看齊，而非民間研究「與中央保持一
致」，「真實」在野不在朝。當然，中共史家一時不「折腰」也沒關
係，時間最終會使「真實」隆凸，真理必將正位，冤案必須平反。畢
竟，阻礙反右平反的力量在縮小，推進平反的力量在增加。

　　西方有一個非常好的習慣──必須找出災難原因，避免同一之
地再栽跟斗。中共封堵對「反右」的反思、研析，當然不利於國家從
這只大跟斗中汲取各種經驗，僅僅有利中共政權的穩定。設禁歷史，

---

[182] 黃象品：〈1988年全國中共黨史學術討論會觀點述要〉，載《上海黨史
資料通訊》1988年第12期，頁35。

[183] 申淵：《五七疑雲》，五七學社出版公司（香港）2010年版，頁276。

說明中國政治尚未「與時俱進」。從自身歷史獲得經驗的及時率，當然是一個國家政治文明的重要刻度。

就人性本質，恐難免左。社會終究需要不時調整改革，似乎也必須來點左。各歷史時段也總會出現這樣那樣不良弄潮兒，駕乘社會思潮播雲弄霧，悄售其私。問題的關鍵還是老祖宗再三強調的經驗──中庸。萬事有度，不可逾分。社會越發展，文明越精化，掌握「度」的能力也就越高，此即人文標準不斷提高。反之，社會越野蠻，政治越粗暴，解決矛盾的思路與手段就越簡單越原始，暴力度也越高。具體歸結到「反右」，可濃縮為八個字：領錯圖紙、跟錯主義。毛共強不可為而為之，加上政治因素與老毛個人政治品德，犯了低級人文錯誤。唯其低級，才為禍甚烈，延時甚長。復旦學生右派姚福申──

面對故意的誣陷時，我們對現狀也會有不滿之處，最大的不滿便是缺乏最起碼的言論自由空間。經過相互之間的交流，使我確信含冤莫辨的不只是個別人，反右鬥爭是一場錯誤的政治運動，總有一天會平反的。我估計如此明顯的失誤，要不了五六年就會得到糾正，沒想到糾正這樣一個明顯的差錯，竟然要等22年。[184]

整理於2012年3月，後增補。

原載：《領導者》（香港）2012年6月號

---

[184] 張大芝等主編：《陰晴雨雪旦復旦》，香港華泰出版社2008年版，頁283。

結語　頑強的民主
──從儲安平到「兩頭真」

儲安平的回聲

　　1947年3月8日，儲安平（1909～1966？）在《觀察》（上海）第二卷第二期說了兩段經受住歷史檢驗的判斷──

　　坦白言之，今日共產黨大唱其「民主」，要知共產黨在基本精神上，實在是一個反民主的政黨。就統治精神上說，共產黨和法西斯黨本無任何區別，兩者都企圖透過嚴厲的組織以強制人民的意志。在今日中國的政爭中，共產黨高喊「民主」，無非是鼓勵大家起來反對國民黨的「黨主」，但就共產黨的真精神言，共產黨所主張的也是「黨主」而絕非「民主」。

　　老實說，我們現在爭取自由，在國民黨統治下，這個「自由」還是一個「多」「少」的問題，假如共產黨執政了，這個「自由」就變成了一個「有」「無」的問題了。

　　真是評家有幸國不幸──不幸而言中。其時，對那一大批意氣風發的左翼知識分子，儲氏這一通言論不是「詆共」是什麼？不是反動是什麼？

　　1956年，親共英籍華裔女作家韓素音（1917～2012）訪華，與周恩來長時間討論民主，她發現──

　　個人自由有其本身價值的觀念，周恩來是沒有的。周至多只是人們所說的開明儒家，允許辯論，但絕不會交出統治權。……自由討論可以，但必須為了一個目的。

　　我認為「雙百」方針不會產生任何結果，為此我十分難過。我

轉告周恩來說：「需要花20年時間你們才能懂得民主的含義。」我所說的「你們」，並非指周本人，而是整個共產黨。當然，就周而言，他談論的民主顯然不是西方意義上的民主。[1]

對於韓素音的評論，估計周恩來根本不以為然，難道「我們無產階級真民主還不如你們資產階級假民主麼」？就言論寬鬆度，國共真沒法相比。1949年初，桂系上台。廣東省政府薛岳接受美國合眾社記者採訪，宣佈「三反原則」──反蔣反桂反共。合眾社記者還以為聽錯了，薛岳確認：「沒聽錯。」翌日，「三反原則」見報。中共黨內能發出如此「不同聲音」且不遭報復麼？[2]

討論的低層次

如今，大陸堅冰稍融，「十七大」後官方在意識形態有所動作，欲有作為，宣傳重點放在「改革開放三十年」，自然也是一種政治姿態，表示與毛時代有所脫離。但是，這種羞羞答答「告別毛時代」，畢竟遮遮掩掩，名不正而言不直。無論如何，中國今天的現實仍是「民主尚未成功，同志仍須努力」。

2009年初以來，大陸開始有限度允許討論民主，《炎黃春秋》出現「三權分立」、「言論自由」，以及辛子陵港版《紅太陽的隕落──千秋功罪毛澤東》各種管道的流傳，無疑是春回大地的數朵迎春花，久旱盼雨的士林略感鼓舞。不過，大陸輿論界提出的問題仍很低級：如民本主義≠民主思想、民主會影響社會穩定嗎？……這些討論的意義當然在於「啟頭」、「開禁」，就民主而言，層次實在太低，小兒科級。春秋時期的民本主義怎麼可能等於今天的民主？鞏固社會

[1] （英）韓素音：《周恩來與他的世紀》，中央文獻出版社（北京）1992年版，序言，頁4；336；338。
[2] 《張發奎口述自傳》，夏蓮瑛記錄，胡志偉譯注，當代中國出版社（北京）2012年版，頁351。

穩定的民主怎麼會影響社會穩定？今天，中國大陸之所以需要從最低台階起步，自然一方面說明我們還未邁出第一步，還有不少人（尤其毛派、左派）從根本上拒絕民主，有的則在發出恫嚇——「民主惹亂」。另一方面，這種低層次問題也說明民主的急迫性——連思想認識上都還處於「初級階段」，連民主提倡者都不清楚民主的深層次價值與意義。

沒有民主自然就無法保護自由，而沒有自由就影響效率。1960年9月，分配江西的全國重點大學應屆畢業生雲集省民政廳招待所，號稱「八百壯士」，天天在省府大院樓群間的棉花地拔草，每月18元生活費。非重點大學畢業生則安排在南昌各招待所。足足兩個多月才安排完這批畢業生。[3]

有什麼辦法呢？我們就是這麼個基礎，必須面對的就是這樣的現實。能走一步總比原地停步強，中共官方能走一步半步，當然是真正的深得民心與眾望所歸。如今中共可能也會不好意思——當年能夠反對國民黨的「黨主」，今天為什麼就不能反對中共的「黨主」？自己怎能「合法地」不受批評與監督？既然「權為民所用」，人民怎能不看一下這個權「怎麼用」？且不說監督權，最起碼的批評權總應該有吧？既然代表人民，怎能不讓人民說道說道產生「代表」的程序？

主義與財富

說到底，無論資本主義還是社會主義，都是對社會秩序的一種規劃安排，都必須接受實踐檢驗，標準也客觀唯一：社會財富的增長與人民幸福度的提高。尤其對尚處「發展中」的中國百姓，根本不需要那麼多理論，他們的選擇只有一個字——富。用絕大多數老百姓的心裡話來說：說那麼多有啥子用？都說為我們好，那麼，拿錢來！啥

3　張大芝等主編：《陰晴雨雪旦復旦》，香港華泰出版社2008年版，頁392。

子？沒得錢？只有「主義」？誰要？！

主義與財富的關係上，自然是財富檢驗主義，主義應該為創造財富服務，而非反過來財富為主義服務。ABC級的邏輯，硬生生被赤潮搞顛倒，弄得「主義第一、其他第二」。百年國史就吃虧在這「主義第一」。說得透亮一點，沒有這個那個「主義」，中國就不行了嗎？就不發展了嗎？就算您的「主義」是個好東西，不也得讓人自願選擇，哪能靠強制規定？為什麼世人（尤其後人）必須相信中共的「主義」？最先進的「無產階級自由」為什麼沒有最起碼的思想自由？既然你們無產階級可以質疑資產階級思想，別的階級為什麼不能質疑你無產階級思想？

「兩頭真」人物的願望

「兩頭真」──1990年代以後出現的人物特稱，專指中共延安一代（三八式）、解放牌幹部中的清醒者，他們的一生中，青少年與老年「兩頭」求真為真，中年則盲目跟從中共，犯了「盲從罪」。如今，這一群體日益壯大，也日益清醒，越老對民主的渴望越強烈。

2008年，86歲的汪澍白先生說──

1989年的北京風波之後，思想言論失去了自由，政治權力失去了制衡與監督，而結黨營私、違法亂紀、貪汙腐化之類的問題則層出不窮愈演愈烈。什麼時候能再來一次像1978年真理標準那樣的思想解放運動，和十一屆三中全會那樣旋乾轉坤、改變歷史的中央全會呢？我現在常常想念的，就是要爭取看到這麼一天。我今年86歲了，也不知在有生之年，能否實現這一美好願望。[4]

汪先生1923年出生長沙，1946年畢業於湖南大學經濟系，同年加入中共，歷任《湖南日報》祕書長、湖南省委宣傳部理論處長、湖南

---

[4] 汪澍白：〈感受1978年歷史轉折〉，載《炎黃春秋》（北京）2008年第8期，頁56。

省社科院長、廈門大學哲學教授，鐵杆中共幹部，對民主也有強烈的臨終之願。據筆者所知，尚健在的延安老幹部中，李銳、李昌、杜導正、曾彥修、彭迪、宗鳳鳴、吳象、于浩成……都明確發出「民主籲求」。新近去世的李普先生，其思想解放之大膽，連我這樣的異議分子都心驚肉跳──「共產黨不亡，天理難容！」[5]

這次，中共黨內民主派的政治籲求已不是1978年的反毛與平反冤假錯案，而是從民主自由、權力制衡等政治制度層面籲求政治改革。1980年代那頂「資產階級自由化」的帽子，時效已失，已不能成為繼續壓制自由的棍子。畢竟，中共也承認「民主是個好東西」，民主是個絕大多數人都想要的東西，資產階級想要，無產階級怕是更想要。退一步說，就算民主是資產階級的「專利」，今天中國的無產階級不是正在迅速脫貧致富麼？貧窮在今日中國還擁有自傲於人的天然資本麼？誰還願意為了「光榮的無產階級稱號」而保持無產？既然全社會都在由「無」轉「資」，那麼他們不是也會索要民主麼？「資產階級」要民主，階級本性呵！

民主才是社會穩定最可靠的支架

民主，從儲安平到「兩頭真」，好東西還是拉不下的。只有真正屬於人民想要的東西，才可能屬於歷史。任何政治觀點，當然必須擁有「使用價值」──有利於人民，才可能被後人撿拾，得到歷史繼承。後人對任何前輩遺產當然得挑選，通過品鑒或持或棄。中國人民當然需要和諧穩定，不願互招互鬥再搞「階級鬥爭」，他們希望在理性安詳中享用自己的生命，為此他們得首先要回被中共沒收的各項人權。而要回被中共收走的人權，先得擁立民主，因為中共不可能發慈悲主動放棄捏在手裡的「人民權利」。

5 李南央：〈李普：「共產黨不亡，天理不容！」〉，載《爭鳴》（香港）2010年12月號，頁65。

　　中外歷史均表明：民主才是社會穩定最可靠的支架；只有當人民有權參與政事，才會真正關心國家大事，才會因瞭解各項政策的出台經過而體諒政府，才會因握有真正的「神聖一票」而感到責任，才會對各級官員形成真正監督。同時，民主使社會成員各種意見得到有效釋放，不會因長期壓抑而積怨成暴——通過暴力表達訴求。社會穩定，由是而成。最後，民主還將使社會價值認同度真正提高，不僅「一盤散沙」可凝聚成真正的國家力量，全體國人亦因民主而有效貢獻才智。真正的國民幸福度，當然不僅僅是物質生活的舒適度，還有更高級的人生價值實現度。所謂國家力量，當然亦源於國民的人生價值實現。

初稿：2008年11月18日；補充：2009年8月10日；

再補充：2010年12月18日

原載：《爭鳴》（香港）2011年1月號

跋

　　粒珠折光，一斑窺豹。慘烈陳示1950〜60年代「激情燃燒的歲月」，赤潮騰湧，一步步漲向頂點，心情不可能輕鬆，無法「純客觀」。自從意識到二十世紀國史如此凝重苦澀，再也無法返回高蹈曼妙的文學。年歲很奇妙，青少年時期那麼傾愛的詩歌小說、攻碩攻博階段津津有味的文藝理論，漸漸味成嚼蠟，難以卒篇。2000年復旦攻博結束，一水兒文學出身的我，竟一頭紮入「自留地」的史學，近15年主要忙著史學的活，此集即「成果彙報」之一。

　　1950年代，大陸赤沉，毛共志得意滿，雄心萬丈，亟望改天換地，以經濟實績支撐革命價值，以證明「天翻地覆」之必要。奈何捏錯圖紙，馬列主義根本無法此岸化。共產公有、計劃經濟、一黨專政、剿滅私欲、沒收自由，既悖人性又違定俗，大拆大毀好不容易凝結而成的歷史理性。連最基本的生活需求與個人自由都成了「萬惡的資產階級思想」。1957年，一位復旦生買了一隻礦石收音機（五元），在校外吃了一碗水餃，被開會批鬥「資產階級享樂主義」；戴了穿了一隻二哥送的手錶、軍用皮鞋，再被批「進了大城市，受資產階級思想侵蝕」。[1]

　　毛共當然只能再演歷史故事：欲變客觀存在卻為存在所變——徹底被異化。高舉反封建旗號的毛澤東竟比秦始皇還專制、比朱元璋還殘暴。紅色「綠林」出身的毛澤東，自封「大救星」，對國家造成的災難，超過有史以來任何一顆「大災星」。「中國出了一個毛澤東」，代價是他折騰死至少六千萬國人、拉拽出紅色恐怖的1950〜70年代，使我們必須對他「千萬不要忘記」。

[1]　張大芝等主編：《陰晴雨雪旦復旦》，香港華泰出版社2008年版，頁128。

　　毛共擎舉「史無前例」的旗號，炫目鮮豔，一攬子解決所有社會弊端，並以「自古成功在嘗試」鳴鑼開道，故意忽略巨大風險——「嘗試成功自古無」（陸游）。上幾代士林很少有人洞穿毛共本質：一元化集權制與必然伴生的個人獨裁。封建帝王最多殺兄弟、戮功臣，不會折騰百姓，不會迫使天下士林閉口（反右）、不會整出長達三年的「自然災害」、不會澈底打倒自己一手帶出來的官吏隊伍（文革）。

　　1950～60年代乃筆者成長期，中共灌輸「紅領巾是紅旗的一角」、「今天的幸福生活來自千千萬萬烈士的鮮血」，好像我們真的生活在幸福之中。可事實卻是：毛時代乃有史以來最黑暗最虛偽的時段，中共說的做的陰陽兩套。誰要不習慣「報刊上」與「現實中」的差別，誰就是「沒有改造好的資產階級」——上峰以為惡，父母以為忤，自己設為禁，四圍驚為怪。然人性本真，筆者此生還是積壓了相當反虛偽的能量，最終將壓抑大半生的憋屈傾倒出來，說出想說的真話，多少實現一點「人生理想」。

　　很感謝秀威提供平台，感謝責編與後台人員相當繁瑣的服務。同時，感謝各篇原載編輯，沒有他們一份份的鼓勵、一張張微少卻甜蜜的稿費單，很難在學術山道上跋涉至今，很難抗禦現實壓力與種種誘惑。最後，感謝拙妻張米云，沒有她的價值認同與一路伴行，一起承受「紅色壓力」與現實損失，我也不可能堅持下來。

〈七律‧大陸赤沉〉

井岡星火燎原日，暮色金陵易幟時；赤焰一騰甲乙亂，紅歌三唱丙丁移。
改天換地千村餓，血雨腥風萬壑屍；從此學生打校長，吾華史冊最悲期。

2016-3-8於滬

Do歷史63　PC0514

紅色史褶裡的真相（二）
──「解放」紅塵‧「反右」紅飆

作　　者／裴毅然
責任編輯／林世玲
圖文排版／周政緯
封面設計／蔡瑋筠

出版策劃／獨立作家
發 行 人／宋政坤
法律顧問／毛國樑　律師
製作發行／秀威資訊科技股份有限公司
　　　　　地址：114 台北市內湖區瑞光路76巷65號1樓
　　　　　電話：+886-2-2796-3638　傳真：+886-2-2796-1377
　　　　　服務信箱：service@showwe.com.tw
展售門市／國家書店【松江門市】
　　　　　地址：104 台北市中山區松江路209號1樓
　　　　　電話：+886-2-2518-0207　傳真：+886-2-2518-0778
網路訂購／秀威網路書店：https://store.showwe.tw
　　　　　國家網路書店：https://www.govbooks.com.tw

出版日期／2016年5月　BOD一版　定價／420元

|獨立|作家|
Independent Author

寫自己的故事，唱自己的歌

紅色史褶裡的真相. 二,「解放」紅塵.「反右」紅飆 / 裴毅
然著. -- 一版. -- 臺北市 : 獨立作家, 2016.05
面 ;   公分. -- (Do歷史 ; 63)
BOD版
ISBN 978-986-92704-7-2(平裝)

1. 中國共產黨 2. 歷史

576.25   105002406

國家圖書館出版品預行編目

讀者回函卡

感謝您購買本書，為提升服務品質，請填妥以下資料，將讀者回函卡直接寄回或傳真本公司，收到您的寶貴意見後，我們會收藏記錄及檢討，謝謝！
如您需要了解本公司最新出版書目、購書優惠或企劃活動，歡迎您上網查詢或下載相關資料：http:// www.showwe.com.tw

您購買的書名：＿＿＿＿＿＿＿＿＿＿＿＿＿＿＿＿＿＿＿＿＿＿＿

出生日期：＿＿＿＿＿＿年＿＿＿＿＿＿月＿＿＿＿＿日

學歷：□高中 (含) 以下　　□大專　　□研究所 (含) 以上

職業：□製造業　□金融業　□資訊業　□軍警　□傳播業　□自由業
　　　□服務業　□公務員　□教職　　□學生　□家管　　□其它＿＿＿

購書地點：□網路書店　□實體書店　□書展　□郵購　□贈閱　□其他

您從何得知本書的消息？

　□網路書店　□實體書店　□網路搜尋　□電子報　□書訊　□雜誌

　□傳播媒體　□親友推薦　□網站推薦　□部落格　□其他＿＿＿＿＿＿

您對本書的評價：(請填代號　1.非常滿意　2.滿意　3.尚可　4.再改進)

　封面設計＿＿＿　版面編排＿＿＿　內容＿＿＿　文／譯筆＿＿＿　價格＿＿＿

讀完書後您覺得：

　□很有收穫　□有收穫　□收穫不多　□沒收穫

對我們的建議：＿＿＿＿＿＿＿＿＿＿＿＿＿＿＿＿＿＿＿＿＿＿＿

＿＿＿＿＿＿＿＿＿＿＿＿＿＿＿＿＿＿＿＿＿＿＿＿＿＿＿＿＿＿＿＿

＿＿＿＿＿＿＿＿＿＿＿＿＿＿＿＿＿＿＿＿＿＿＿＿＿＿＿＿＿＿＿＿

＿＿＿＿＿＿＿＿＿＿＿＿＿＿＿＿＿＿＿＿＿＿＿＿＿＿＿＿＿＿＿＿

11466
台北市內湖區瑞光路 76 巷 65 號 1 樓
獨立作家讀者服務部　　　　收

....

（請沿線對折寄回，謝謝！）

姓　　名：_____　年齡：_____　性別：□女　□男

郵遞區號：□□□□□

地　　址：_____

聯絡電話：(日) _____ (夜) _____

E-mail：_____